永远的旗帜

桂林博物馆藏桂林抗战文化城文物精品

主　编：唐春松
副主编：韦卫能　孙明光
洪德善　唐奇岭

广西师范大学出版社
GUANGXI NORMAL UNIVERSITY PRESS
·桂林·

图书在版编目（CIP）数据

永远的旗帜：桂林博物馆藏桂林抗战文化城文物精品 / 唐春松主编. —桂林：广西师范大学出版社，2015.10
ISBN 978-7-5495-7185-7

Ⅰ. ①永… Ⅱ. ①唐… Ⅲ. ①抗日战争－革命文物－桂林市－图集 Ⅳ. ①K871.642

中国版本图书馆 CIP 数据核字（2015）第 198571 号

广西师范大学出版社出版发行
（广西桂林市中华路 22 号 邮政编码：541001
网址：http://www.bbtpress.com）
出版人：何林夏
全国新华书店经销
广西民族印刷包装集团有限公司印刷
（南宁市高新区高新三路 1 号 邮政编码：530007）
开本：889 mm × 1 194 mm 1/12
印张：14 字数：28 千字 图：409 幅
2015 年 10 月第 1 版 2015 年 10 月第 1 次印刷
定价：228.00 元

前言

从1937年日本发动全面侵华战争到1945年中国取得抗战全面胜利，广西的子弟兵为抗战做出了巨大的贡献。百万热血青年举起保家卫国的大旗投身抗日战场，出征四方，在台儿庄、在昆仑关、在抗战时期的中国焦土上浴血奋战，用青春和热血在广西这片土地上写下了数不清的传奇，也留下了数不清的英雄赞歌。

然而，与此同时，在广西另有这样一群人，他们从全国各地聚集到桂林，用文化吹响着抗日的号角，用艺术燃烧着战斗的热情。举起抗战文化运动这面大旗，在后方开辟了另一个没有硝烟的战场——桂林的“抗战文化城”。

1938年，抗战烽火正酣。随着广州、武汉等重要城市相继沦陷，在中共中央南方局的组织与营救下，大批文化人士与民主人士安全撤退至桂林。尚未受到战火荼毒的桂林城，成了战火硝烟中的一片文化“绿洲”。

在1938年至1944年“湘桂大撤退”的六年时间里，桂林慷慨接纳了全国不计其数的文化人士和数十个著名的文化团体；文化名人数以千计，其中举国闻名的就有200多人，如郭沫若、李四光、柳亚子、茅盾、夏衍、田汉、巴金、欧阳予倩、陶行知、范长江、徐悲鸿、张曙、千家驹、薛暮桥、梁漱溟等。他们之中包括文学家、戏剧家、音乐家、画家、新闻工作者、科学家、学者、教授等，著名的文人、学者之多，使桂林在这一时期成为了全国的文化活动中心。

荟萃桂林的文化人士及各文化团体，在中共八路军桂林办事处的领导下，在桂系文化开明政策的支持下，或用文学，或用歌声，或用戏剧，开展了轰轰烈烈的抗日救国文化运动。一时桂林的文学、戏剧、音乐、美术、新闻、出版空前繁荣。只见城内戏院林立、剧场满座；街上书店云集，出版、发售各类杂志近200种、报纸十余种、书籍难以计数；民巷里各机关、学校、群众团体组织了歌咏队、宣讲会、朗诵会；画廊中画展更迭频繁，新创作的木刻、漫画、速写不断出现在每天的报刊上。其中最引人注目的当属戏剧团队的大型联合公演。1944年春举办的西南剧展，时间持续3个月，参演者有来自8省的33个团队，演员900余人，演出剧目126个、177场，观众达15万人次，是中国戏剧史上空前的壮举。

滴水悠悠，回首过去，桂林抗战文化城在当时发挥了重大作用。抗战文化的蓬勃发展，极大地鼓舞了民众的抗日斗志，开阔了人们的文化视野，活跃了人们的文化生活。桂林成了中国南部抗战大后方的文化中心，“抗战文化城”的声名远播中外。

立足当下，抗战文化城对于当今桂林的城市建设也有重要启迪。抗战爆发前，桂林只是一个人口仅六七万的小城，经济文化都很落后。正是抗战文化城带来的一系列文化、经济、政治效益，使桂林在短期内迅速崛起。“文化是一座城市的魂魄，也是一座城市的核心竞争力。”为弘扬文化界先辈们的革命精神，响应中共桂林市委“文化立市”战略，我们精心挑选300余件桂林抗战文化城时期的馆藏珍品，汇编《永远的旗帜——桂林博物馆藏桂林抗战文化城文物精品》一书，向广大读者介绍与展现70余年前战火纷飞下血与火交织的滴水春秋。

桂林博物馆　唐春松

二〇一五年七月

目　录

总　述

文化抗战　旗帜永恒

1931年“九一八事变”是日本在中国东北蓄意制造并发动侵华战争的开端，日军陆续侵占了东北三省。“九一八事变”是日本帝国主义长期以来推行对华侵略扩张政策的必然结果，也是企图把中国变为其独占的殖民地而采取的重要步骤。它同时标志着世界反法西斯战争的开始，揭开了第二次世界大战东方战场的序幕。1937年“七七事变”爆发，日本发动了全面侵华战争。在中华民族面临生死存亡之际，中国结束了对日本侵略者步步退让的不正常状况，开始了有组织的全面抗战，抗战烽火全面燃烧。然而，由于国民党在政治上实行单纯依靠政府和军队的片面抗战路线，在军事上则采取单纯防御的战略方针，所以，尽管国民党军队的许多官兵对日军的进攻进行了英勇的抵抗，但正面战场的战局仍非常不利。至1938年，大片国土相继沦陷，华北、华中的大片领土先后被占领，中国抗日民族解放战争进入了长期的艰苦斗争阶段。而中国共产党代表中华民族的根本利益，提出了一条依靠人民群众的全面抗战路线，为中国抗日民族解放战争的全面胜利奠定了可靠的基础。

历史上，桂林处于荆楚之地与百越之地的交会之处，成为中原文化与岭南文化的结合部，是中原文化、儒家文化与岭南百越文化的交会之地。而奇特的山、秀丽的水是它特有的标志，挺拔峻峭的孤峰、精彩出奇的岩洞、倒影清翠的漓江，一切如神话般的仙境，令人神往。

战争是现实而残酷的，1937年抗日战争的爆发，不仅仅意味着社会政治生活的巨大转折，还是广大民众个人生活动荡不安的开端，这些变化更是引发了人们情感和思维的诸多变迁。桂林已不仅仅是一座以山水风景闻名于世的寂静小城，特殊的政治、军事和文化等原因使其成为一座政治、经济、文化畸形发展繁荣的特殊之城。1938年的桂林实际上还处于桂系军阀的控制之下，而桂系军阀与蒋介石集团之间的矛盾，则形成了特殊的、相对宽松的政治环境，给予了人们一定程度上的思想文化活动的自由。这一时期名人的荟萃带来了活跃的文化氛围，从而形成了桂林历史上罕见的文化盛景。一时间，在桂林出版发行的书籍和报刊等占全国发行量的三分之二以上，各种文化团体的活动盛况空前。更为独特的是，抗日战争的全面爆发使民族存亡成为每一个知识分子关切的问题，作为大后方文化聚集之城，桂林成了民族救亡的文化宣传中心之一，进步的政治文化宣传成为其主要特征，民族主义和爱国激情的高扬渗透于各种各样的文化活动和文学创作中。

从1938年武汉沦陷到1944年“湘桂大撤退”前的这一段历史时期，桂林成了中国抗战大后方的文化中心之一。文艺评论家周钢鸣把当时桂林的文化繁盛景象概括为“文人荟萃，书店林立，新作迭出，好戏连台”、“繁花竞秀，盛极一时”。当时先后在桂林活动的作家、艺术家和学者有1000多人，较著名的有郭沫若、茅盾、巴金、夏衍、柳亚子、徐悲鸿、田汉、艾青、胡愈之、胡风、贺绿汀、范长江、杨朔、秦牧、王鲁彦、艾芜、周立波、陶行知、欧阳予倩、梁漱溟、马君武、沈志远、雷沛鸿、李四光等。

美术创作方面，木刻运动、漫画运动在当时盛极一时，一批画界大师云集桂林，有徐悲鸿、丰子恺、叶浅予、关山月、阳太阳、黄新波、李桦、廖冰兄等中国美术界中坚力量250多名，几乎集全国美术高手于一地。美术社团、院校如雨后春笋，达40多个。美术活动及教育活动，盛况空前。美术刊物、专著迭出，创办《救亡木刻》、《抗战画刊》等刊物26种，举办抗战画展44个。他们创作了许多优秀的画作，如徐悲鸿在桂林创作了《鸡鸣不已》、《漓江春雨》等名作，还有漫画大师丰子恺的《抗战漫画集》，木刻大师黄新波的《香港受难》和《夜萤》等。

音乐创作方面，张曙、林路、满谦子等音乐家先后创办了《音乐阵线》、《新音乐》、《音乐知识》、《每月新歌选》等音乐刊物，组织了多个合唱团的演出。

文学创作方面，许多作家的重要作品是在桂林创作的，如茅盾的《霜叶红于二月花》，巴金的《火》第三部，艾青的《他死在第二次》、《诗论》等。

戏剧创作方面，桂剧改革和西南戏剧展览更是轰动一时，许多重要的剧作在这里首次上演和发表。1944年2～5月举办的西南五省戏剧展览会，聚集了西南五省近千名戏剧工作者和文化工作者，演出剧目126个，形成了中国现代戏剧史上的空前盛举，影响远至海外。

所有这些都是桂林“抗战文化城”创作及教育活动中不可缺失的一部分。

新闻出版方面，在党的领导和影响下蓬勃发展，进步书店和出版社林立。据不完全统计，整个抗战时期先后有各类书店、出版社共180余家，仅1942年9月在桂林市书业公会登记的就达79家。当时整个桂西路（今解放西路）两旁，几乎全是书店，成了名副其实的书店街。此外，中南路（今中山中路）、太平路、环湖北路（今榕湖北路）也有不少书店。其中，党直接领导和影响的进步书店和出版社有《新华日报》桂林营业处、生活书店、新知书店、读书出版社、文化供应社、南方出版社、学艺出版社、三户图书社、远方书店等，对进步文化事业发挥了重要作用，对广大读者有着深远的影响。其出版和发行的书刊，在全国堪称第一。著名出版家赵家璧曾说：“抗战时期国统区的书刊，有80%是在桂林出版的。”

时局剧变，烽烟骤起。血雨腥风，生灵涂炭。如火如荼、蓬勃发展的桂林抗战文化城活动，因日军的进犯而被迫中断了。1944年9月下旬，日军越过黄沙河，直扑广西北面门户全州县，逼近桂林。在15万装备精良的日军面前，桂林守军只有广西桂军第一三一师1.2万余人，加上后来从各地自发进入桂林城的广西地方民团，总兵力不到2万人。大部分广西民团和少部分桂军士兵拿的不过是土枪而已，国民政府竟然要求这些部队坚守三个月，来为日后反攻赢得时间。桂林守军抱着必死决心与桂林共存亡，士气十分高涨，立足于与日军打巷战。他们把所有的房子都修成了碉堡，在所有的路口都建了防御工事，所有的水井都下了毒，实行焦土抗战。广西地方民团更是组成了数千人的敢死队，他们的任务是身上绑上手榴弹或者炸药，然后用自己的身体炸毁日军的坦克和登陆艇。

1944年10月28日，日军十几万人马大举进攻桂林，桂林保卫战开始。日军在飞机大炮的掩护下向桂林城外的屏风山等四个据点进攻，驻守这里的桂军两个营700余官兵奋勇抵抗。11月4日，屏风山等阵地失守，日军开始直接进攻桂林城，并派登陆艇试图从水路攻击桂林。桂林守军进行了异常顽强的抵抗，日军曾经27次冲入桂林市中心，都因为陷入巷战的泥潭导致损失惨重而不得不撤出。日军曾经想从漓江迂回进攻桂林，但是被桂军精准的火力杀伤大半；地方民团敢死队甚至在身上绑上手榴弹，划着竹排去炸毁日军的登陆艇，日军仅仅在漓江上就付出了阵亡7000余人的代价。在水上战斗激烈的同时，城区巷战也始终处于白热化状态。桂军800名士兵（多为伤兵）在七星岩抵抗日军数日，日军在损失了近千人后向七星岩内施放毒气，七星岩内桂军官兵大量中毒，日军此时冲入其中，很多桂军士兵用剩下的一点点力气射击日军并同日军肉搏，但终因中毒后气力衰竭和弹尽粮绝而全部牺牲。日军第58师团长在日后的战报中称：“我师团在桂林遭到了广西当地土著武装的顽强阻击，这些土著武装的装备虽差，但是极为凶悍，至死决心甚浓，其勇猛为我军远远不及，我军士气低落到极点……”日军下级军官也有过这样的记录：“自小听说之桂林景色宜人，为世之罕见，但今日我军遭到了自战争以来最凶猛的抵抗，城中到处都是枪声，到处都是地雷，全城都在肉搏，我大队900余人在战役结束后仅剩70余人，且多为伤兵，在战后从敌军死尸上发现桂林之敌军的武器竟然大多为我日本国40多年前已淘汰的火枪，如此简陋的武器居然令我们遭受到如此巨大的伤亡，虽为敌人，但亦为之忠勇精神而感慨。”

桂林的沦陷并没有能阻挡桂林文化抗战的步伐，桂林文化城的后期文化活动一直断断续续延至抗战胜利。中国人民伟大的抗日战争催生了桂林抗战文化城这一史无前例的空前独特典范，为中华民族创造了一个时代的辉煌。桂林抗战文化融汇了延安解放区抗战文化，上海沦陷区“孤岛”抗战文化，武汉、重庆、昆明国统区抗战文化和香港抗战文化，书写了中国抗战文化史上的光辉篇章，影响全国，享誉世界。这个空前的盛举，是世界反法西战争的文化经典。

桂林“抗战文化城”已是70余年前的往事，当年喧哗、热闹与苦难交织的历史似已渐渐地淡出了人们的记忆。让我们重新回顾当年的盛景，也许能更好地体会到桂林“抗战文化城”岁月往事的沧桑。

第一单元

名人云集 同仇敌忾

抗战爆发前，僻于西南一隅的桂林只是一个六七万人口的小城，除了闻名于世的山水风景外，其他并无著称。而抗战爆发后，当时的桂林由于地理位置和政治、军事等方面的原因，人口骤然增到近70万，文化名人云集，抗日文化运动高涨，新闻出版事业空前繁荣。特别是1938年下半年到1944年上半年这一时期，桂林一度被誉为“抗战文化城”，不仅在国民党统治区，而且在国内外都有着广泛的影响。当时，集中在这里的文化人和文化团体，开设的书店、出版社和印刷厂，出版的报纸、杂志和图书之多，文化活动之活跃，都是空前的。特别是革命的、进步的文化力量，当时在桂林起了重要的作用。

桂林文化城的显著特点之一是文人荟萃。在这一时期，集中在桂林的文化人数以千计，闻名全国的也不下两三百人。其中，有文化工作者和新闻工作者，有社会科学家和自然科学家等。特别是文学艺术方面，有作家、诗人、戏剧家、音乐家和美术工作者等，成为文化城开展各项文化活动的重要力量。他们不但对桂林，而且对整个国民党统治区的进步文化和文艺运动，都做出了重要的贡献。

中国共产党对桂系的统战工作，推动了广西当局开放民主、坚持抗战。桂系政治上比较开明，民主气氛相对浓厚。从南京、上海、广州、武汉、东北等全国各地撤退的文化工作者，由于重庆进步活动难以开展，大都愿意来桂林而不去重庆。进步文化人士云集桂林，成就了盛况空前、中外闻名的桂林“抗战文化城”。

从1938年10月至1944年9月间，先后到桂林来开展抗日文化运动的文化界人士有1000多人，会集的全国著名作家、诗人、戏剧家、美术家、音乐家、科学家、学者等达200多人，远远超过武汉时期国民政府第三厅的“名流内阁”。在桂林抗日救亡文化运动中，“留桂的文化工作者，无论质和量，有一个时期都占全国第一”，其中较著名的有如下人士：

郭沫若、柳亚子、何香凝、茅盾、巴金、夏衍、田汉、阳翰笙、丁西林、丁玲、洪道、杜宣、孟超、焦菊隐、瞿白音、欧阳予倩、凤子、孙师毅、马彦祥、郑君里、章泯、万籁天、许之乔、端木蕻良、朱琳、金山、唐槐秋、严恭、汪帆、吕复、叶圣陶、司马文森、廖沫沙、王鲁彦、邵荃麟、熊佛西、艾青、艾芜、草明、欧阳凡海、黄药眠、金仲华、穆木天、吴紫风、陈芦荻、欧外鸥、周钢鸣、林林、聂绀弩、骆宾基、杨朔、周立波、华嘉、谢加因、黄宁婴、韩北屏、安娥、葛琴、黄庆云、方敬、秦牧、秦似、陈残云、彭燕郊、胡风、洪深、丰子恺、徐悲鸿、叶浅予、黄新波、廖冰兄、刘建庵、赖少其、周令钊、李桦、阳太阳、张安治、张光宇、余所亚、温涛、杨秋人、丁聪、郁风、张曙、李凌、林路、贺绿汀、赵沨、刘式昕、甄伯蔚、陆华柏、吴晓邦、戴爱莲、陶行知、邹韬奋、胡愈之、杨东莼、范长江、孟秋江、李达、李四光、高士其、千家驹、张志让、陈翰笙、张铁生、宋之光、陈同生、秦柳方、张锡昌、姜君辰、刘季平、莫乃群等。

此外，国际反法西斯文化人士也参加了桂林的反法西斯文化宣传运动，较为著名的有：越南共产党领导人胡志明；苏联电影记者卡尔曼；朝鲜义勇队；缅甸华侨义勇工程队；德国作家王安娜；英国神父赖贻恩；日本在华人民反战同盟西南支部负责人鹿地亘、池田幸子夫妇；美国著名作家爱波斯坦、史沫特莱，著名戏剧评论家爱金生等。

抗战时期，全国各地的文化人士云集桂林。图为千家驹、欧阳予倩、莫乃群、张锡昌等同志在平乐合影

纵10.1cm、横13.3cm

田汉、洪琛、刘斐章、吕复合影

纵6cm、横8.3cm

抗战时期的李济深

纵 5.8cm、横 3.8cm

1938 年 12 月巴金在桂林

纵 6cm、横 4.3cm

1938 年张曙在桂林牺牲地被炸状

纵 7.7cm、横 3.5cm

1938 年丰子恺在桂林

纵 18cm、横 12cm

1938 年 10 月 15 日刘建庵在桂林

纵 3.8cm、横 3.5cm

苏智源就读地干校时的照片

纵 16.9cm、横 11.6cm

1939 年 3 月摄于广西地干校。苏智源，广西苍梧县人，苏蔓烈士之四弟。1939 年 10 月结业于广西地方建设干部学校第一期，留校任助理小组指导员，辅导歌咏队活动。1940 年参加新四军，皖南事变后被俘。1945 年牺牲于上饶集中营。

抗战时期宋云彬在桂林的合家照

纵 3.6cm、横 3.5cm

骆宾基与秦似在香港合影

纵 6cm、横 8.5cm 1948 年

骆宾基（1917 ~ 1994），原名张璞君，祖籍山东平度，生于吉林珲春。作家，女作家张洁之舅。抗战爆发后参加战地服务工作，以骆宾基为笔名写作报告文学。文化城时期任中华全国文艺界抗敌协会桂林分会理事。

抗战时期宋云彬在桂林使用的手杖

长 86cm、直径 1.8cm

骆宾基穿过的皮鞋

长 29 cm、宽 11cm 1949 年

抗战时期司马文森在桂林使用的铜墨盒　长 14.1cm、宽 5.3cm、厚 2.5cm

墨盒为长方形，盖上阴刻桑蚕图，为三条体态肥硕的蚕在桑叶间蠕动，右上署“孙树梅写”，盒底钤“荣宝工”。

抗战时期司马文森的上衣　衣长 68.5cm

抗战时期的朱荫龙

纵 6.5cm、横 4cm

朱荫龙（1912 ~ 1960），字琴可，桂林人，靖江藩王后裔。幼年得旧学之传，青年就读于北平民国大学政治系。著名学者、诗人，对中国韵文史、古文字学及南明史素有研究，尤长于词。被柳亚子赏识，结为忘年交，有“桂林才子”之誉。新中国成立后曾任桂林市各界人民代表会议特邀代表，广西大学、山西大学教授，民革中央团结委员会委员。著有《甲申秋词》、《甘寂寞室诗稿》、《石涛研究》、《靖江王考》等。

朱荫龙的眼镜 长 13cm、宽 4.6cm

朱荫龙的印章 长 1.3cm、宽 1.3cm、高 5.5cm

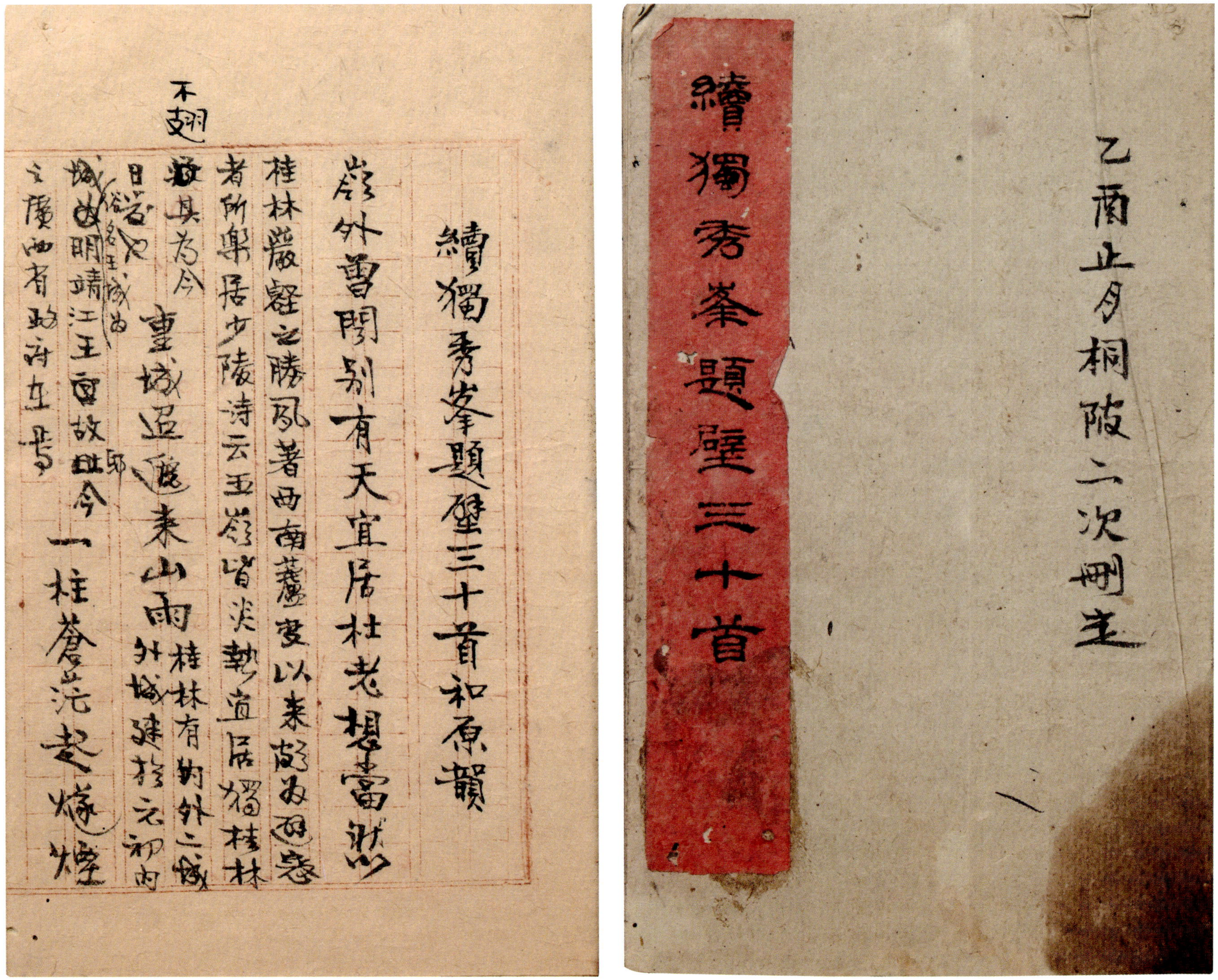

朱荫龙手稿《续独秀峰题壁三十首》 纵 20.2cm、横 14.5cm 1945 年删定

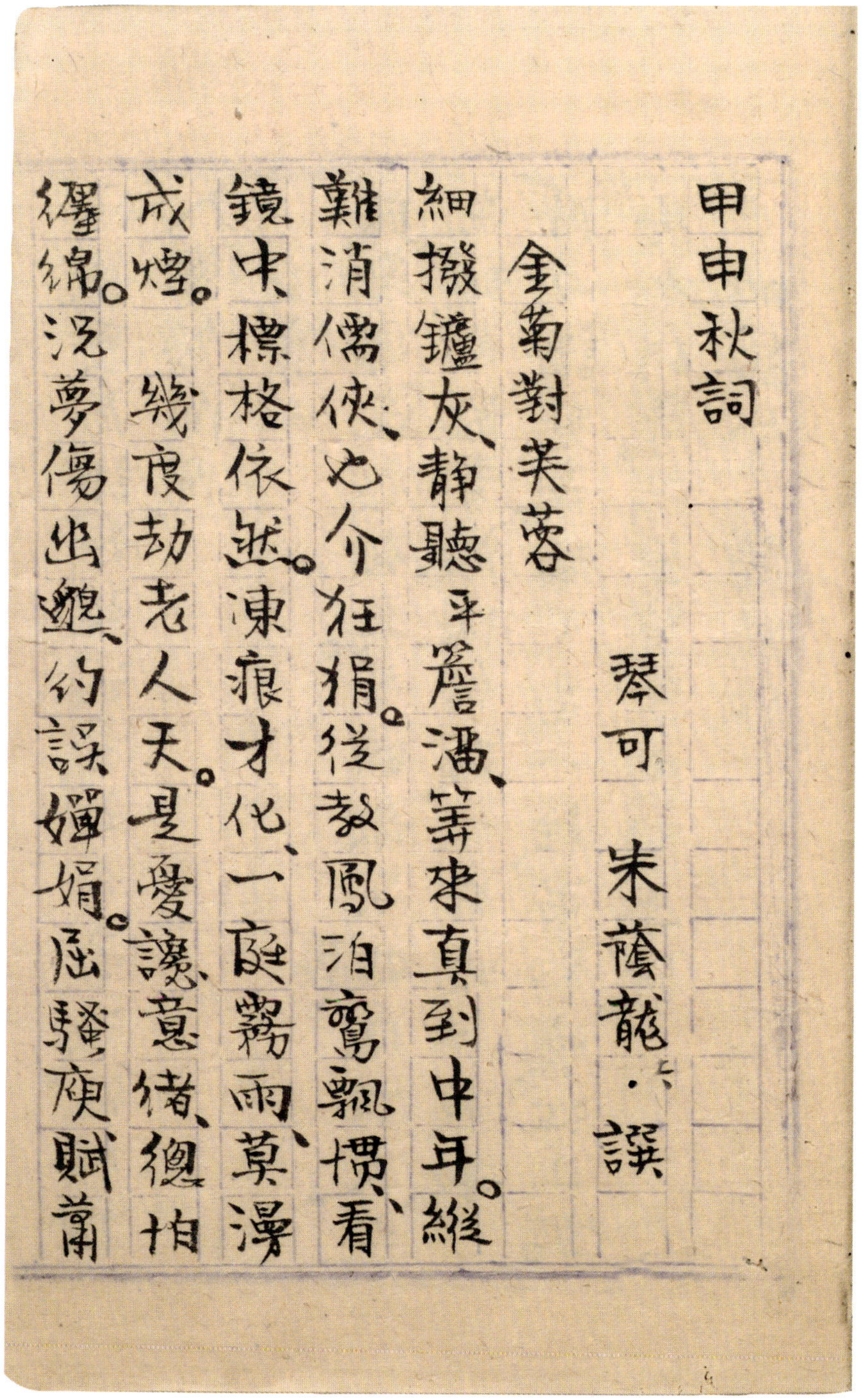
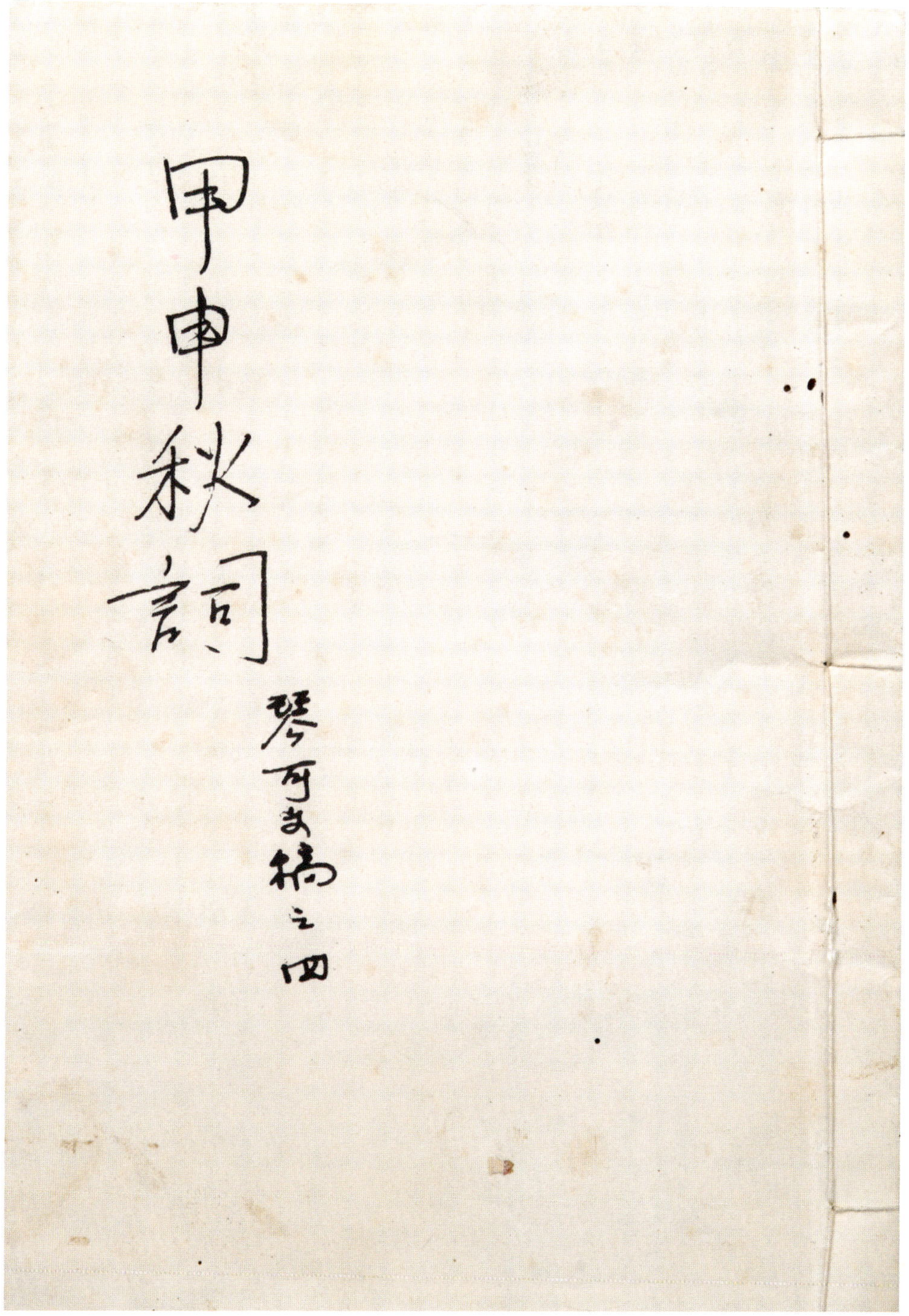

朱荫龙文稿《甲申秋词》 纵 20.5cm、横 14cm 1944 年

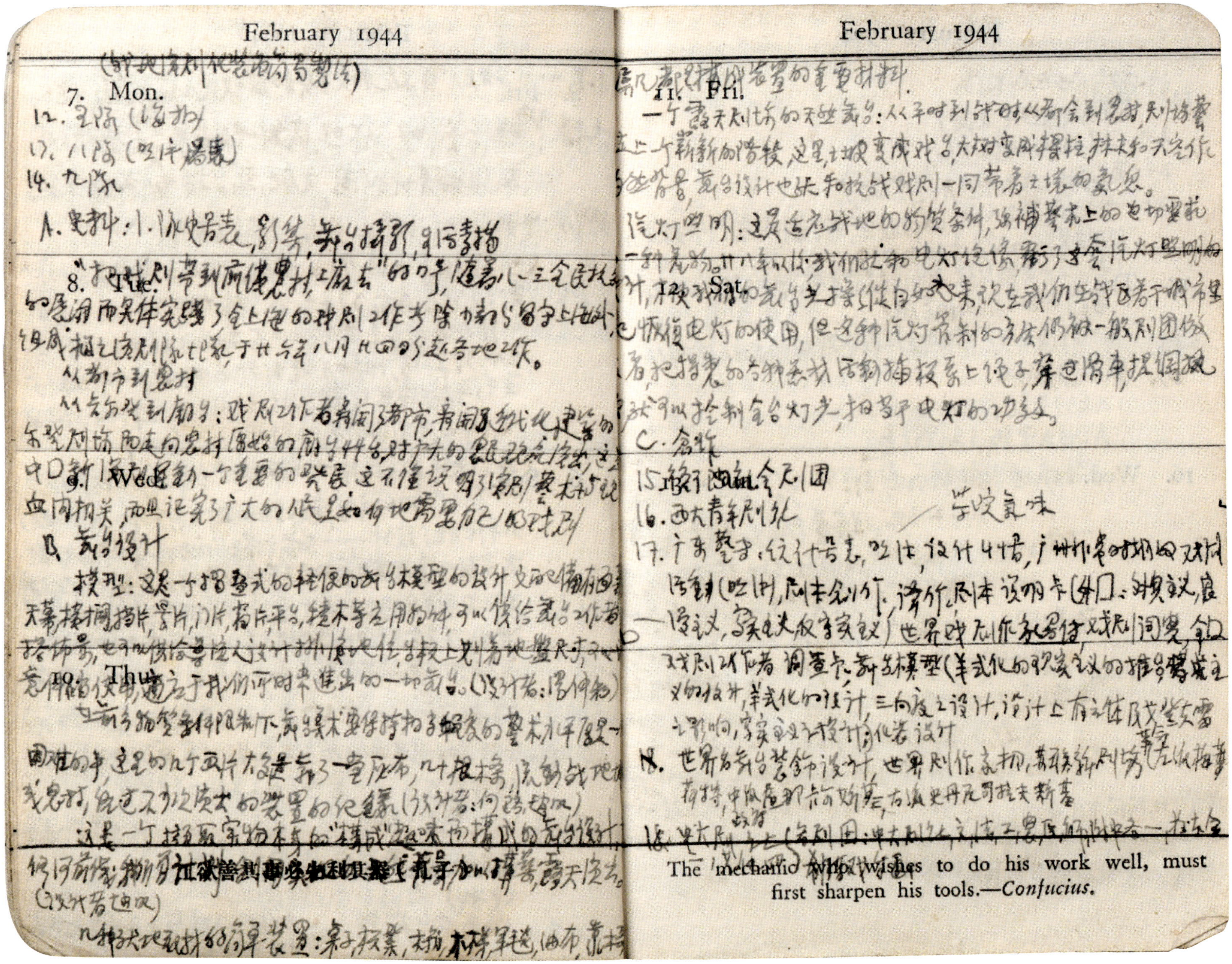
February 1944
7. Mon.
8. Tue.
9. Wed.
10. Thu.
February 1944
11. Fri.
12. Sat.
The mechanic who wishes to do his work well, must first sharpen his tools.—Confucius.

李昌庆使用的记事本

纵 12.3cm、横 8.5cm　1944 年

李昌庆，昆明华山剧社领队，西南剧展时期与周沙龙一同率队由滇南赶到桂林。曾在剧展大会上作了“云南剧运”报告。此为西南剧展时期李昌庆使用的笔记本，记录有当时的报告笔记、讨论会内容等。

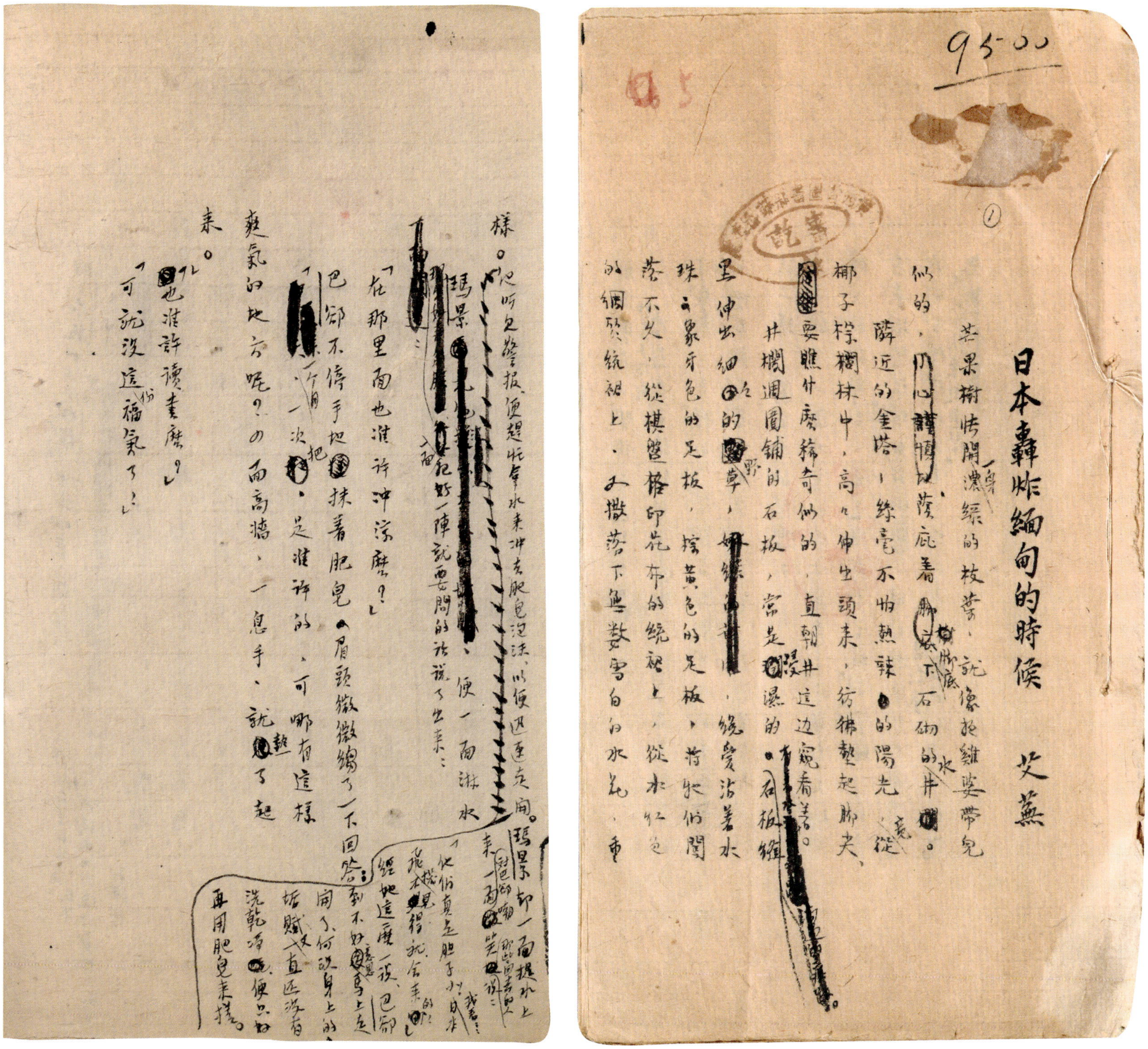

艾芜手稿《日本轰炸缅甸的时候》 纵 27cm、横 14.5cm

抗战时期邵荃麟在桂林使用的砚台　长 16cm、宽 11.3cm、高 2.7cm

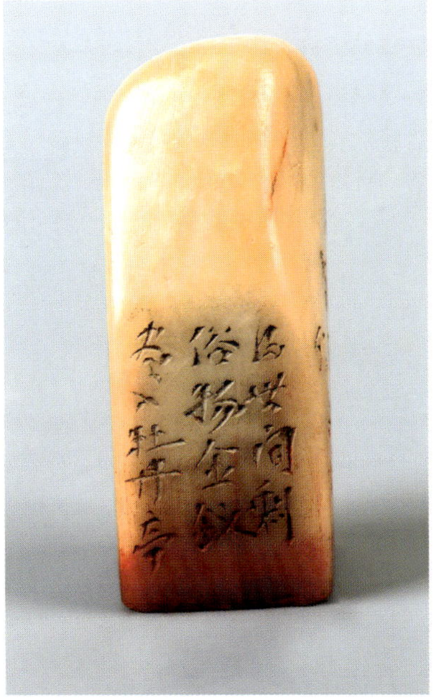
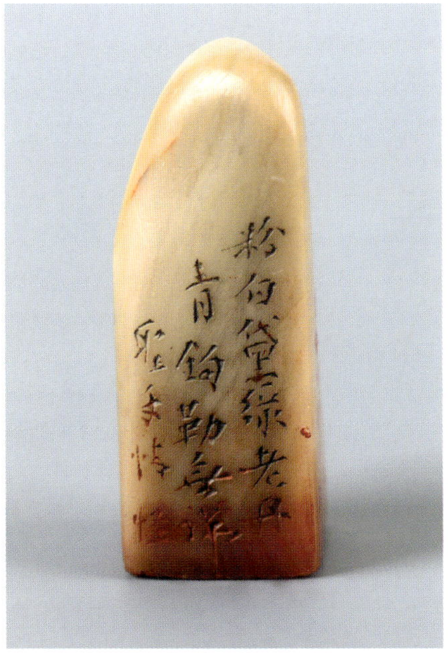

抗战时期尹瘦石在桂林使用的印章　长 1.65cm、宽 1.65cm、高 4.4cm

该印为寿山石所制，印文朱文篆书“瘦石”。章体刻白文行草书：“粉白黛绿老丹青，勾勒无端圣手情，怪待世间剩俗物，金钗尽入牡丹亭。瘦石先生法家正之。”

1943 年尹瘦石于桂林作的《百人图》 纵 6.1cm、横 9.1cm（原件纵 30cm、横 160cm）

抗战时期张友渔的毛背心

衣长 61cm

张友渔（1898 年 1 月 10 日～ 1992 年 2 月 26 日），山西灵石人，原名张象鼎，字友彝。中国法学家、新闻学家、国际问题专家。1923 年毕业于山西第一师范学校，继入北京国立法政大学法律系。1927 年加入中国共产党，后为中国救国会领导人之一。1942 年遵南方局指示，来到桂林接替夏衍工作。

抗战时期林焕平的呢大衣　衣长 123cm

抗战时期林焕平的蓝长衫　衣长 132cm

焦菊隐的图章

长 5.5cm、高 7cm　1939 年

焦菊隐，原名承志，天津人，著名导演、戏剧理论家、翻译家。1928 年毕业于燕京大学，1937 年获巴黎大学文科博士学位后，经香港来到当时抗敌文化中心之一的桂林。与司马文森创《艺术新闻》杂志，为桂林各剧团导演了不少话剧，尤以 1940 年为桂林国防艺术社导演的《雷雨》最为出名。后历任广西大学、国立戏剧专科学校、北平师范大学等多所高校教授，北京师范大学文学院院长，北京人民艺术剧院副院长、总导演。

焦菊隐的衬衣　衣长 65cm

焦菊隐使用的镜子　纵 21cm、横 14cm　1939 年

焦菊隐的裤子　裤长 111cm

柳亚子等游兴安灵渠留影

纵 10.2cm、横 13.9cm　1944 年

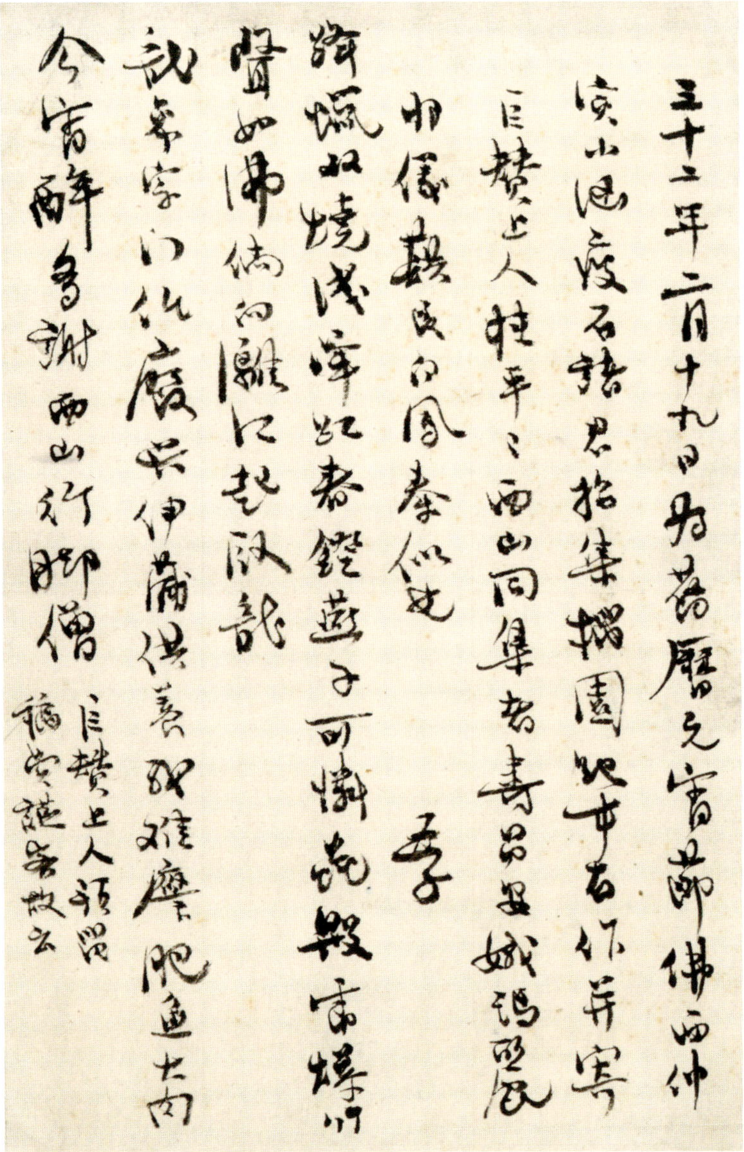

柳亚子《赠巨赞法师》手稿

纵 29cm、横 18.7cm　1943 年 2 月 19 日

巨赞（1908 ~ 1984），俗姓潘，名楚桐，字琴朴，江苏江阴塞贯庄村人。他精研三藏，博通二乘，一生追求民主，拥护革命，立志佛教改革，为我国当代著名爱国爱教高僧。1940 年抵达桂林，住月牙山寺庙，创办《狮子吼》杂志，推动佛教改革“学术化、生产化”运动。1941 年在桂林作《信佛教概论》，奠定了其现代新佛学创始人地位。

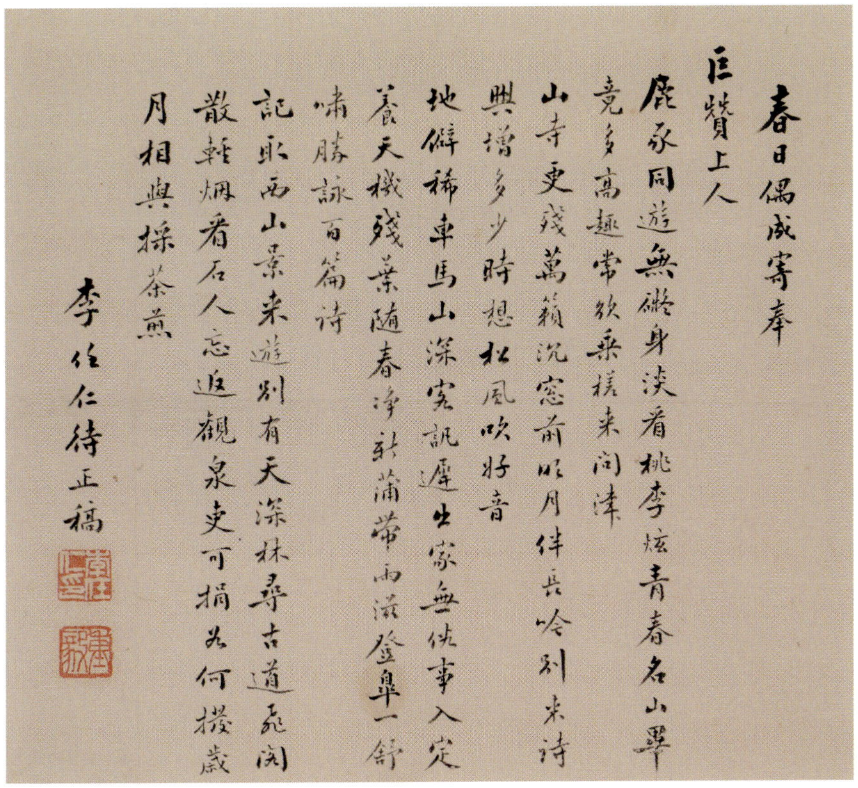

抗战时期李任仁《春日偶成寄奉巨赞上人》手稿

纵 38cm、横 41cm

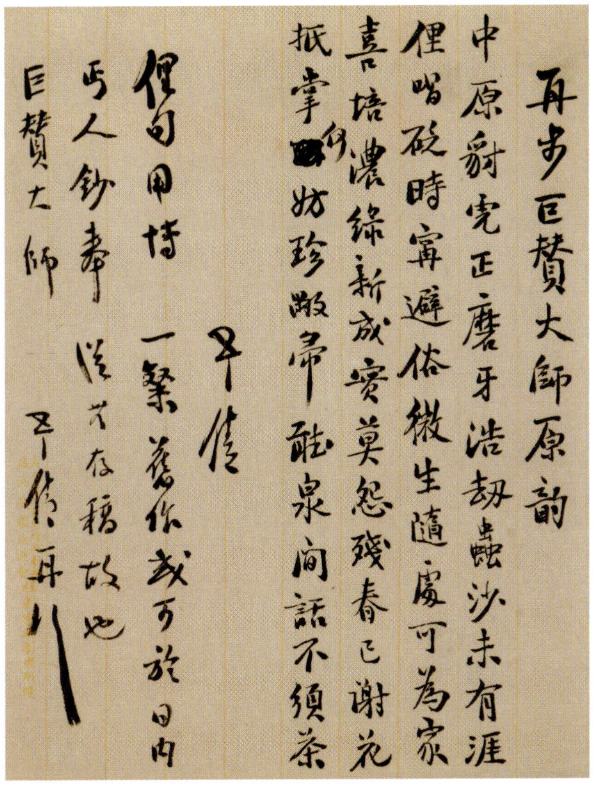

抗战时期欧阳予倩《再步巨赞大师原韵》手稿

纵 26.5cm、横 20.2cm

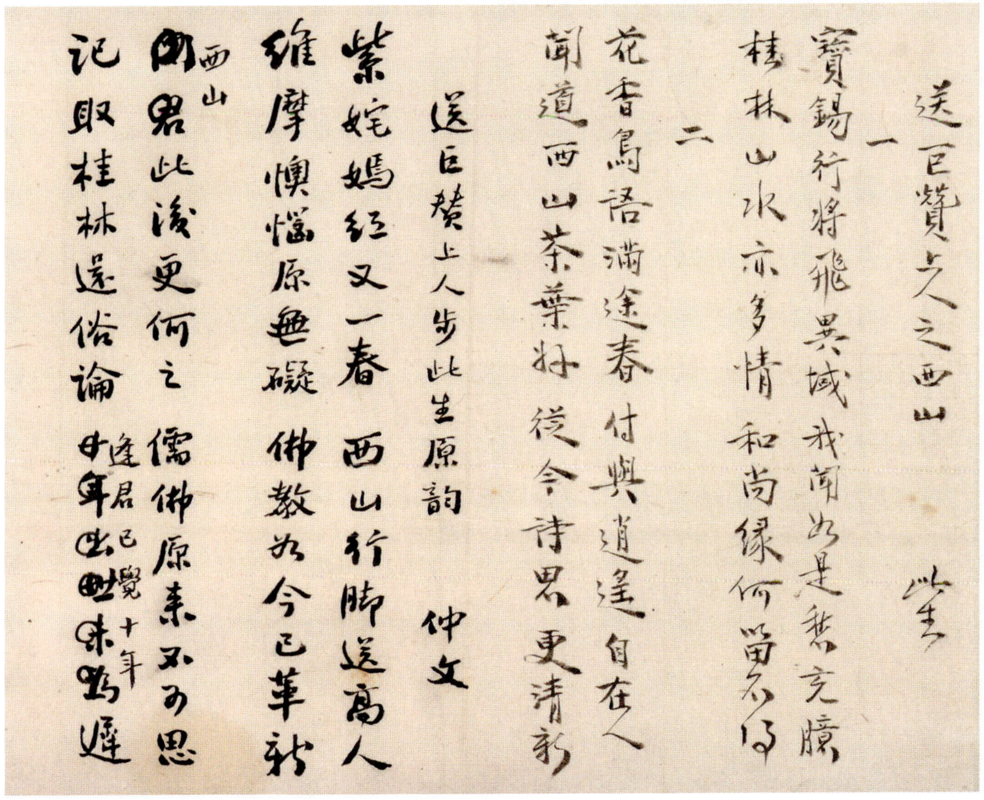

抗战时期陈此生《送巨赞上人之西山》手稿、万仲文《送巨赞上人步此生原韵》手稿

纵 27.6cm、横 36.4cm

1942 年欧阳予倩在桂林

纵 9.3cm、横 5.8cm

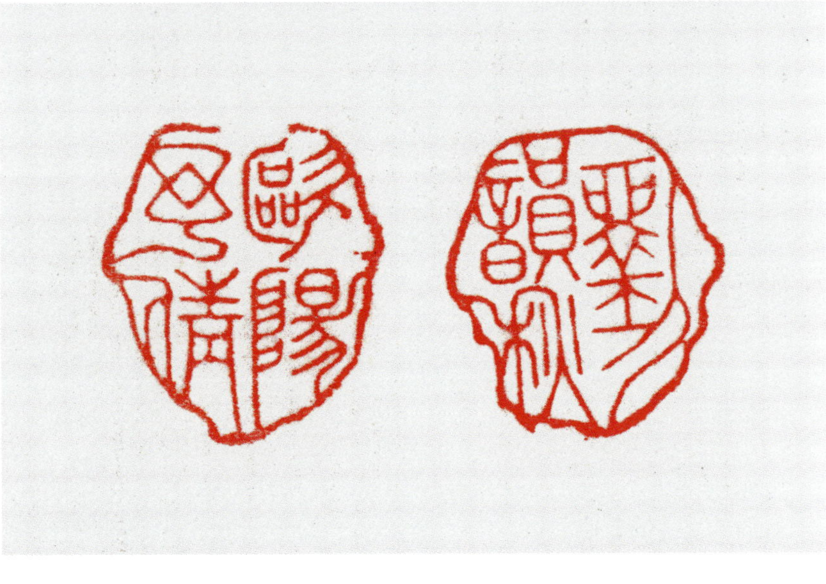

欧阳予倩、刘韵秋私章

高 3.6cm、宽 2cm、厚 1.5cm

两印面均为木质，呈不规则多边形，一枚印文为朱文篆书“欧阳予倩”四字，一枚为朱文篆书“刘韵秋”三字。纽均为软木雕狮子托一荔枝核。印为欧阳予倩夫妇抗日战争时期在桂林所用。

抗战时期的范长江 纵 3.8cm、横 3.5cm

范长江（1909 年 10 月 16 日～ 1970 年 10 月 23 日），原名希天，四川内江人。我国杰出的新闻记者，中国现代著名新闻家、社会活动家。1928 年考入中央政治学校，1933 年开始撰写新闻通讯。1935 年 5 月，范长江以《大公报》旅行记者的名义开始著名的西北之行，一系列通讯报道使其一举成名，反响热烈。西安事变后冒险报道真相，并成为第一个以正式记者身份进入延安、采访中共领导人的中国记者。1937 年组织创立中国青年新闻记者学会，即当今中国记协的前身。1939 年秘密加入中国共产党，担任周恩来发言人，新中国成立后任人民日报社社长。十年浩劫中遇难，1978 年平反，胡耀邦同志亲自主持追悼会。1991 年起设立范长江新闻奖。

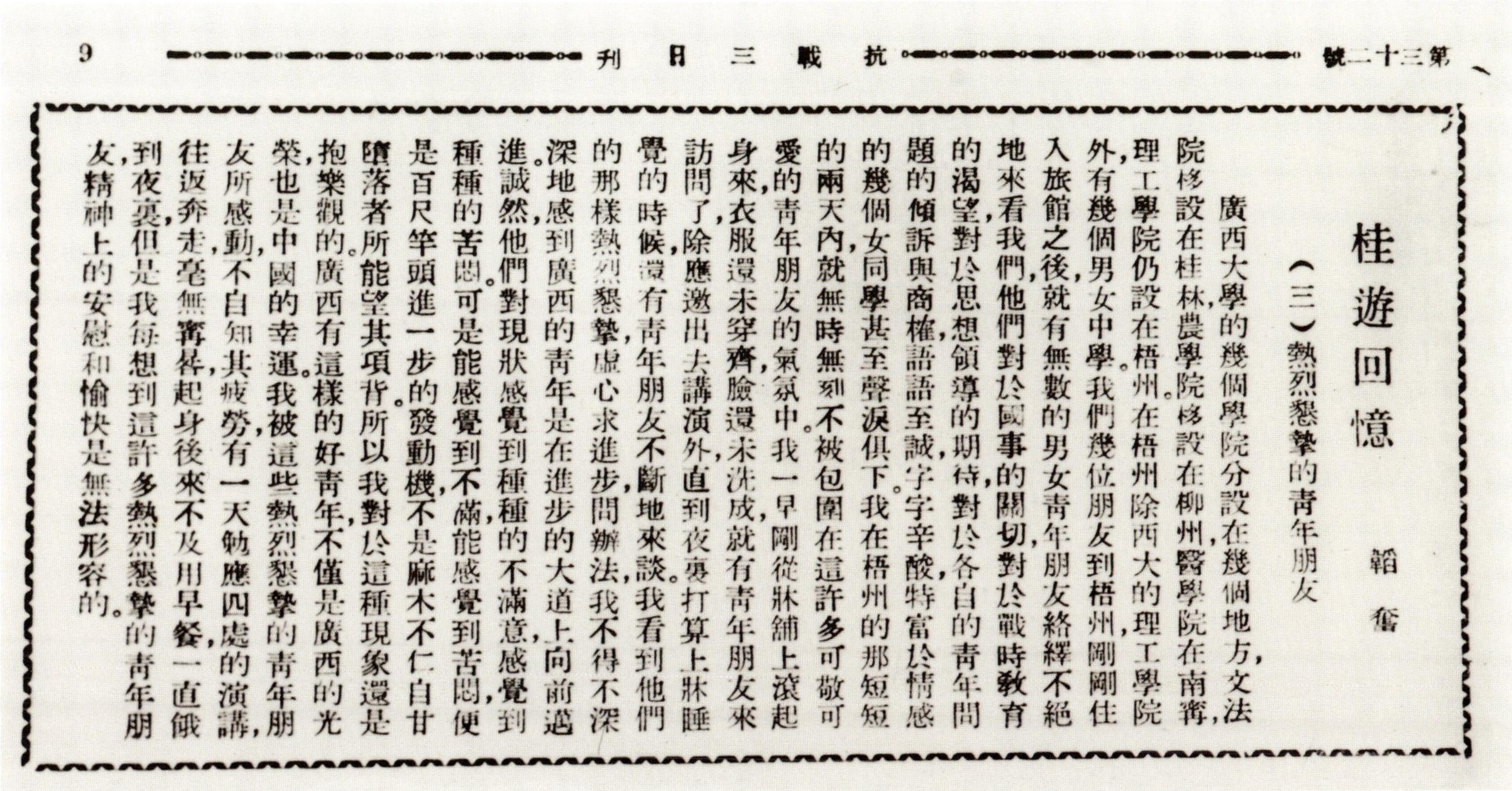

第三十二號　抗戰三日刊　9

桂遊回憶

（三）熱烈懇摯的青年朋友

韜奮

廣西大學的幾個學院分設在幾個地方，文法院移設在桂林，農學院移設在柳州，醫學院在南寧，理工學院仍設在梧州。在梧州除西大的理工學院外，有幾個男女中學。我們幾位朋友到梧州，剛剛住入旅館之後，就有無數的男女青年朋友絡繹不絕地來看我們，他們對於國事的關切，對於戰時教育的渴望，對於思想領導的期待，對於各自的青年問題的傾訴與商榷，語語至誠，字字辛酸，特富於情感的幾個女同學甚至聲淚俱下。我在梧州的那短短的兩天內，就無時無刻不被包圍在這許多可敬可愛的青年朋友的氣氛中。我一早剛從牀鋪上滾起身來，衣服還未穿齊，臉還未洗成，就有青年朋友來訪問了；除應邀出去講演外，直到夜裏打算上牀睡覺的時候，還有青年朋友不斷地來談。我看到他們的那樣熱烈懇摯，虛心求進步，問辦法，我不得不深深地感到廣西的青年是在進步的大道上向前邁進。誠然，他們對現狀感覺到種種的不滿意，感覺到種種的苦悶，可是能感覺到不滿，能感覺到苦悶，便是百尺竿頭進一步的發動機，不是麻木不仁自甘墮落者所能望其項背。所以我對於這種現象還是抱樂觀的。廣西有這樣的好青年，不僅是廣西的光榮，也是中國的幸運。我被這些熱烈懇摯的青年朋友所感動，不自知其疲勞，有一天勉應四處的演講，往返奔走，毫無寧晷，起身後來不及用早餐，一直餓到夜裏。但是我每想到這許多熱烈懇摯的青年朋友，精神上的安慰和愉快是無法形容的。

1937 年，邹韬奋发表于《抗战三日刊》的《桂游回忆》 纵 8.2cm、横 11.9cm

《抗战三日刊》，邹韬奋于 1937 年 8 月 19 日创刊，实际为《生活星期刊》的复刊。重视通讯是邹韬奋办刊的一贯作风，《桂游回忆》即为邹韬奋 1937 年 12 月从香港经广西至汉口途中一路撰写的，连载在第 31 号至 49 号上。《桂游回忆》介绍了广西在抗战期间的建设，肯定了广西当局的“艰苦奋斗”、广西公务员的“勤奋奉公”，表示深信“在复兴中华民族的伟大事业上，广西是一个很重要的生力军”。

1939年夏，美国著名进步记者爱泼斯坦访问《救亡日报》工厂，在桂林白面山与部分同仁及其他报社记者合影

纵 11.3cm、横 14.9cm

抗战时期的国新社第一任经理计惜英

纵 7.2cm、横 6.2cm

桂林国新社同仁于桂林国新社门前合影

纵 3.6cm、横 3.5cm

广西省中等学校艺术教员合影于桂林　纵15.1cm、横26.3cm　1938年8月

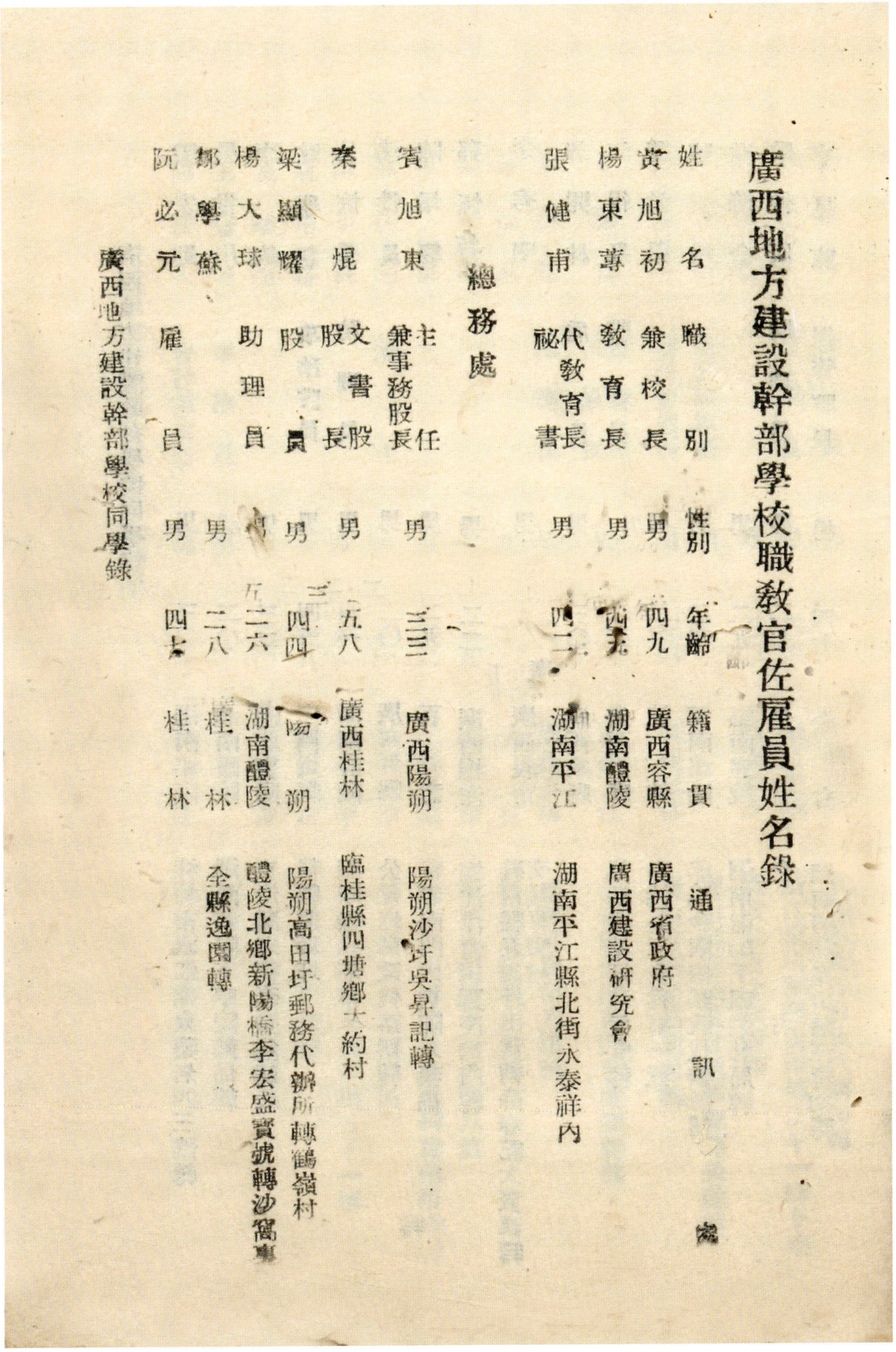

廣西地方建設幹部學校職教官佐雇員姓名錄

姓名	職別	性別	年齡	籍貫	通訊處
黃旭初	兼校長	男	四九	廣西容縣	廣西省政府
楊東蓴	教育長	男	四五	湖南醴陵	廣西建設研究會
張健甫	代教育長 秘書	男	四二	湖南平江	湖南平江縣北街永泰祥內
總務處					
賓旭東	主任兼事務股長	男	三三	廣西陽朔	陽朔沙圩吳昇記轉
秦焜	文書股股長	男	五八	廣西桂林	臨桂縣四塘鄉大約村
梁顯耀	股員	男	四四	陽朔	陽朔高田圩郵務代辦所轉鶴嶺村
楊大球	助理員	男	二六	湖南醴陵	醴陵北鄉新陽橋李宏盛寶號轉沙窩裏
鄒學蓀		男	二八	桂林	全縣逸園轉
阮必元	雇員	男	四七	桂林	

廣西地方建設幹部學校同學錄

抗战时期《广西地方建设干部学校教职员同学通讯录》 纵 17cm、横 12.5cm

抗战时期的广州儿童剧团照片　纵 3.5cm、横 3.8cm

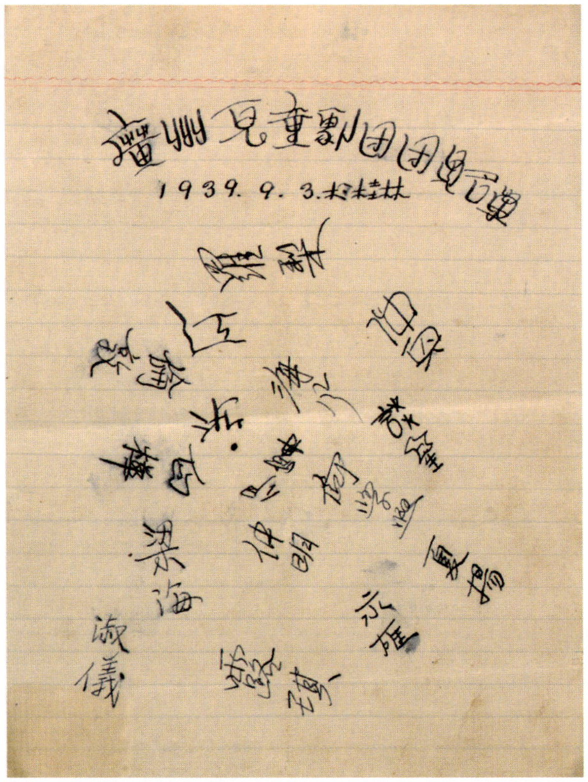

1939年9月3日广州儿童剧团团员于桂林签名名单

纵 19.5cm、横 14.9cm

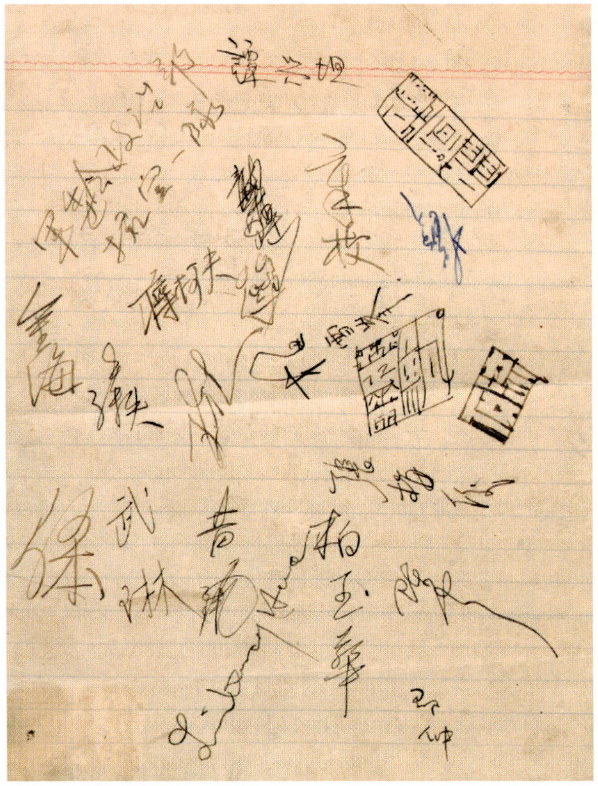

抗宣一队签名名单

纵 19.5cm、横 14.8cm　1938 年

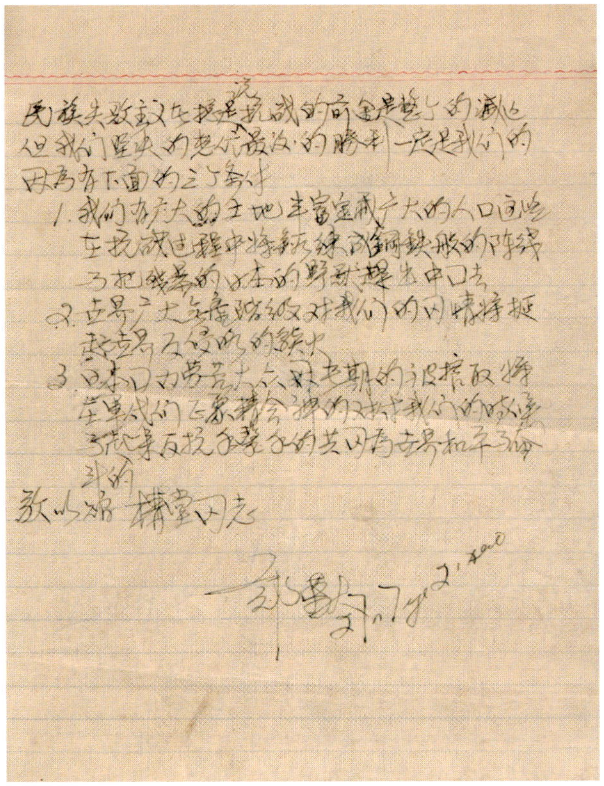

抗战时期演剧二队（后改为九队）部分同志合影 纵 5.8cm、横 12.8cm

1938 年，为执行抗日民族统一战线，任职于国民政府军事委员会政治部的周恩来同志，领导郭沫若主持的第三厅，收编原上海救亡演剧队，整合为十个抗敌演剧队、四个抗敌宣传队、一个孩子剧团，坚持在国统区从事抗日宣传、配合民主运动。1941 年皖南事变后，幸存下来的抗敌演剧队按所属“战区”更改番号。因抗敌演剧第二队当时在江西、湖南一带，属“第九战区”，即改名“演剧九队”。此时的成员有：原第二队的吕复、赵明、高重实、徐光珍、刁光覃、夏淳（即查强麟）、于因、朱琳、石联星、许之乔、许秉铎、石炎、陈家松、潘祖训（即卫禹平），新增成员蒋军（即江俊）、陈光复（即方行）、嵇启明、黄温如、冯旭、汤仲和、陈默、田野、赵元等。演剧九队先后在湖南、江西、广西（主要是桂林和柳州）、四川等地坚持演出，直到 1945 年抗战胜利。

1944 年演剧九队抵达桂林参加西南剧展　纵 5.8cm、横 8.3cm

1944 年演剧九队抵达桂林参加西南剧展，车前站立者为石炎　纵 5.8cm、横 8.3cm

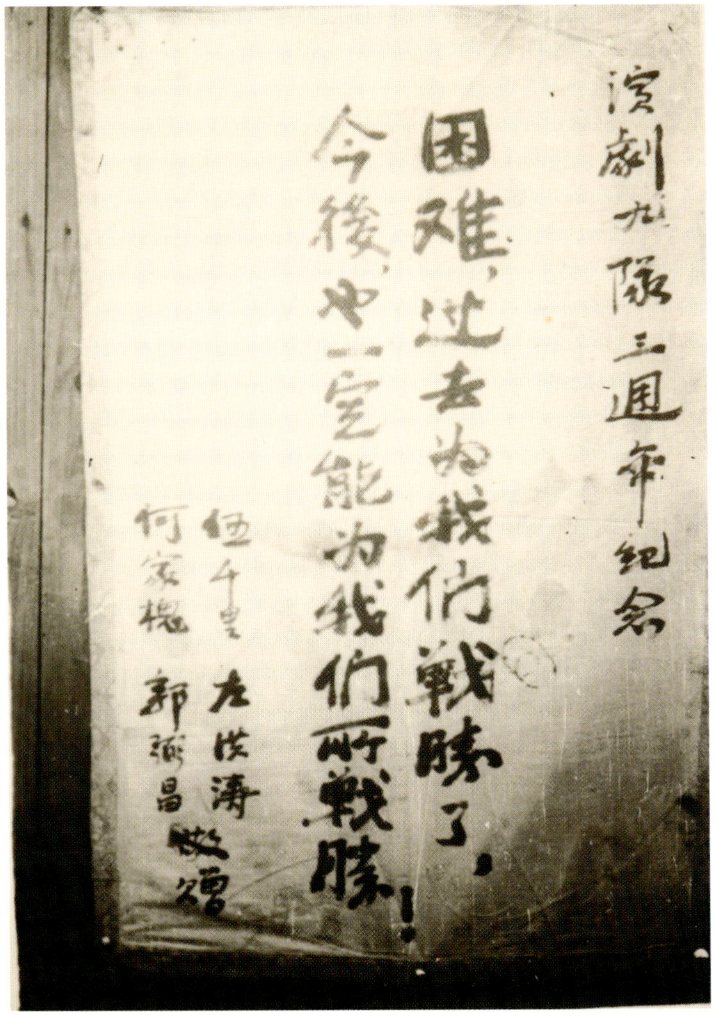

抗战时期演剧九队纪念旗　纵 13.2cm、横 9.1cm

抗战时期演剧五队成员合影

纵 6.9cm、横 12.8cm

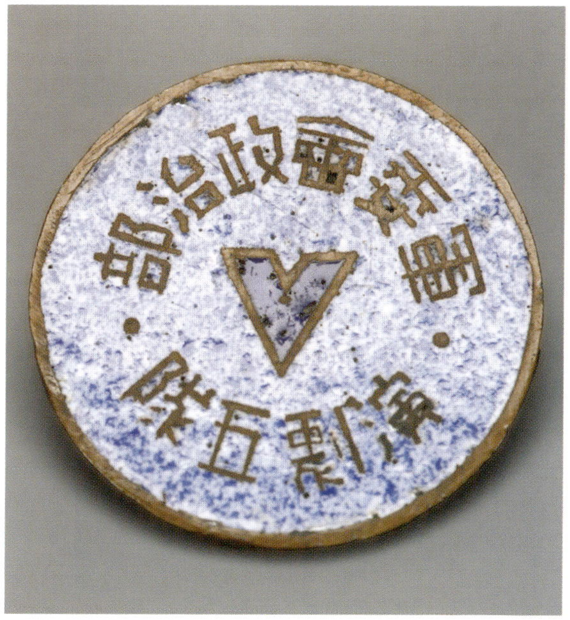

抗战时期军委会政治部演剧五队铜证章

直径 2cm、厚 0.15cm

抗战时期剧宣五队使用的行军床

长 196cm、宽 66cm、高 46cm

抗战时期演剧八队部分同志合影

纵 3.5cm、横 3.7cm

抗战时期新中国剧社在桂林

纵 10.8cm、横 15.3cm

新中国剧社，1941 年 10 月在桂林成立，是共产党领导下西南第一个民营职业剧团。初为广西文化人士李文钊先生集资创办，改组后由杜宣、瞿白音先后负责。剧社实行集体领导，拥有自己的创作队伍，如汪巩、严恭、杜宣、瞿白音等，因而能够迅速结合抗战形势创作剧本，服务于抗战宣传，三年内仅在桂林就先后公演近 30 个剧目。1943 年参与筹办西南剧展，剧展期间演出《大雷雨》等剧，并将《大雷雨》演出收入全部捐赠剧展大会。1944 年 6 月日寇迫桂，剧社坚持留桂，参加“扩大动员抗战宣传周”及国旗献金大游行，在剧场上演突击创作的大型活报剧《怒吼吧，桂林》，在场观众无不沸腾。

抗战时期抗宣七队在桂林使用过的铁箱　长 57cm、宽 36cm、高 31cm

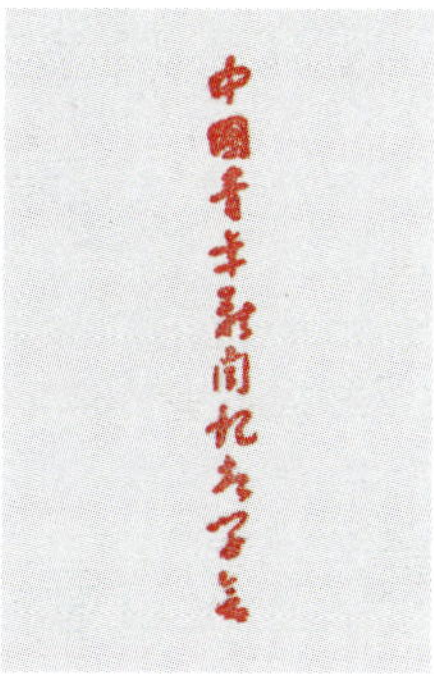

中国青年新闻记者学会会章　长 7.2cm、宽 1cm、高 2.5cm

中国青年新闻记者学会，是抗日战争前期，中国知识精英阶层的青年新闻工作者——多为无党派人士和国民党派人士，及部分共产党员——所结成的致力于发展国内新闻事业、宣传民族抗战的进步团体。“青记”发端自 1933 年的“上海记者座谈”，于 1937 年 11 月 8 日正式成立，1941 年 4 月被国民党中宣部取缔。在当时，“青记”网罗名报、名记，在全国发展会务，各地组建的分会、办事处、通讯社达 70 余处，短短三年里从成立伊始的 50 多人迅猛发展到 2000 多人。“青记”一方面巩固了新闻战线，打压了不良时风，教育、培养了一大批青年记者；另一方面，“青记”成员或冒着生命危险奔赴前线作战地报道，或在后方以笔为刃向民众积极宣传民族抗战，联络进步组织、资助进步作家，极大地鼓舞了兵民士气，为中国人民的团结抗战做出了巨大贡献。

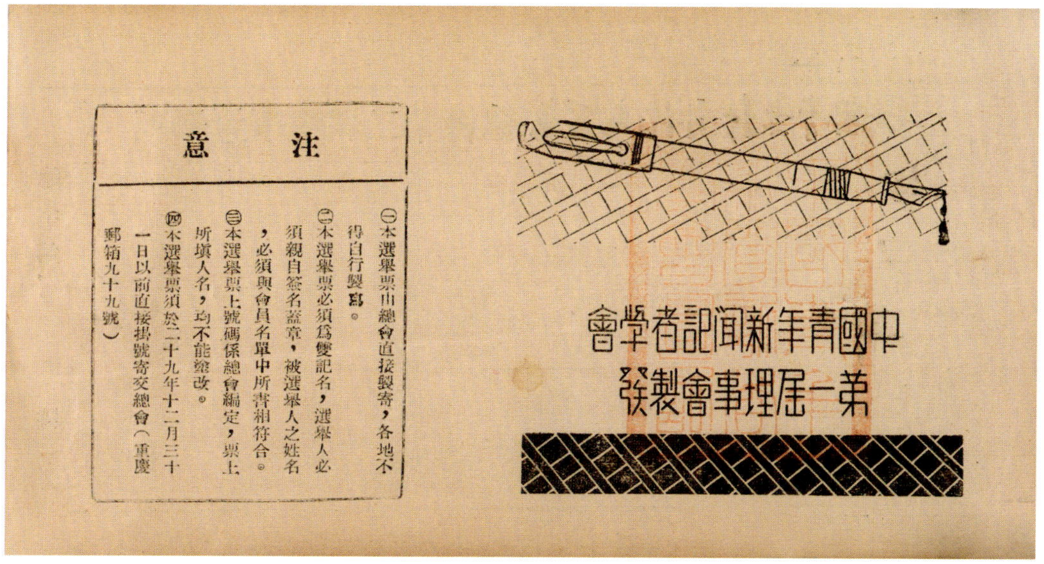

注意

(一)本選舉票由總會直接製寄，各地不得自行製寫。

(二)本選舉票必須爲雙記名，選舉人必須親自簽名蓋章，被選舉人之姓名，必須與會員名單中所書相符合。

(三)本選舉票上號碼係總會編定，票上所填人名，均不能塗改。

(四)本選舉票須於二十九年十二月三十一日以前直接掛號寄交總會（重慶郵箱九十九號）

中國青年新聞記者學會
第一屆理事會製發

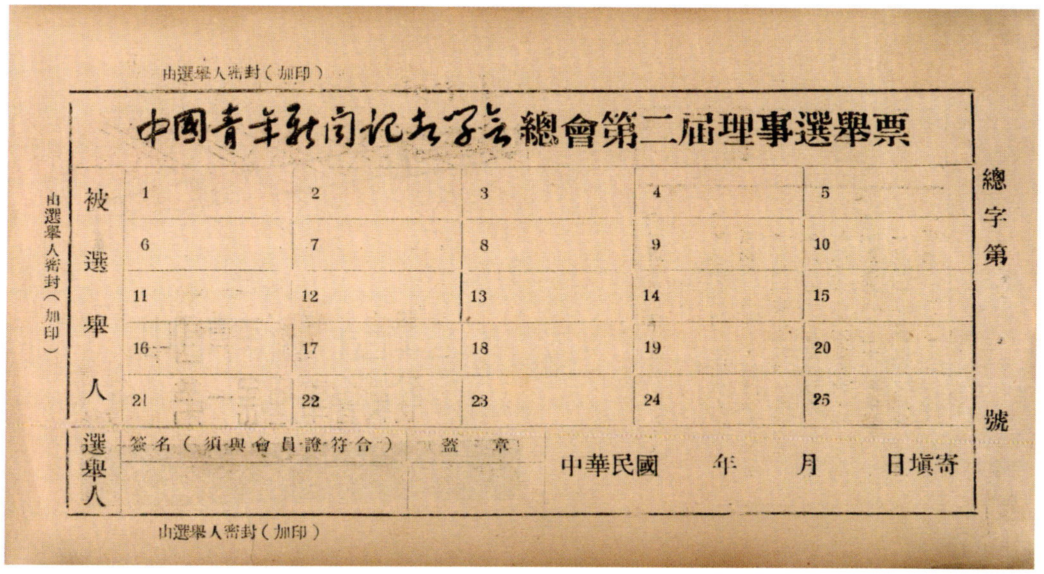

由選舉人密封（加印）

中國青年新聞記者學會總會第二屆理事選舉票

被選舉人	1	2	3	4	5
	6	7	8	9	10
	11	12	13	14	15
	16	17	18	19	20
	21	22	23	24	25
選舉人	簽名（須與會員證符合）	蓋章	中華民國　年　月　日填寄		

總字第　號

由選舉人密封（加印）

由選舉人密封（加印）

中国青年新闻记者学会总会第二届理事选举票　纵 10.7cm、横 19.5cm　1940 年

中国青年新闻记者学会证章　长 3.7cm、宽 1cm

中国青年新闻记者学会印章　长 2cm、宽 1.7cm、高 1.2cm

中国青年新闻记者学会总会章

直径4.5cm、厚1.1cm

中国青年新闻记者学会总会总务组章

直径4.1cm、厚0.9cm

中国青年新闻记者学会总会学术组章

直径4.2cm、厚0.9cm

中国青年新闻记者学会总会组织组章

直径4.1cm、厚1cm

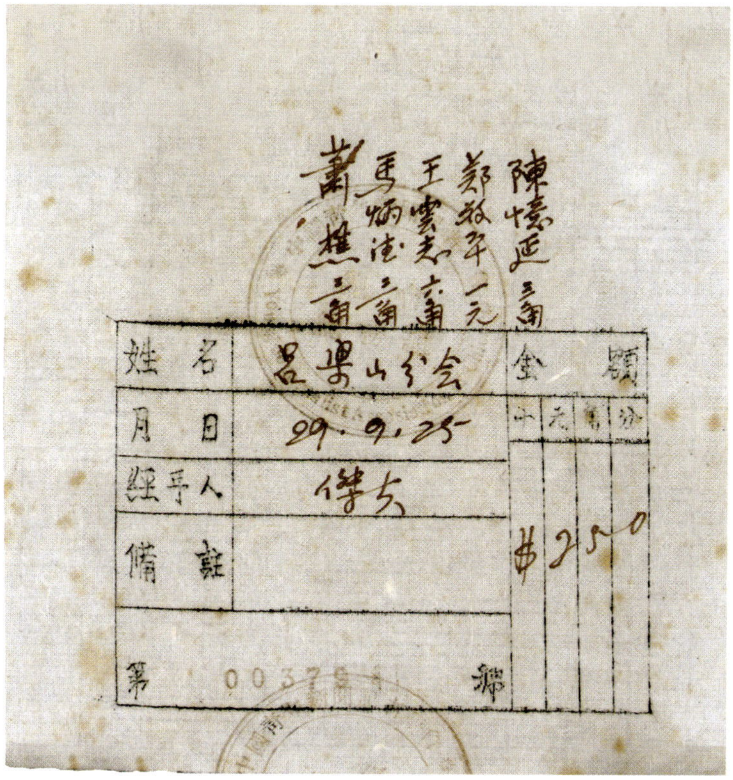

姓名	昌樂山分会	金額
月日	29.9.25	
經手人	傑夫	$2.50
備註		
第 003781 號		

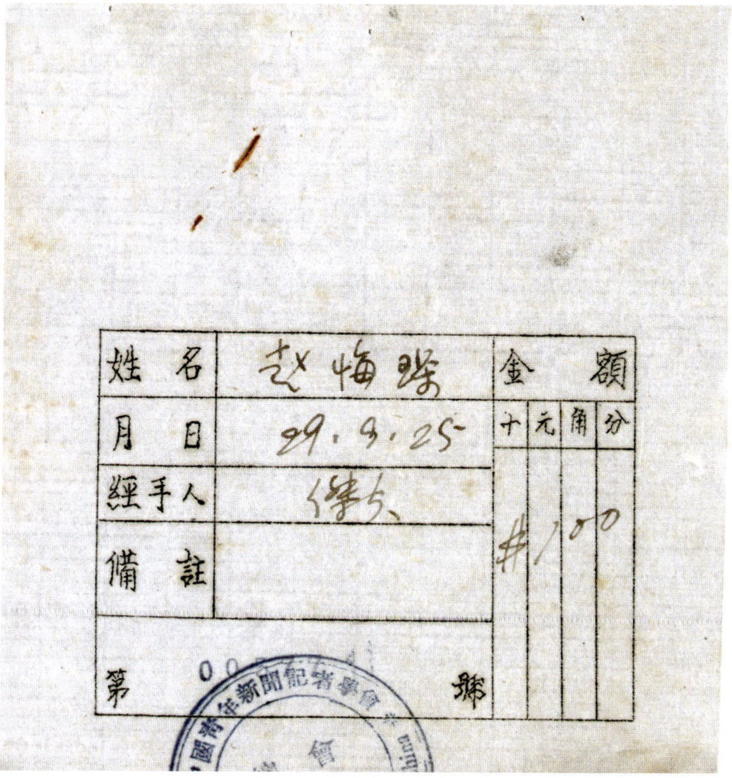

姓名	趙梅踪	金額
月日	29.9.25	
經手人	傑夫	$1.00
備註		
第 號		

抗战时期中国青年新闻记者学会入会费收据

纵 12.3cm、横 11.4cm　1940 年 9 月

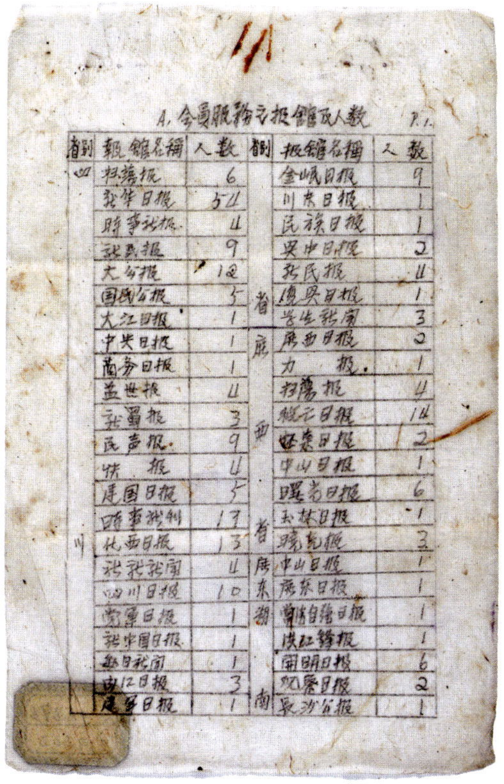

A.會員服務之報館及人數

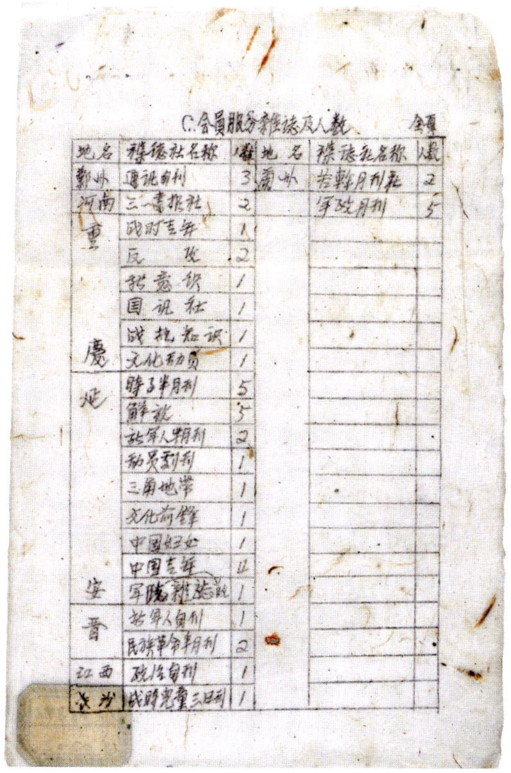

C.會員服務之雜誌及人數

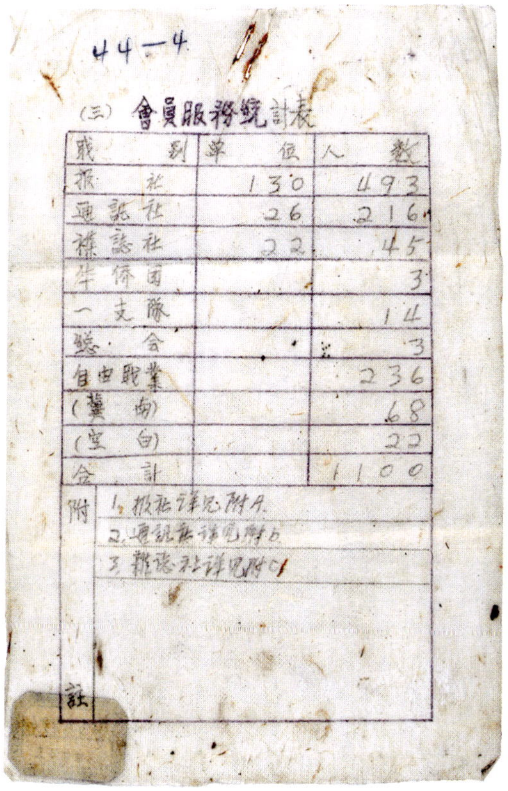

44—4

(三) 會員服務統計表

職别	單位	人數
報社	130	493
通訊社	26	216
雜誌社	22	45
學校團		3
一支隊		14
總會		3
自由職業		236
(冀南)		68
(空白)		22
合計		1100
附	1.報社詳見附A 2.通訊社詳見附B 3.雜誌社詳見附C	
註		

工作地區分佈表

抗战时期中国青年新闻记者学会各类统计表　纵 22cm、横 15cm

这些统计表是 1940 年前后关于中国青年新闻记者学会的难得的第一手史料，在国内首次发现。

1939年，桂林“七七”抗战建国纪念会，朝鲜义勇队、缅甸华侨义勇工程队、生活书店等单位上街游行（载《良友》1939年8月第145期）

纵 6cm、横 8.3cm

1940年广西的妇女工作委员会所办妇女工作队在全州合影

纵 4cm、横 5.9cm

1944年，桂林各界人士举行“大国旗游行”

纵 17.7cm、横 25.5cm

1944 年，日本侵华军向豫、湘、桂、黔地区发动了大规模的战略性进攻，而惨烈的衡阳保卫战暴露出外围的薛岳部队与衡阳守军方先觉部队的不合作。当时正值西南剧展后，大后方桂林市民的抗日情绪被完全调动起来，热情空前高涨，桂林各界遂在李任仁主持下发起了轰轰烈烈的“大国旗游行”，号召团结一致、奋勇抗日。

第二单元

传播真理 抗战教育

抗日战争爆发后，随着北平、上海、广州、武汉等地相继沦陷，政治、经济、文化中心大转移，桂林以其独特的地理位置成为抗战战略要地。从1938年10月至1944年9月，桂林成为中国抗战大后方的抗日文化中心之一。

桂林文化城的空前繁荣，社会科学在其中起了重要作用，也得益于马克思主义的传播。1939年至1940年，杨东莼任广西建设干部学校教育长，借鉴延安抗日军政大学和陕北公学经验，开设《抗战形势讲话》课程，由中共党员主讲并编成讲义出版发行，以全新的教育使广西建设干部学校成为国统区内一所新型的“南方抗大”，团结依靠进步文化工作者和社会活动家，在学术研究、宣传抗日、争取民主权利、推动团结抗战和进步事业方面发挥了重要作用。

中国共产党代表先进文化，领导全国进行持久抗战。马克思、恩格斯、列宁、斯大林、毛泽东著作，通过中共领导的《新华日报》桂林分馆、生活书店、新知书店、读书生活出版社等渠道出版发行，对知识青年追求革命真理、以科学的理论武装头脑起了非常重要的作用。

《新华日报》桂林分馆供应马克思、恩格斯的《共产党宣言》、《哲学的贫困》、《法兰西内战》、《雇佣劳动与资本》、《工资与利润》、《家庭、私有财产及国家的起源》、《马恩通信集》等，还有列宁的《“左派”幼稚病》、《唯物论与经验批判论》、《做什么》、《宁可少一点，但要好一点》、《进一步，退二步》、《社会民主党在民主革命中的两个策略》、《国家与革命》、《论国家》、《列宁选集》等。

生活书店桂林分店发行毛泽东《论持久战》、《新民主主义论》、《在延安文艺座谈会上的讲话》、《论新阶段》、《目前国际形势与中国抗战》、《中国抗日民族统一战线在目前阶段的任务》、《反对日本帝国主义进攻方针办法与前途》、《国共两党统一战线成立后中国革命的迫切任务》、《抗日游击战争的战略问题》、《与英国记者贝兰特谈话》、《与合众社记者的谈话》、《在纪念孙中山先生逝世十三周年及追悼抗敌救亡将士大会上的演说》、《与世界学联代表团的谈话》等。

读书生活出版社出版了恩格斯的《反杜林论》、《费尔巴哈论》、《德国农民战争》、《社会主义从空想到科学的发展》，列宁的《二月革命到十月革命》、《帝国主义——资本主义的最高阶段》，斯大林的《论民族问题》等。

国土不断沦陷，战火也随之南移。从1938年11月起，日军的飞机就开始不间断地轰炸桂林，躲警报就成了人们生活中的一个重要部分。桂林的月牙山、七星岩等天然岩洞成了人们的避难处。在炮火轰炸中，山清水秀的桂林城变得断壁残垣、满目疮痍。

作家和艺术家们用手中的笔来表达对血与火的战争奋起反抗的决心，杨东莼、陶行知、雷沛鸿、林砺儒等知名教育工作者就在桂林从事战时教育理论研究与实践。陶行知的“岩洞教育”，增加了深受轰炸之苦的人们从容面对灾难的信心。他在桂林组建生活教育社，根据桂林抗战实际进行“岩洞教育”，指导新安旅行团实践他的“生活即教育，社会即学校”的理论，开创了空前的桂林抗战岩洞教育。陶行知的这份战火中抗争的信念，在他倡议“岩洞教育”的叙述中可见一斑：“广西山洞甲天下，经过几次突袭之后，老百姓无论有警报无警报，都扶老携幼跑到山洞里去躲起来。这些山洞是天然的校舍，躲避空袭的老百姓有现成的时间求学，知识分子是现成的先生。……山洞教育是一种迫切的需要，也是最容易办起来的。……岩洞教育是把白费的50万小时夺回来，教老百姓了解抗战的前途，增加抗战的力量。”

如今在桂林七星公园的曾公岩内，依然还留有一道醒目的标语：“敌人在轰炸，我们在上课！”见证着当年战火中的独特创举。张安治的炭笔画《洞中日月》正是当时的真实写照。

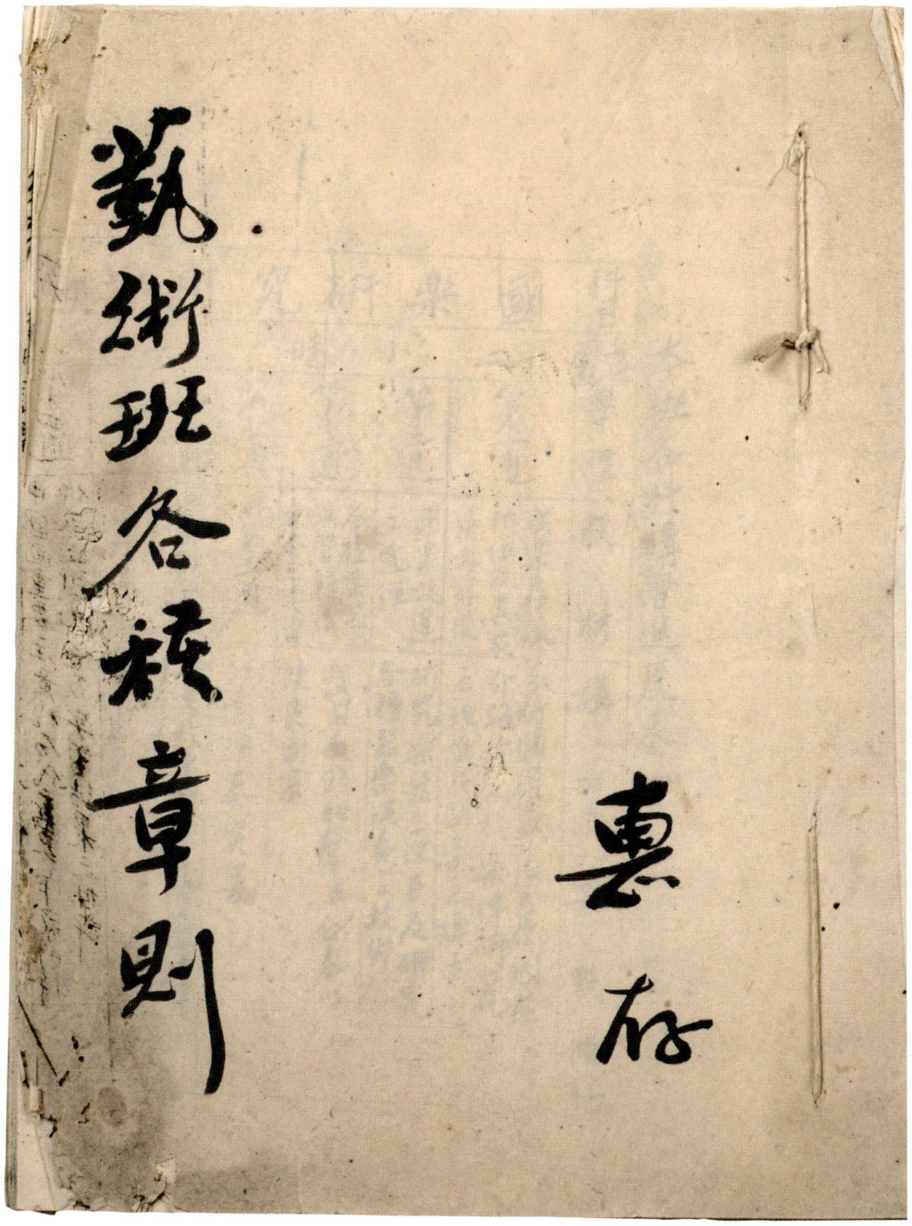

藝術班各程章則

惠存

广西省中等学校艺术教员二十七年暑期讲习班各程章则

纵 26.8cm、横 19.5cm 1938 年

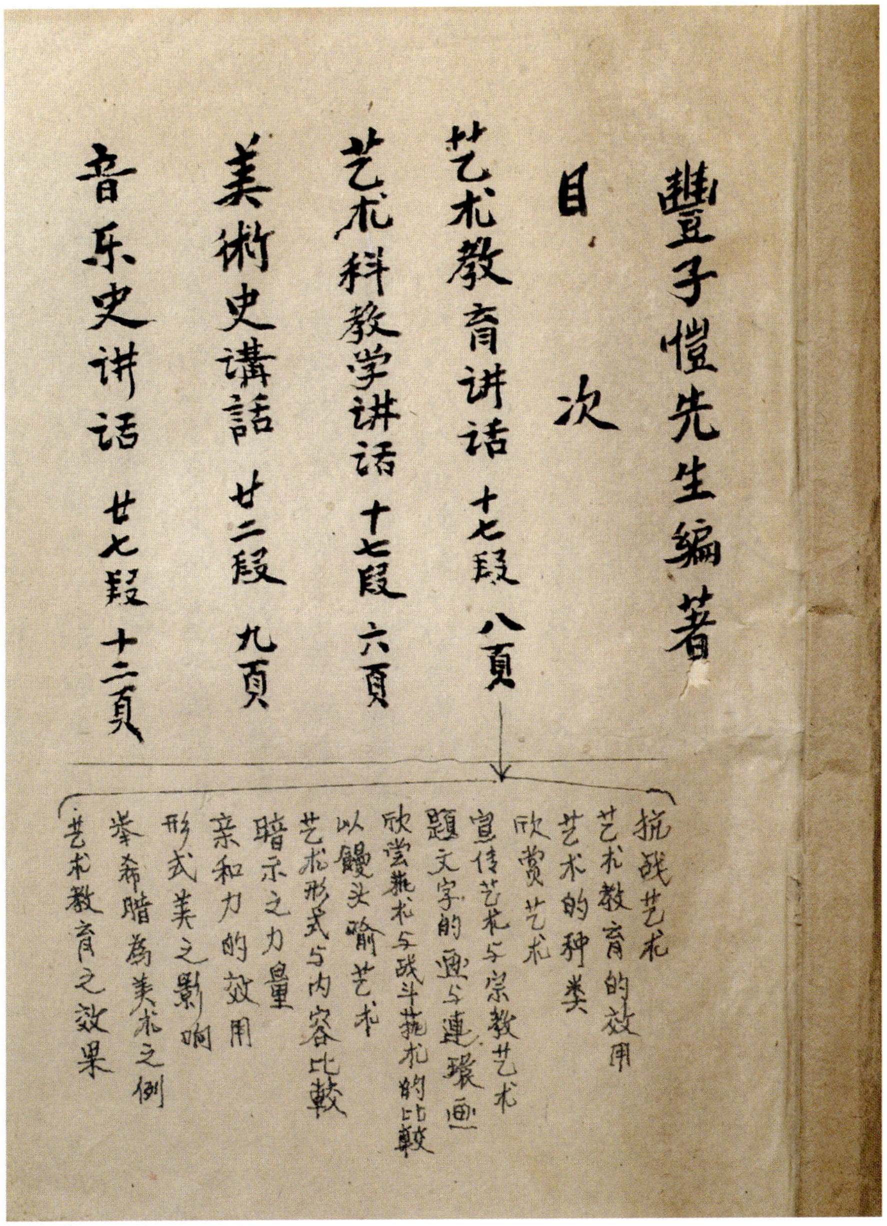

豐子愷先生編著

目次

艺术教育讲話 十七段 八頁

艺术科教学讲话 十七段 六頁

美術史講話 廿二段 九頁

音乐史讲话 廿七段 十二頁

抗战艺术

艺术教育的效用

艺术的种类

欣赏艺术

宣传艺术与宗教艺术

題文字的画与連環画

欣赏艺术与战斗艺术的比較

以饅头喻艺术

艺术形式与内容比較

暗示之力量

亲和力的效用

形式美之影响

举希腊為美术之例

艺术教育之效果

丰子恺编讲义

纵 27.5cm、横 19.5cm 1938 年

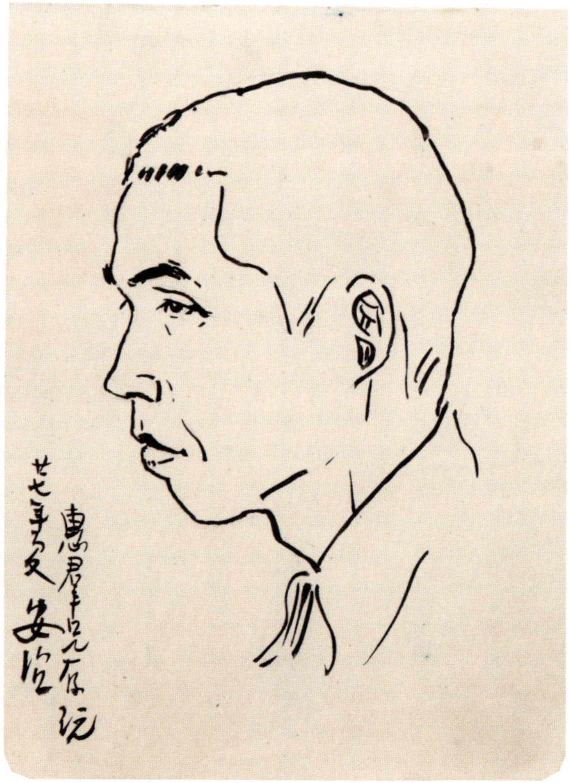

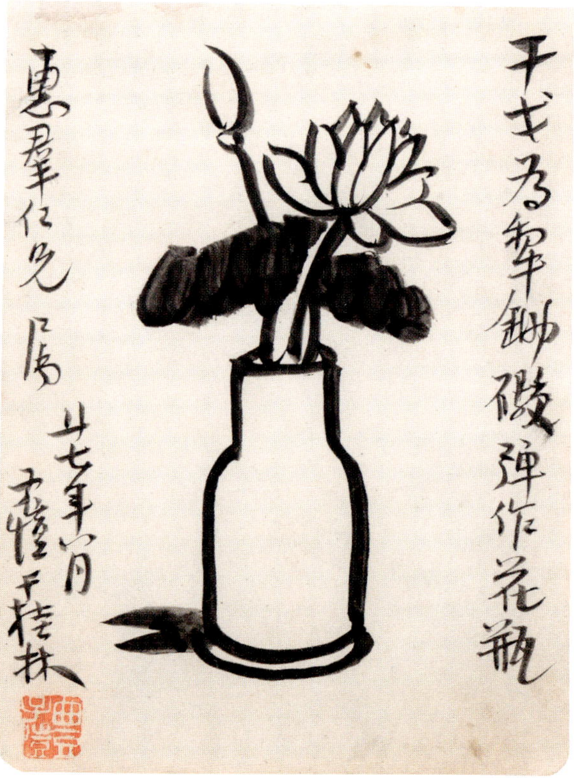

抗战时期广西省中等学校艺术教员暑期讲习班 32 开纪念册　纵 13.5cm、横 10cm　1938 年

中国青年记者学会1939年在桂林举办的“战时新闻工作短期讲习班”毕业典礼照片。前排坐者从右向左为孟秋江（国新社）、邰宗汉（中国青年记者学会）、李任仁（广西省参议会议长）、陈纯粹（中央社）、刘季平（生活教育社），第七人是盛成（广西大学教授）；二排站立者正中为陈依菲（又名陈同生，中国青年记者学会成员，讲习班主持人），陈右边第一人为汪止豪（伤兵之友社）、第二人为钟期森。该照片由陈秀橡（上海百科丛书出版社）提供

纵 12.85cm、横 15.5cm

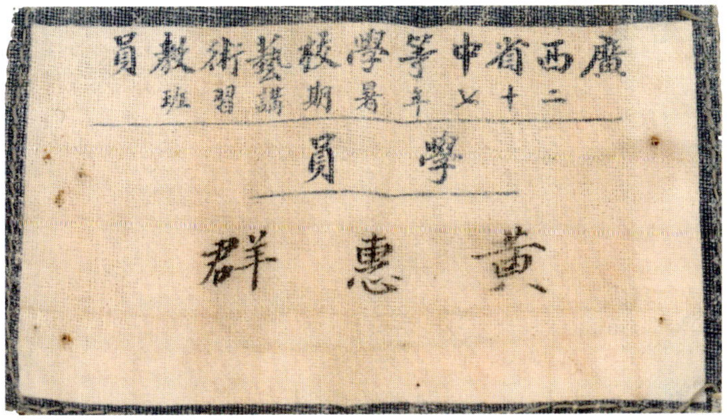

广西省中等学校艺术教员二十七年暑期讲习班学员黄惠群襟章

长 9cm、宽 5.7cm　1938 年

覃敬庄赠黄惠群的《设色花鸟直幅》（覃敬庄当时为广西省中等学校艺术教员暑期讲习班的美术讲师）

纵 126cm、横 22cm　1938 年

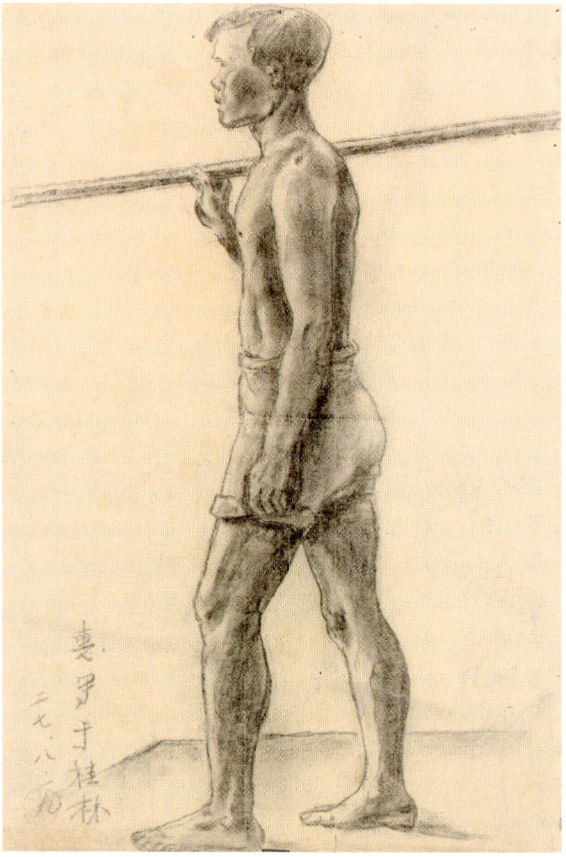

广西省中等学校艺术教员暑期讲习班学员黄惠群的美术作品

（从左向右，从上向下）纵 46.7cm、横 31cm，纵 46.7cm、横 30.6cm，纵 38.2cm、横 29.2cm，纵 29.2cm、横 38.2cm，纵 29cm、横 38.3cm，纵 29.2cm、横 38.4cm　1938 年

1941年10月9日，广西建设研究会四周年纪念大会合影

纵 6cm、横 8cm

1939年，广西地方建设干部学校第一期学员在桂林留影

纵 17.8cm、横 25.3cm

1939年，广西地方建设干部学校第一期学员在大中乡公所留影

纵 17.6cm、横 25.3cm

1939年，广西地方建设干部学校第一大队二小组在白面山下合影

纵 16.8cm、横 24.9cm

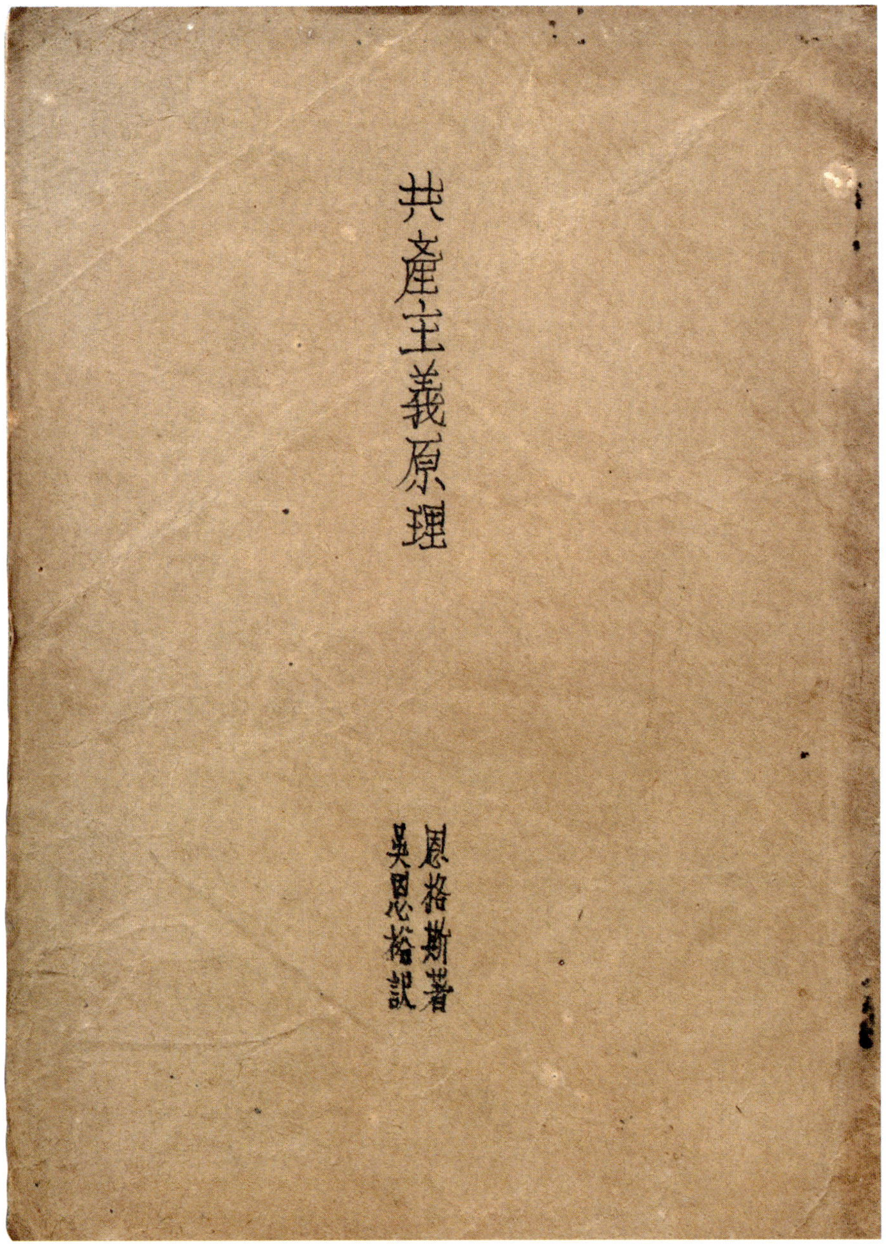

抗战时期苏裕翠学习用书恩格斯《共产主义原理》 纵 21cm、横 15cm

以下图书是抗战时期苏裕翠、古子坚夫妇在广西建设干部学校时的学习用书。苏裕翠为苏蔓烈士之胞妹，自中学起即跟随哥哥苏蔓从事抗日救亡运动。

苏裕翠学习用书毛泽东《抗日游击战争的战略问题》

纵 18cm、横 12.7cm 1938 年

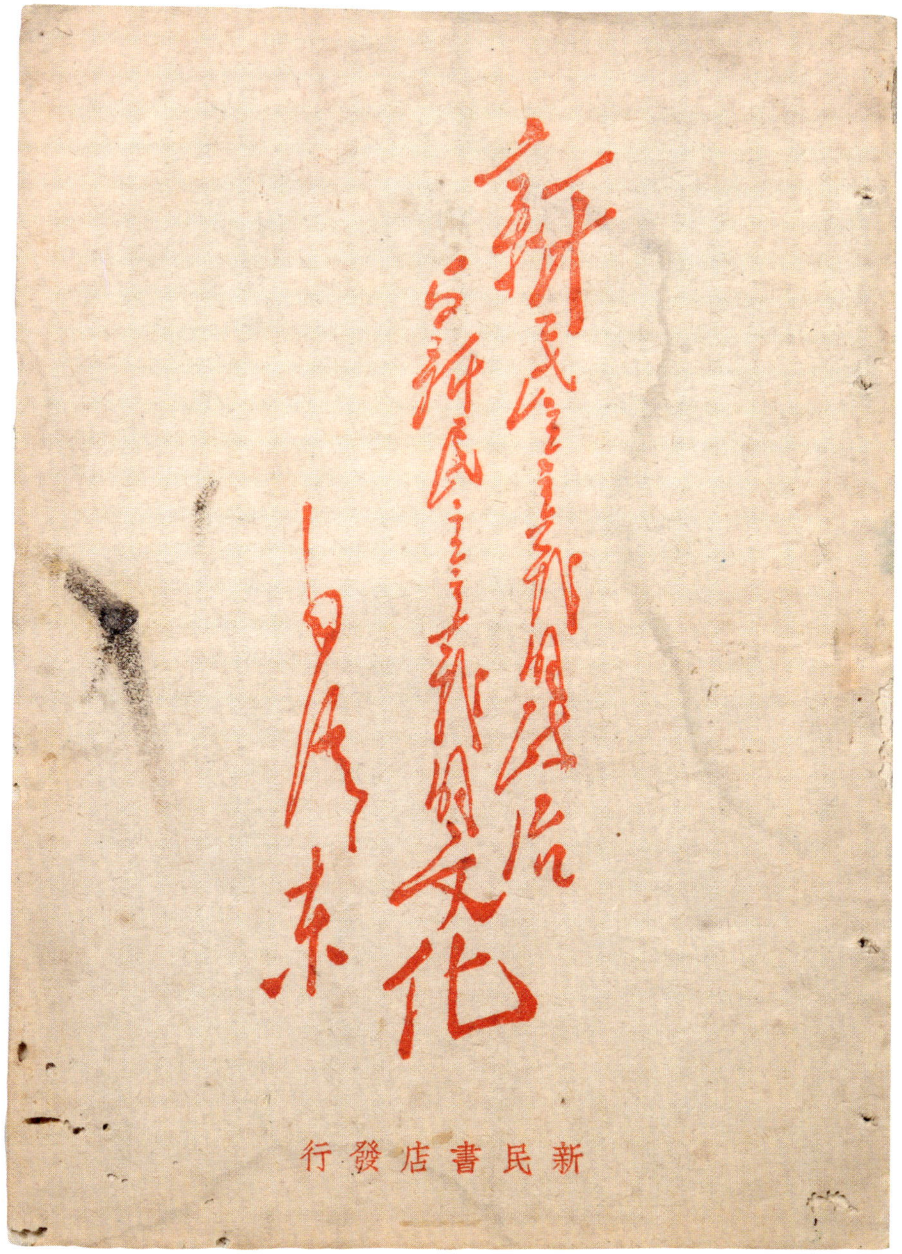

苏裕翠学习用书毛泽东《新民主主义的政治与新民主主义的文化》

纵 18cm、横 12.8cm 1938 年

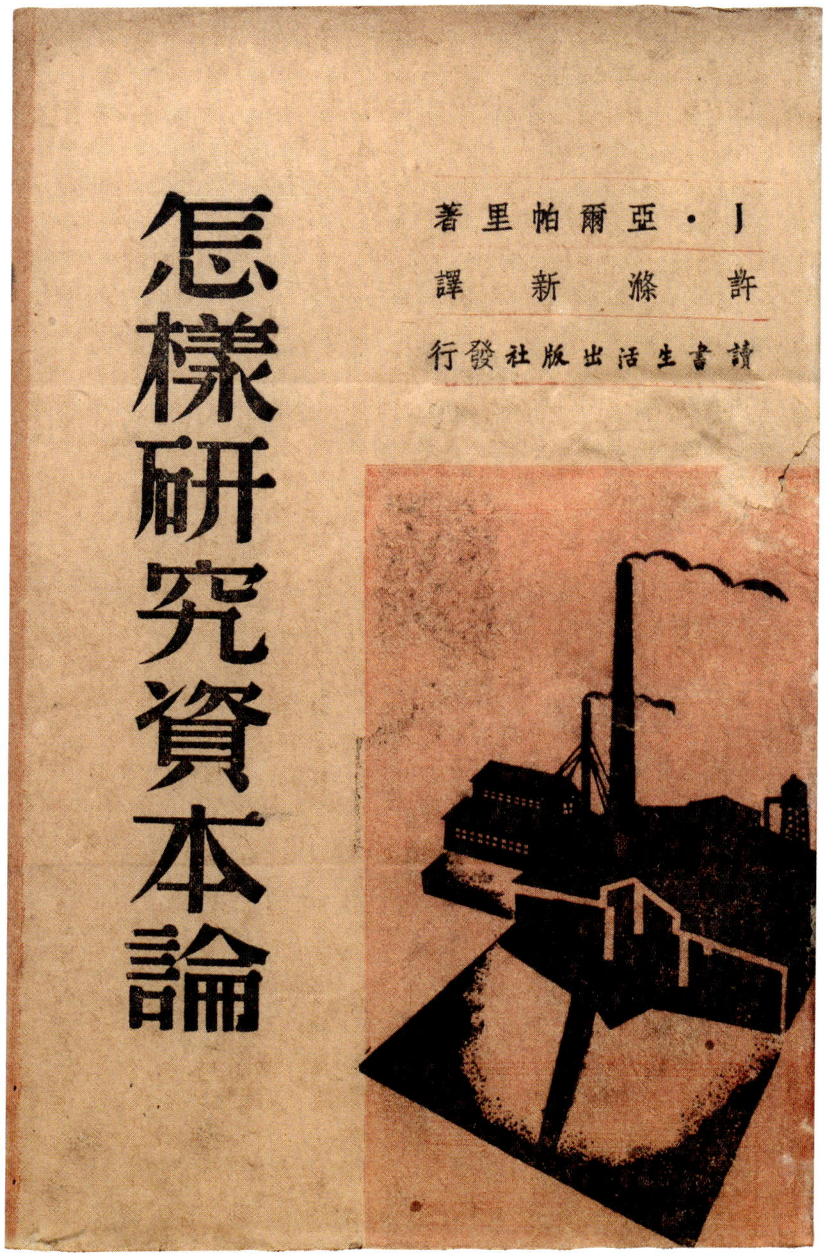

苏裕翠学习用书《怎样研究资本论》

纵 18.4cm、横 12.8cm 1940 年

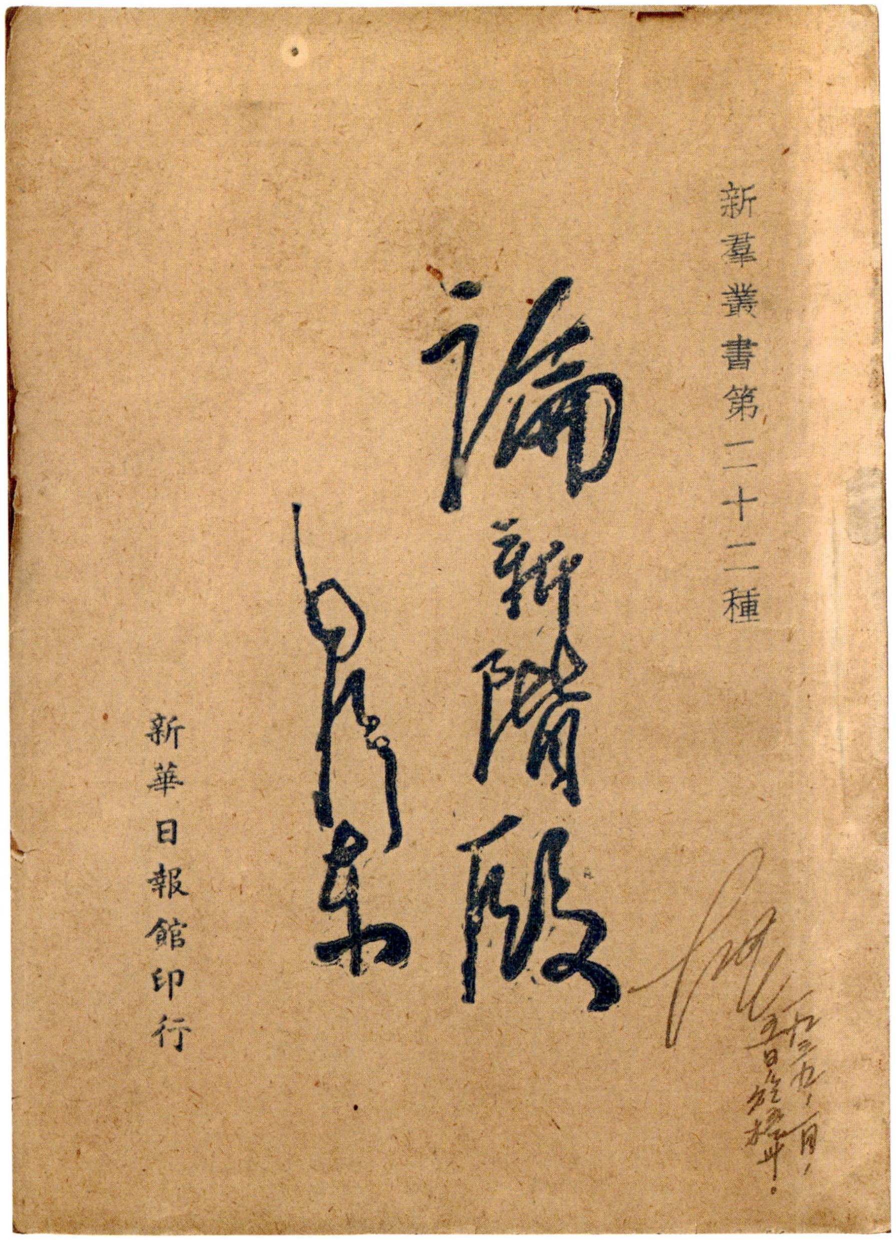

古子坚学习用书毛泽东《论新阶段》 纵 18cm、横 12.8cm　1938 年

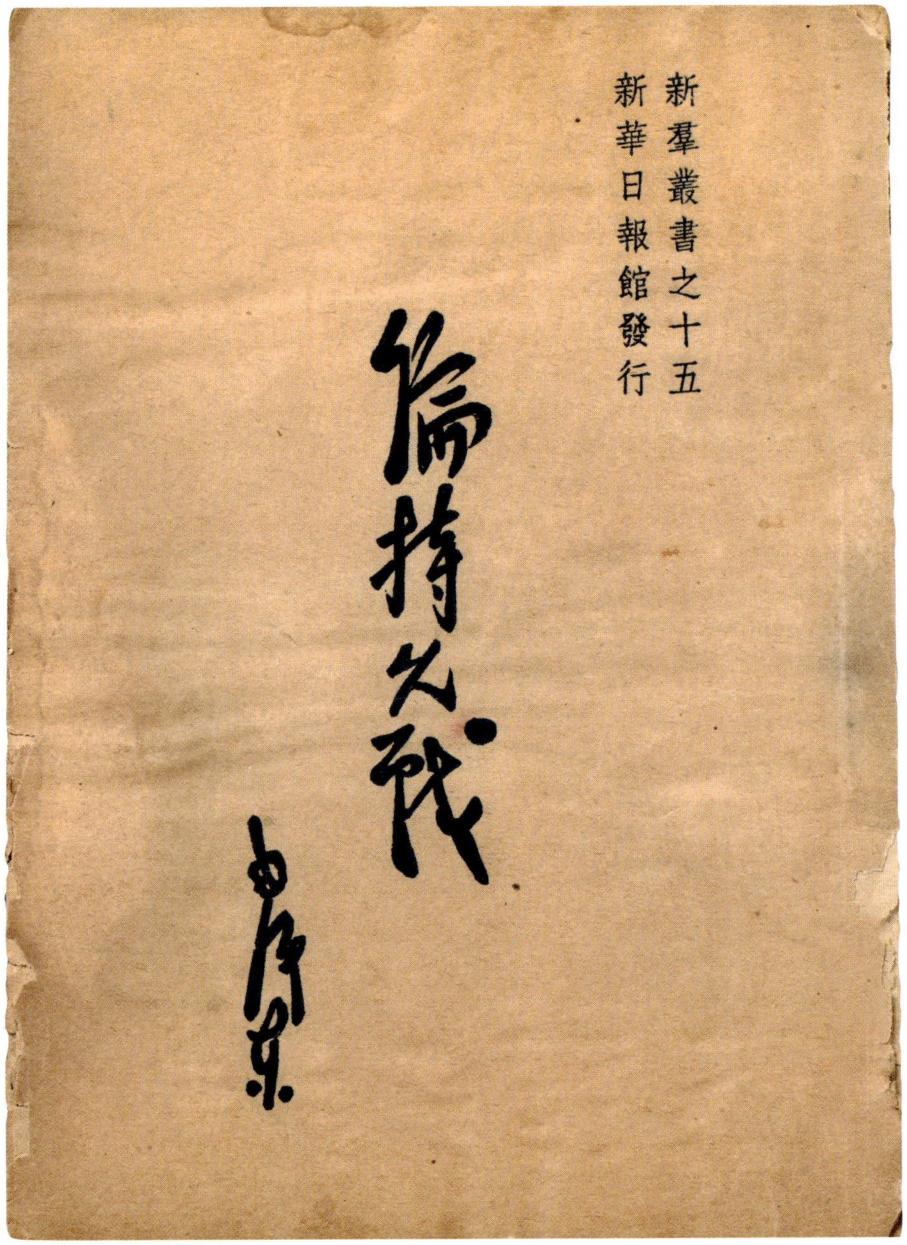

古子坚学习用书毛泽东《论持久战》 纵 18cm、横 12.7cm　1939 年

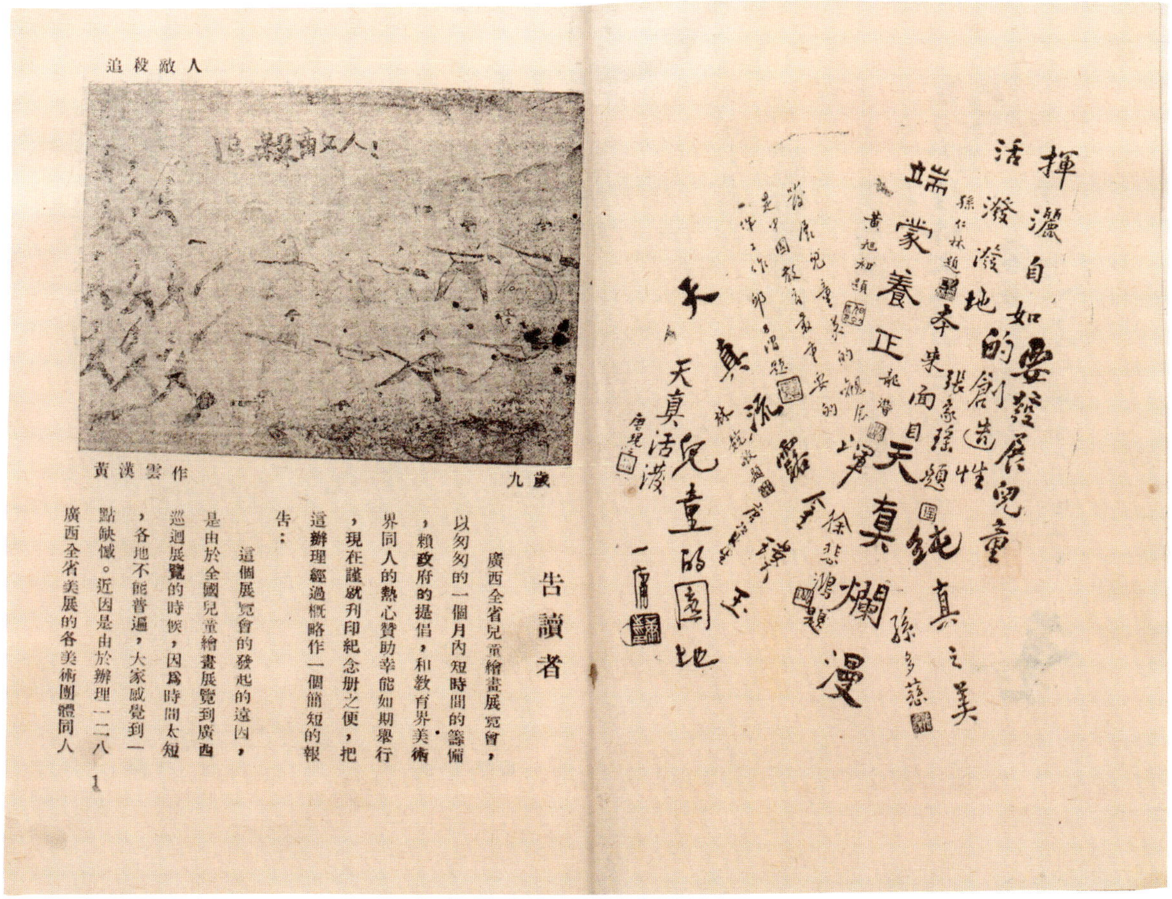

追殺敵人

黃漢雲作 九歲

告讀者

廣西全省兒童繪畫展覽會，以匆匆的一個月內短時間的籌備，賴政府的提倡，和教育界美術界同人的熱心贊助幸能如期舉行，現在謹就刊印紀念冊之便，把這辦理經過概略作一個簡短的報告：

這個展覽會的發起的遠因，是由於全國兒童繪畫展覽到廣西巡迴展覽的時候，因爲時間太短，各地不能普遍，大家感覺到一點缺憾。近因是由於辦理一二八廣西全省美展的各美術團體同人

1

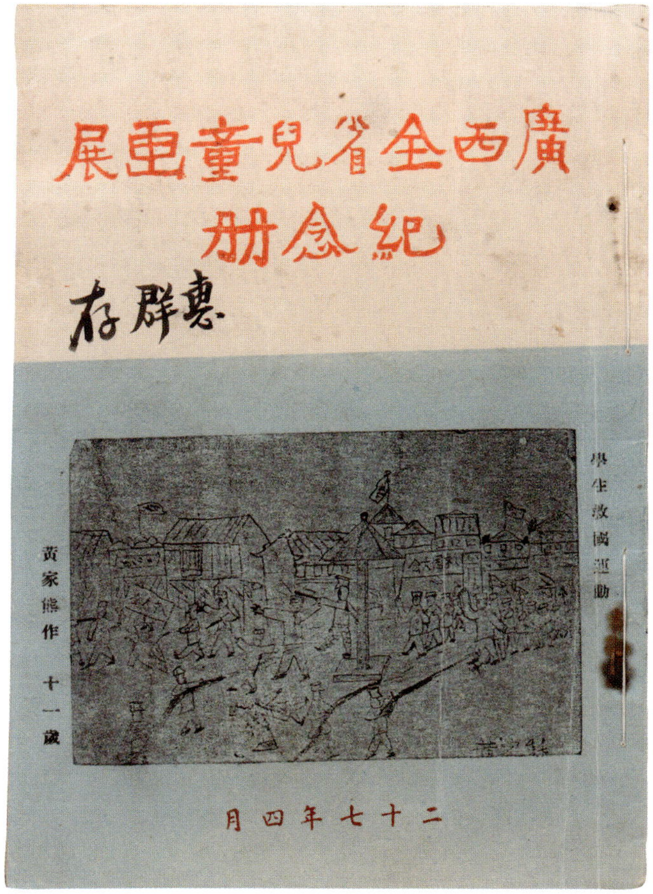

广西全省儿童画展纪念册 纵 19cm、横 13.5cm 1938 年 4 月

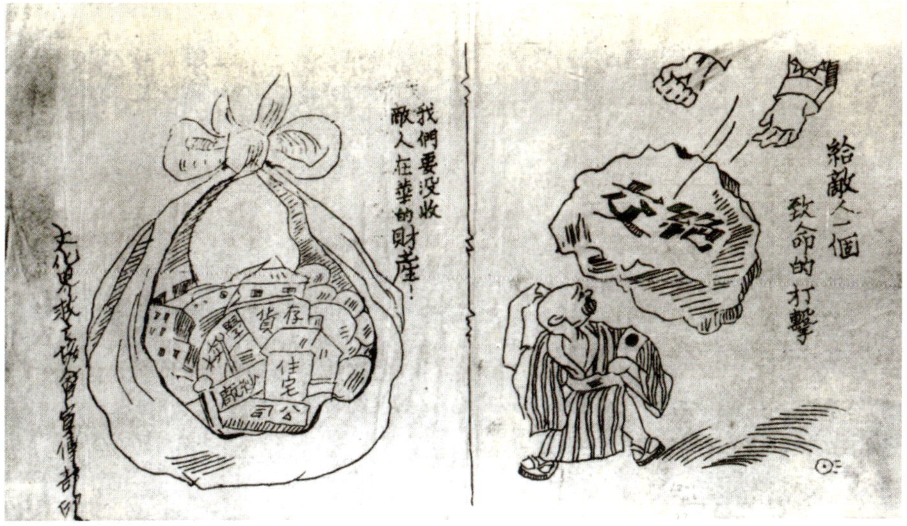

抗战时期文化界救亡协会宣传部印发的抗日传单

纵 8.3cm、横 15.2cm

桂林各界于体育场举行抗战建国纪念大会（载《东方画刊》1938年9月第一卷第六期）

纵 7.6cm、横 12.5cm

抗战时期广西省艺术师资训练班在正阳门城楼（艺师班班址）上的合影

纵 5.7cm、横 8.3cm

广西省艺术师资训练班于七星岩举办抗战宣传画流动展

纵 5.6cm、横 8.3cm

广西省艺术师资训练班学生的抗日宣传

纵 5.5cm、横 8cm

广西省艺术师资训练班在漓江边举办抗战宣传画流动展

纵 5.5cm、横 8.1cm

广西省艺术师资训练班于桂林十字街头举办抗战宣传画流动展

纵 5.6cm、横 8.3cm

美术工作者联谊会在桂林主办为难民募捐美展

纵 8.7cm、横 13cm

广西省艺术师资训练班昆仑关大捷前后于桂林举办抗战宣传画流动展

纵 8.2cm、横 5.8cm

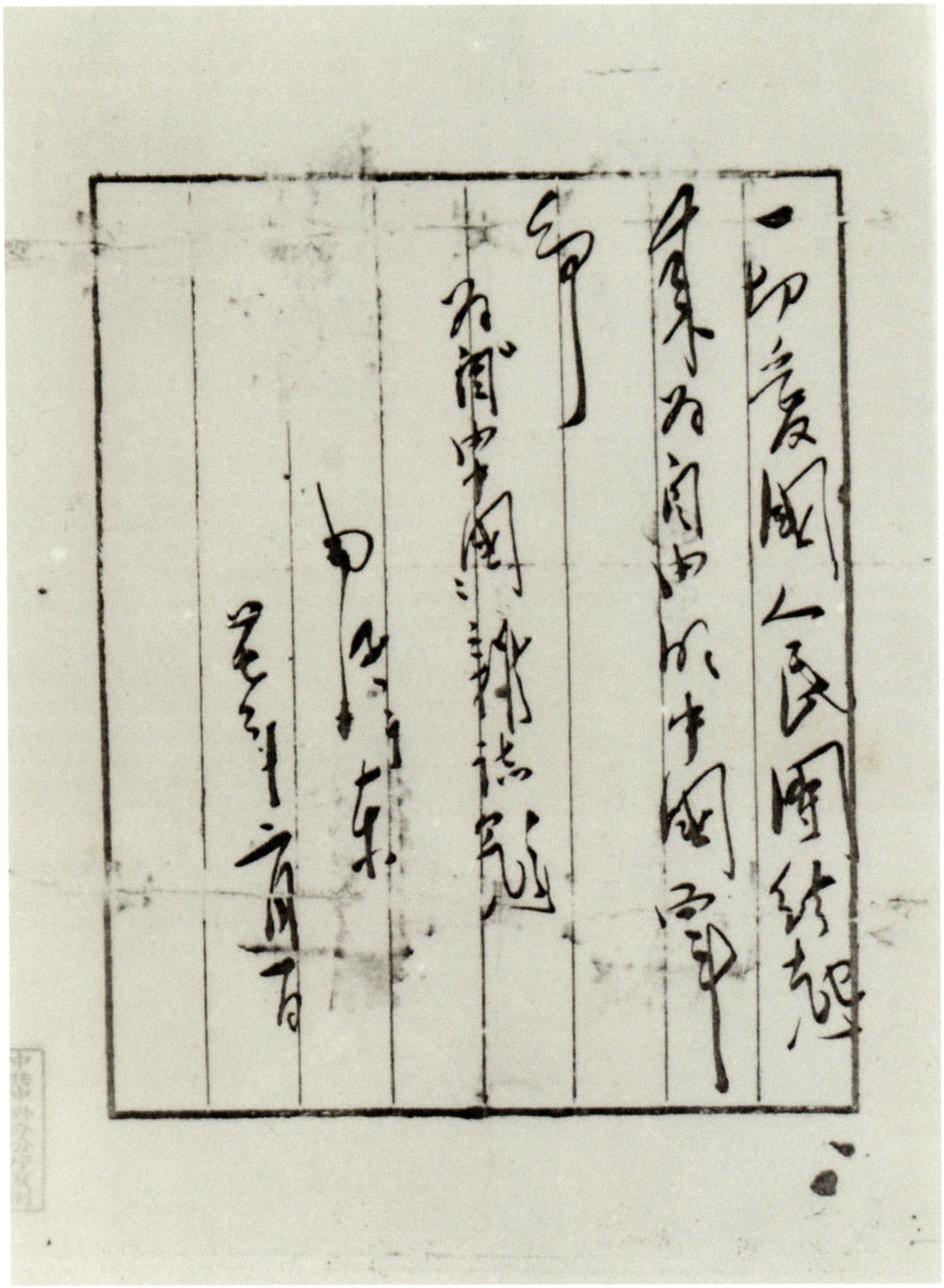

毛泽东为《自由中国》杂志社题词

纵 8.1cm、横 5.7cm

《自由中国》月刊杂志，是综合性文艺刊物，1938 年 4 月 1 日在武汉问世，由臧云远主编，郭沫若、郁达夫、老舍都曾为该刊撰稿。1938 年，毛泽东为该刊题词：“一切爱国人民团结起来，为自由的中国而斗争。”1940 年 11 月 1 日杂志在桂林复刊，第二期时刊登了毛泽东的此篇题词。

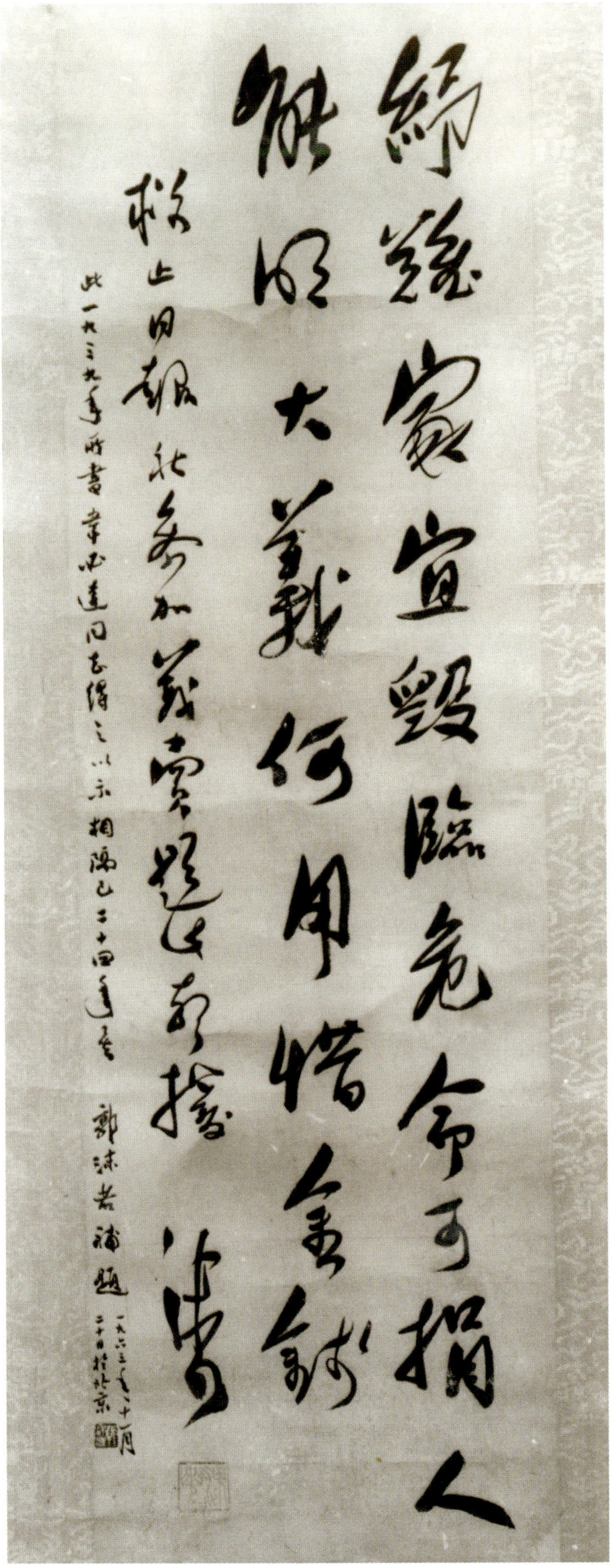

郭沫若1939年在桂林为《救亡日报》义卖题词

纵 12.85cm、横 5cm

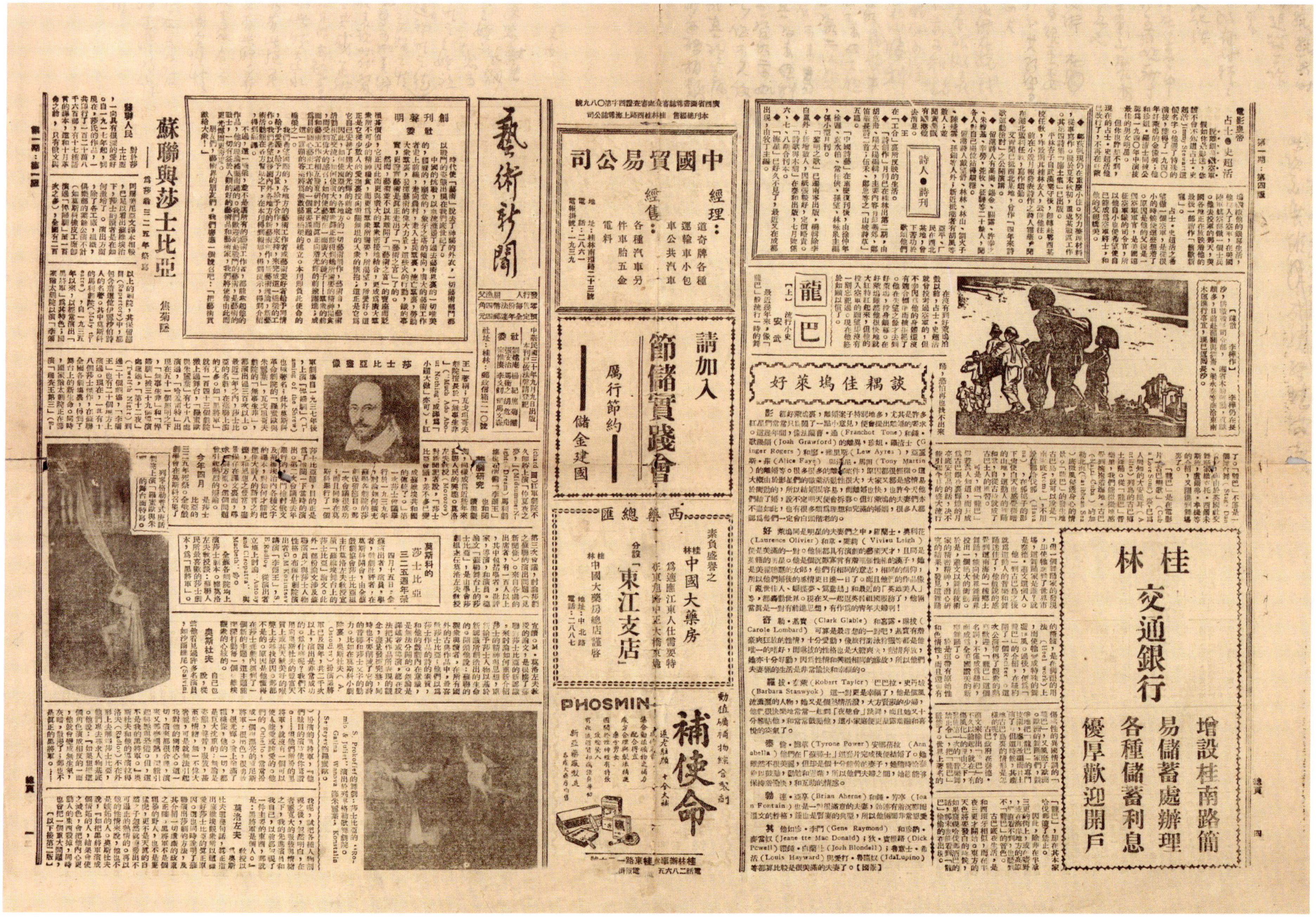

藝術新聞

蘇聯與莎士比亞

中國貿易公司

經理：道奇牌各種運輸車、小包車、公共汽車

經售：各種汽車另件、車胎、五金、電料

請加入節儲實踐會

厲行節約 儲金建國

西藥總匯

東江支店

談耦佳塢萊好

龍巴

補使命

桂林交通銀行

增設桂南路簡易儲蓄處辦理各種儲蓄利息優厚歡迎開戶

1941 年 9 月 9 日《艺术新闻》 纵 38cm、横 53.2cm

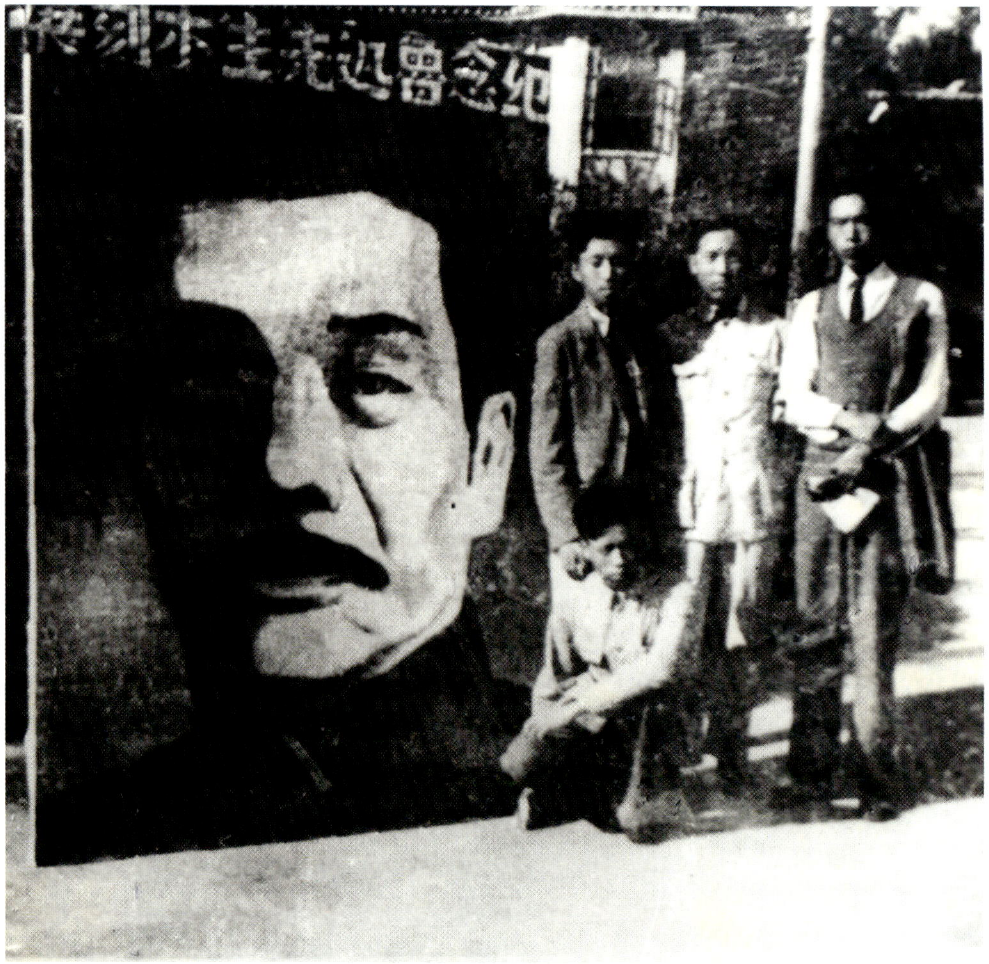

1939年10月19日，木协桂林办事处举办“纪念鲁迅先生木刻展”期间，黄新波、黄茅等人合影

纵 16.6cm、横 16.5cm

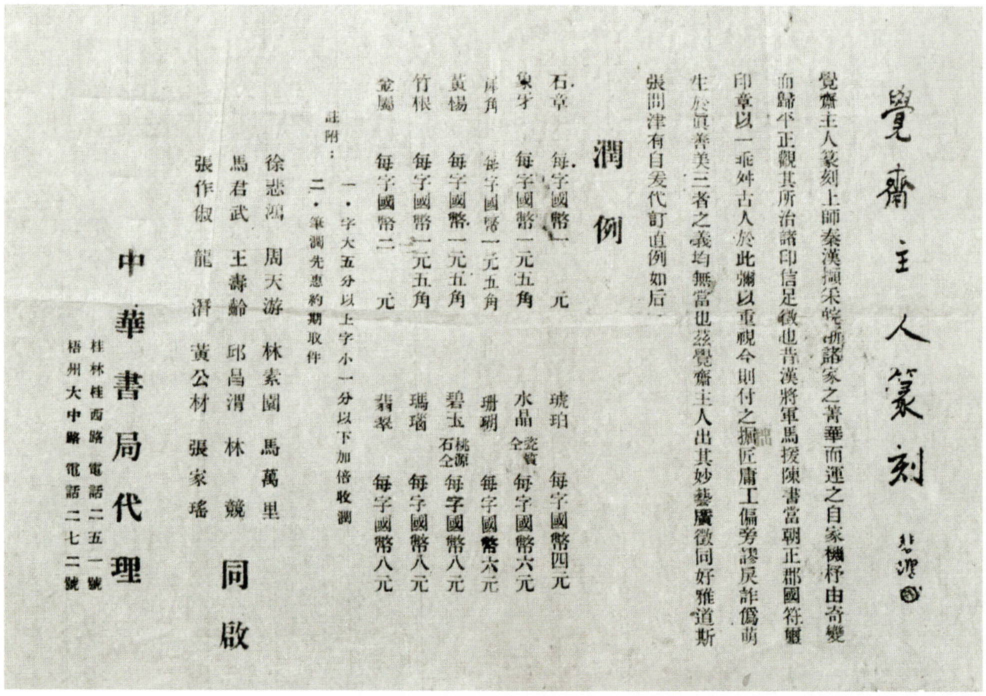

覺齋主人篆刻

覺齋主人篆刻上師秦漢擷采晚清諸家之菁華而運之自家機杼由奇變而歸平正觀其所治諸印信足徵也昔漢將軍馬援陳書當覈正郡國符璽印章以一乖舛古人於此彌以重視今則付之攔匠庸工偏旁謬戾詐僞萌生於眞善美三者之義均無當也茲覺齋主人出其妙藝廣徵同好雅道斯張問津有自爰代訂直例如后

潤例

石章	每字國幣一元	琥珀	每字國幣四元
象牙	每字國幣一元五角	水晶（瓷質全）	每字國幣六元
犀角	每字國幣一元五角	珊瑚	每字國幣六元
黃楊	每字國幣一元五角	碧玉（桃源石全）	每字國幣八元
竹根	每字國幣一元五角	瑪瑙	每字國幣八元
金屬	每字國幣二元	翡翠	每字國幣八元

註附：

一・字大五分以上字小一分以下加倍收潤

二・筆潤先惠約期取件

徐悲鴻 周天游 林素園 馬萬里

馬君武 王壽齡 邱昌渭 林競

張作俶 龍潛 黃公材 張家瑤

同啟

中華書局代理

桂林桂西路電話二五一號

梧州大中路電話二七二號

抗战期间觉斋主人篆刻启事通知

纵 19cm、横 26.2cm

徐悲鸿《墨马直幅》

纵 60cm、横 39.5cm

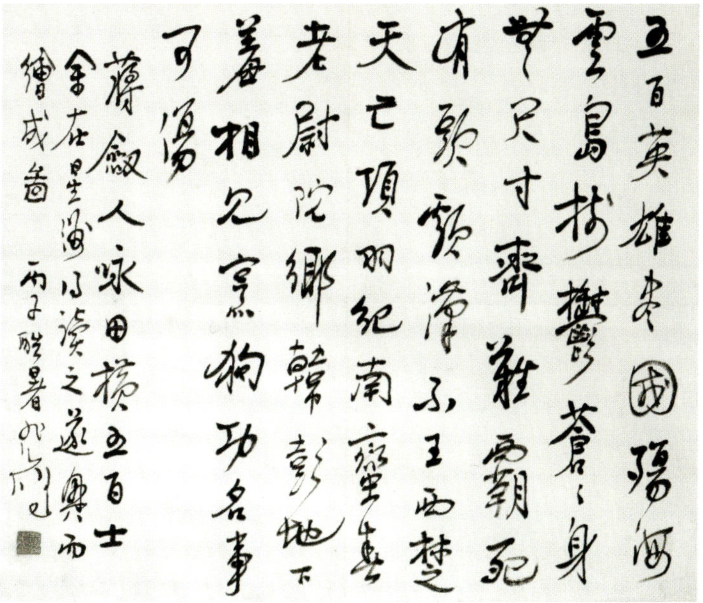

徐悲鸿《蒋剑人<咏田横五百士>》

纵 54.4cm、横 63.8cm

1936 年

徐悲鸿《墨竹双鸡轴》

纵 138cm、横 34cm 1937 年

何香凝《水墨梅花斗方》 纵 34cm、横 40cm　1944 年

何香凝《设色菊花红叶直幅》 纵 81cm、横 34.5cm　1944 年

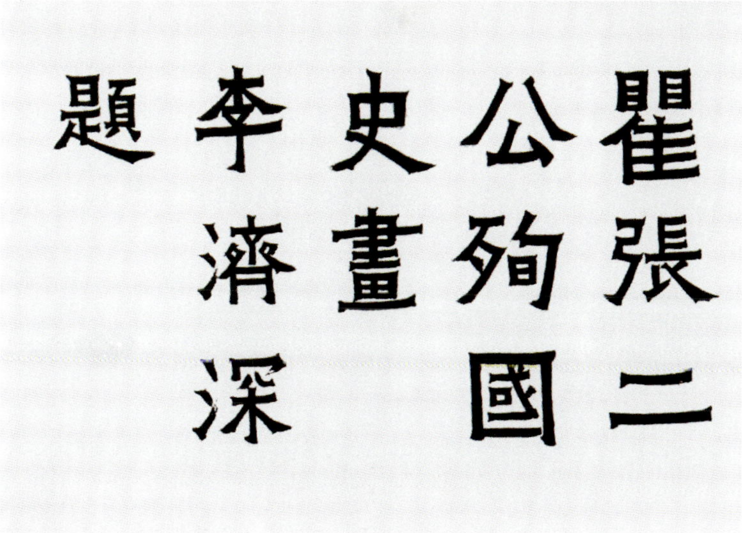

尹瘦石《瞿张二公殉国史画》，附李济深题字

纵 6.2cm、横 9.3cm　1943 年

尹瘦石《屈原像》

纵 9.2cm、横 6.1cm　1944 年

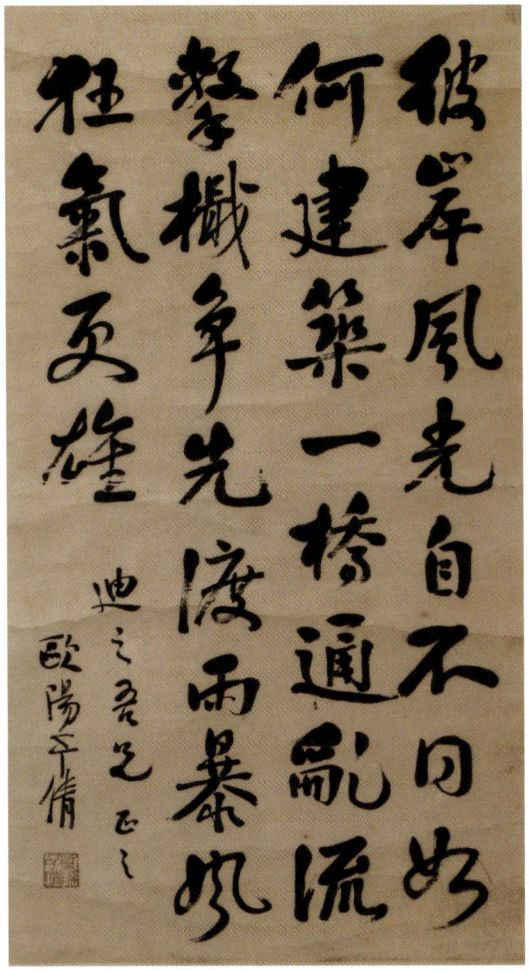

抗战时期欧阳予倩《行书寄蔡迪支律诗轴》

纵 40cm、横 23cm

龙廷坝木刻《葬仪》

纵 26.6 cm、横 18.8cm　1945 年

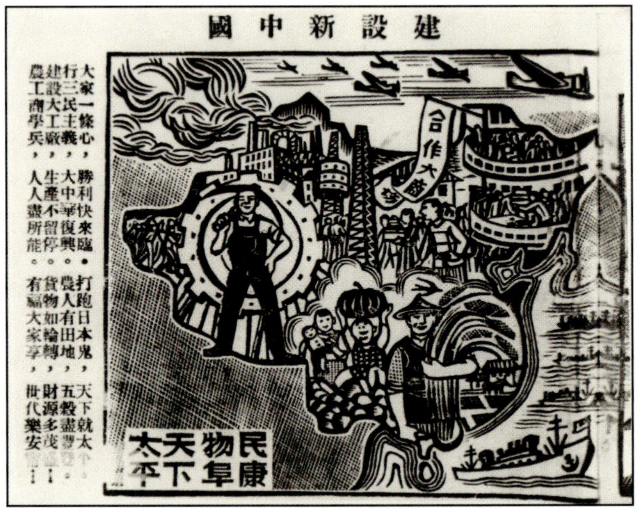

抗战时期廖冰兄《抗战必胜》木刻连环画集　纵 10.2cm、横 13cm

余所亚素描《乞妇》

纵 17.1cm、横 11.5cm 1938 年

叶浅予为孙平画的漫画肖像

纵 33.6cm、横 28.4cm 1942 年

抗战时期汪子美在桂林创作的《邻家浣衣女》

纵 53.4cm、横 39.6cm

刘元创作的《农家女》

纵 40.9cm、横 32.3cm 1941 年

张安治于桂林作的炭笔素描《洞中日月》

纵 19.5cm、横 13.5cm　1938 年

桂林的岩洞是躲避空袭的天然防空洞。陶行知发现十万人中平均每人每天白费五小时避空袭，浪费掉的光阴是每天五十万小时，遂提出了颇有特色的“岩洞教育”，认为“每一个大山洞为一战时民众学校，其包含之每一小山洞为一课室”，躲避空袭的老百姓有现成的时间求学，知识分子是现成的先生。此画就是当时岩洞教育的真实写照。

张安治于桂林作的《运木》

纵 15.6cm、横 9.6cm　1941 年

张安治于桂林作的《担草妇》

纵 16.1cm、横 9.3cm　1942 年

张安治于桂林作的《漓江渔女》

纵 20.3cm、横 9.2cm 1942 年

张安治于桂林作的《岩》

纵 19.6cm、横 13.4cm 1943 年

抗战时期张安治于桂林作的油画《后羿射日》

纵 20cm、横 13.3cm

张安治于桂林作的《渔父》

纵 10.9cm、横 14.5cm 1943 年

张安治于桂林作的《漓江雨》

纵 15cm、横 19cm 1943 年

黄新波木刻《开拓者》

纵 20.1cm、横 16.6cm　1940 年

黄新波（1916 ~ 1980），中国著名现代版画家，广东台山人。1933 年参加上海反帝大同盟并开始木刻创作，1938 年成为中华全国木刻界抗敌协会主持人之一。1939 至 1944 年期间，在桂林从事抗敌木刻运动的领导、组织、创作、宣传工作，并参与《工作与学习》等杂志的编辑，是其一生中革命与艺术生涯的重要时期。其作品线条优美，黑白对比强烈，风格严谨，富有装饰味和文学性。

为抗议国民党的皖南事变，黄新波在桂林创作木刻手稿《他并没有死去》

纵 8cm、横 9.1cm　1941 年

黄新波木刻《沉思》

纵 21.5cm、横 26.6cm　1943 年

黄新波木刻《孤独——流亡途中所见》

纵 30.1cm、横 23.1cm　1943 年

黄新波木刻《卖血后》

纵 36.6cm、横 25cm　1948 年

陈更新木刻《敌机轰炸后》

纵 12.9cm、横 15.9cm 1943 年

陈更新木刻《仇和恨》

纵 16.8cm、横 19.7cm 1944 年

陈更新，别名田野，广西贺州人。1924 年生，中学时参加抗日漫画木刻组，绘制宣传画，刻印木刻传单，投入抗战美术宣传活动。1943 年考入桂林美专西画系，在著名木刻家黄新波教授指导下，苦攻木刻，后加入中华全国木刻协会，作品参加“桂林美专画展”、“全国木刻展”、“全国艺术作品展”。

陈更新木刻《团结起来决不做亡国奴》

纵 15.5cm、横 23.5cm 1944 年

蔡迪支木刻《奋起》 纵 9.4cm、横 9.1cm　1938 年

蔡迪支木刻《野火》 纵 20.5cm、横 23.3cm　1945 年

蔡迪支在桂林使用的毛笔

（从左向右）长 18cm、20.5cm、25.5cm、28.5cm

蔡迪支在桂林使用的木刻刀

（从左向右）长 10cm、14cm、14cm、14.5cm、14.5cm、14.8cm、15cm、15.5cm、15.5cm、15cm

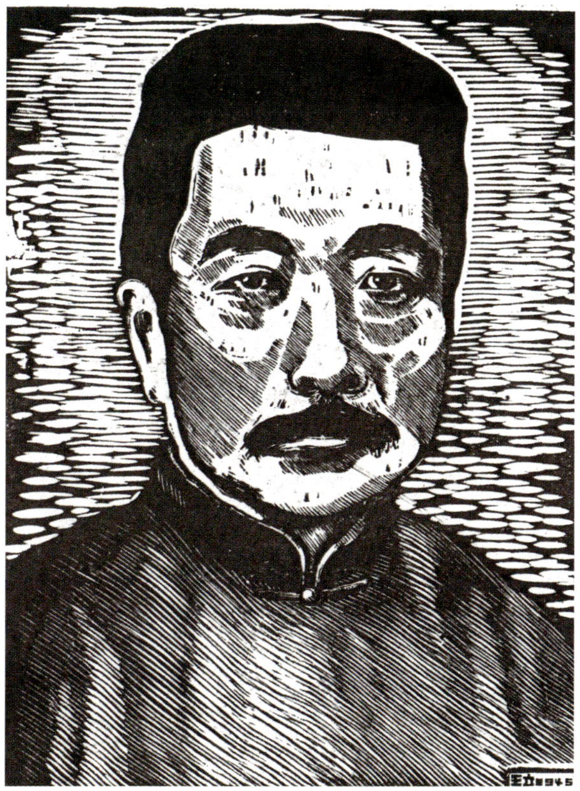

王立木刻《鲁迅先生像》

纵 21.6cm、横 14.6cm　1944 年

王立（1925 ~ 2000），男，汉族，生于广东兴乡。自幼酷爱美术，及长始学木刻。黄新波之徒。抗战文化城时期完成诸文豪的大幅木刻像，以 17 岁之龄被吸收为进步团体“中国木刻研究会”会员。木刻作品《吃错树叶》、《生产者》等入选“抗战八年木刻展览”，其中《渡口》等被选送国外展览，为苏联东方艺术博物馆收藏。

王立在桂林创作的木刻《罗曼 · 罗兰》

纵 34.8cm、横 25.8cm

王立木刻《水》

纵 21.3cm、横 19.5cm　1949 年

王立在广西使用的私章

长 1.3cm、宽 1.3cm、高 3.7cm

王立在桂林刻制的木刻版《农家》

纵 17.7cm、横 13cm

刘建庵《西洋美术选集》里的《西施庭圣母》 纵 6.2cm、横 6.1cm

刘建庵《西洋美术选集》里的《花神》 纵 6.5cn、横 6.1cm

刘建庵木刻作品剪贴 纵 30cm、横 46cm

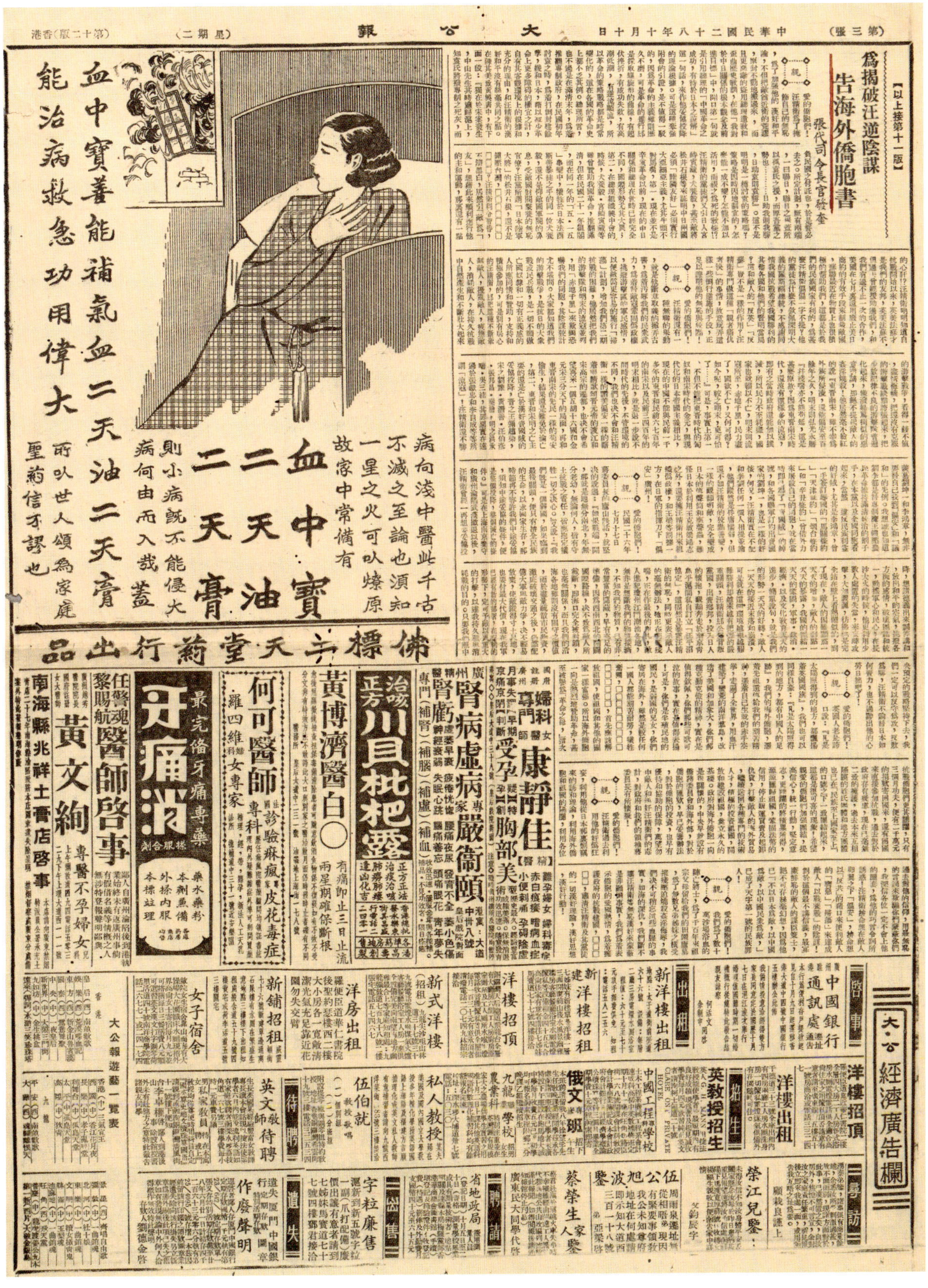

1939 年 10 月 10 日《大公报》剪报 纵 54.5cm、横 40.8cm

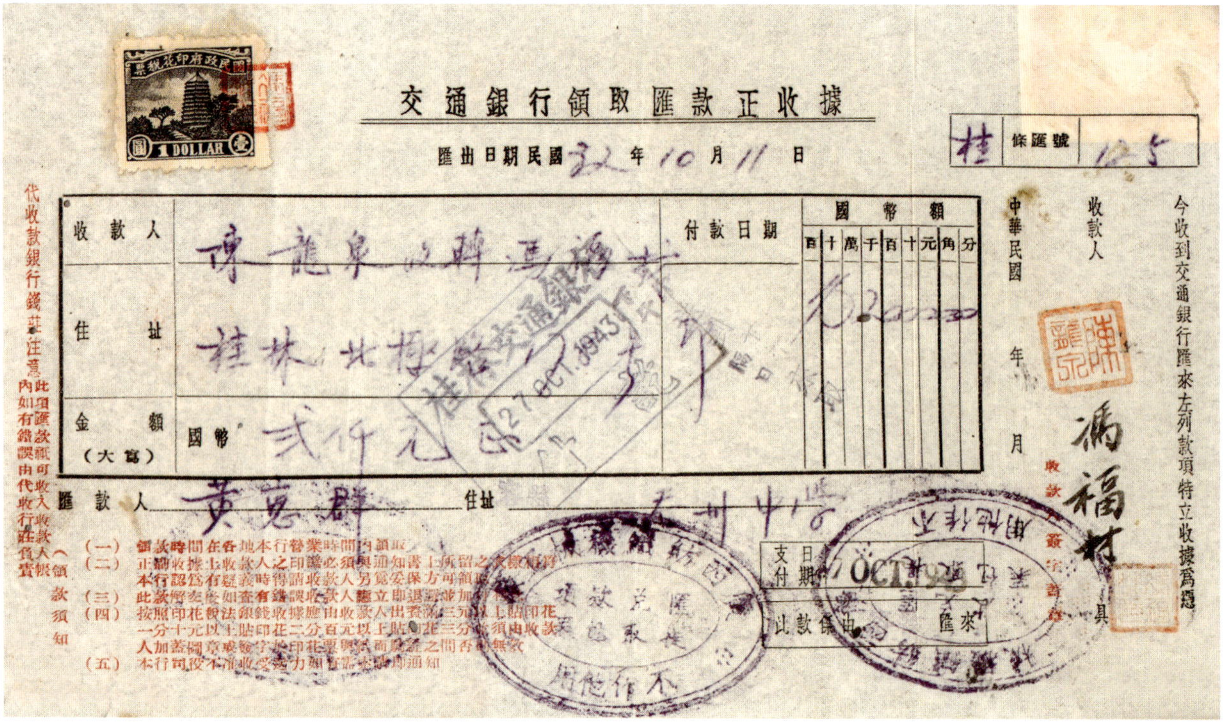
交通銀行領取匯款正收據

匯出日期 民國32年10月11日

桂 匯條號 125

收款人	傅龍泉	付款日期	國幣額
住址	桂林 北極		
金額（大寫）	國幣 貳仟元		

匯款人 黃 住址

今收到交通銀行匯來左列款項特立收據為憑

中華民國 年 月 日

收款人 具

代收款銀行錢莊注意

1943年10月11日交通银行汇款收据　纵12.6cm、横21.3cm

抗战时期《新华日报》发行员林楚在桂林

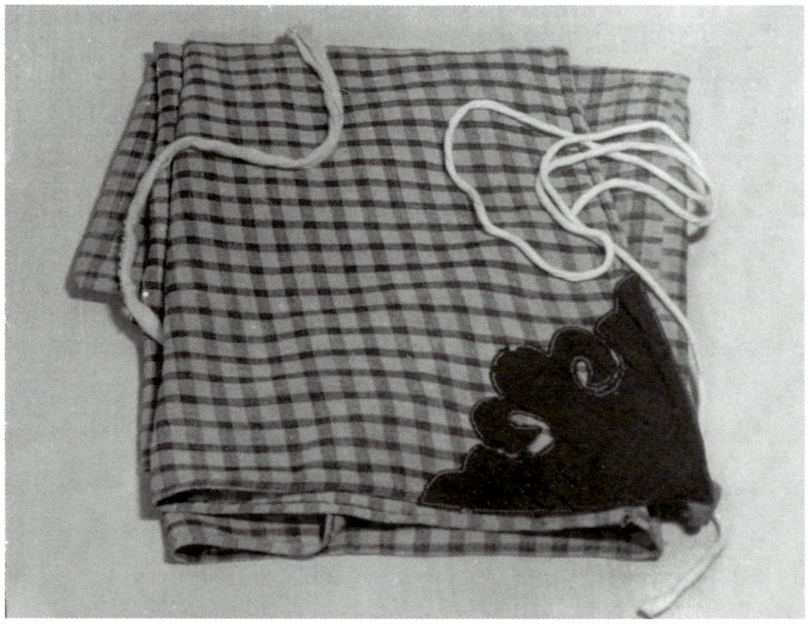
抗战时期林楚同志在桂林发行报纸用的包袱皮　纵6.5cm、横8.25cm

第三单元

文化出版 繁花似锦

耘耕

在中国共产党抗日民族统一战线的旗帜下，桂林的文学创作及翻译著作繁花似锦，文学刊物如雨后春笋。出版丛书50余套，主办各类杂志200余种，包括《文丛》、《文学丛刊》、《文化生活丛刊》、《文学小丛刊》、《现代长篇小说丛刊》等纯文学期刊36种，综合性文艺刊物52种，《抗战文艺》、《自由中国》、《文艺生活》、《文化杂志》、《文学创作》、《野草》、《青年文艺》、《当代文艺》等刊物刊载抗战文学作品1000多种。翻译出版了大量外国文学作品，并集中译介出版一批国内著名作品出国。《野草》杂志受到毛泽东、周恩来、李宗仁等的关注，在反法西斯阵营中广为流传，成为世界反法西斯战争的重要文化遗产，被收藏于当时苏联的博物馆。

战前，桂林仅有《广西日报》一家报纸。1938年10月到1944年9月，在桂林出版、发行的报纸有21家，《新华日报》、《力报》、《大公报》、《救亡日报》、《扫荡报》等相继迁入桂林，这是桂林历史上出版报纸最多的一个时期。桂林设立有十多个新闻机构，国际新闻社总社就设在桂林，还有国民党的新闻中心、国民党新闻检查所、美国驻桂陆军供应处等。这些新闻机构派出战地记者深入前线，特别是在桂南会战（昆仑关战役）和湘北抗战前线都有战地记者，战地新闻传遍大江南北，威震敌军，振奋人心。

在抗战前，桂林仅有几家书店。抗战爆发后，随着广州、武汉等地相继沦陷，大批文化团体、学者、作家陆续汇集于桂林，出刊物、印书报、办书店蔚然成风。同时，商务印书馆、生活书店、中华书局等各大书店也因战事相继迁来桂林，可见当年桂林书店业的繁盛。据不完全统计，从1938年到1944年，桂林作为大后方唯一的抗日出版中心，有文化供应社、生活书店、读书生活出版社、南方出版社等出版社180余家，出版图书几百种。抗战时期的作者大雷在其《桂林出版界巡礼》一文中指出：“西南以至全国的精神食粮，三分之二由此供应，也是没有问题的。”各类宣传抗战救亡的进步书刊、报纸、书店、出版社像雨后春笋般地蓬勃发展起来，形成前所未有的抗战文化救亡热潮。

随着出版业的发展，印刷业也得到了空前的繁荣。抗战前，桂林大小印刷厂不下30家，大部分是手工印刷，没有一家专门印刷书版的印刷厂，资金总额不到30万元，全市的印刷工人不足300人。但文化城时期，印刷业空前兴盛，据1943年7月份的资料统计：桂林已有大小印刷厂109家，其中从事书版印刷的大型印刷厂8家，书版兼彩印的6家，书版兼杂件的12家，彩印的5家，铸字的2家，装订的3家；设备方面齐全，每月生产用纸达到1万到1.5万令；排字生产每月可达3000万字到4000万字。

随着出版社、印刷厂的激增，图书、杂志的出版也空前繁荣。有资料显示，整个抗战期间，在桂林共出版了200余种杂志，内容包括政治、经济、教育、科学、文学、戏剧、音乐、美术、青年、妇女、少年儿童等方面。各类图书的出版，当时每天平均出版新书期刊在20种以上。刊物的普通销路约1万份，一本专谈新诗的月刊可销7000本，销路最大的刊物可印刷2万份。单行本的印数，初版以5000为单位，这个数字在当时是相当可观的。桂林文化城的新闻报纸和杂志大多数由进步文化人士主办，他们都坚持抗日立场，彼此团结，很好地支持了抗日统一战线政策；同时也培养了大批青年知识分子，众多的报刊园地为青年作家们提供了抒发情怀的地方，刺激了他们强烈的创作欲望。

巴金著《海底梦》桂林重版本 纵16.7cm、横12.4cm 1943年

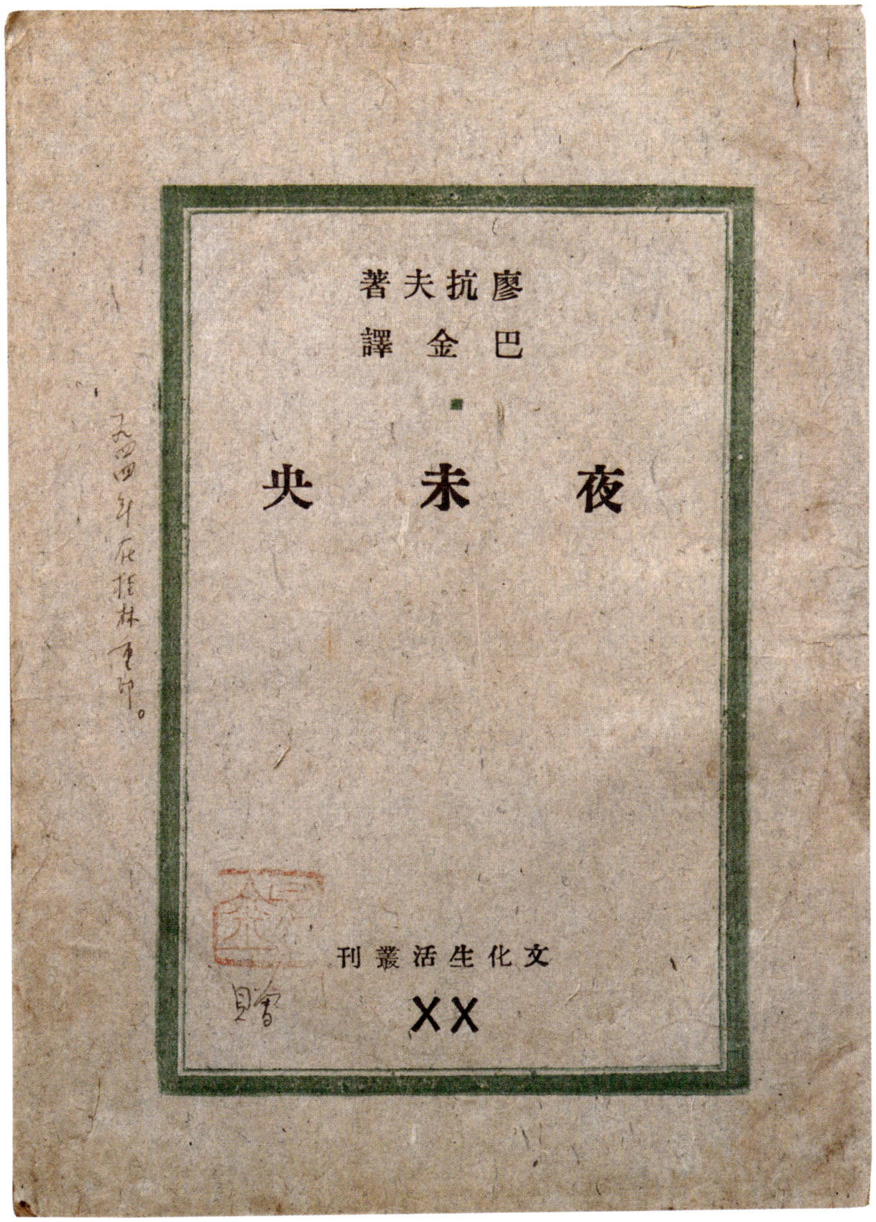

廖抗夫著、巴金译《夜未央》桂林重印本 纵18cm、横12.8cm 1944年

巴金译《屠格涅夫选集Ⅳ：父与子》桂林印刷本

纵 18.4cm、横 12.5cm　1943 ~ 1944 年

斯托姆著、巴金译《迟开的蔷薇》桂林再版本　纵 17.2cm、横 12.5cm　1944 年

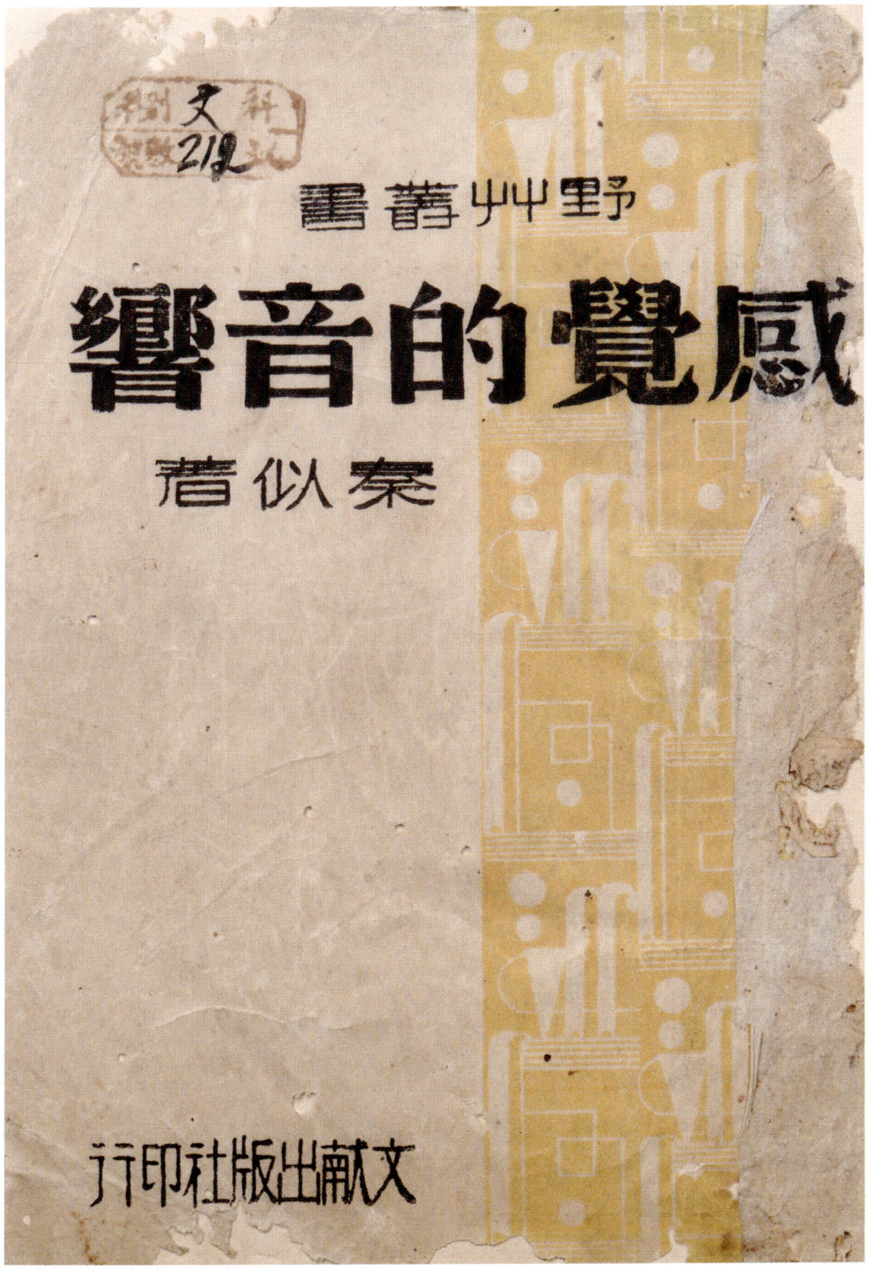

秦似杂文集《感觉的音响》（桂林文献出版社） 纵 17.5cm、横 12.5cm 1942 年

秦似著《时恋集》（桂林春草书店） 纵 18cm、横 12.5cm 1943 年 6 月

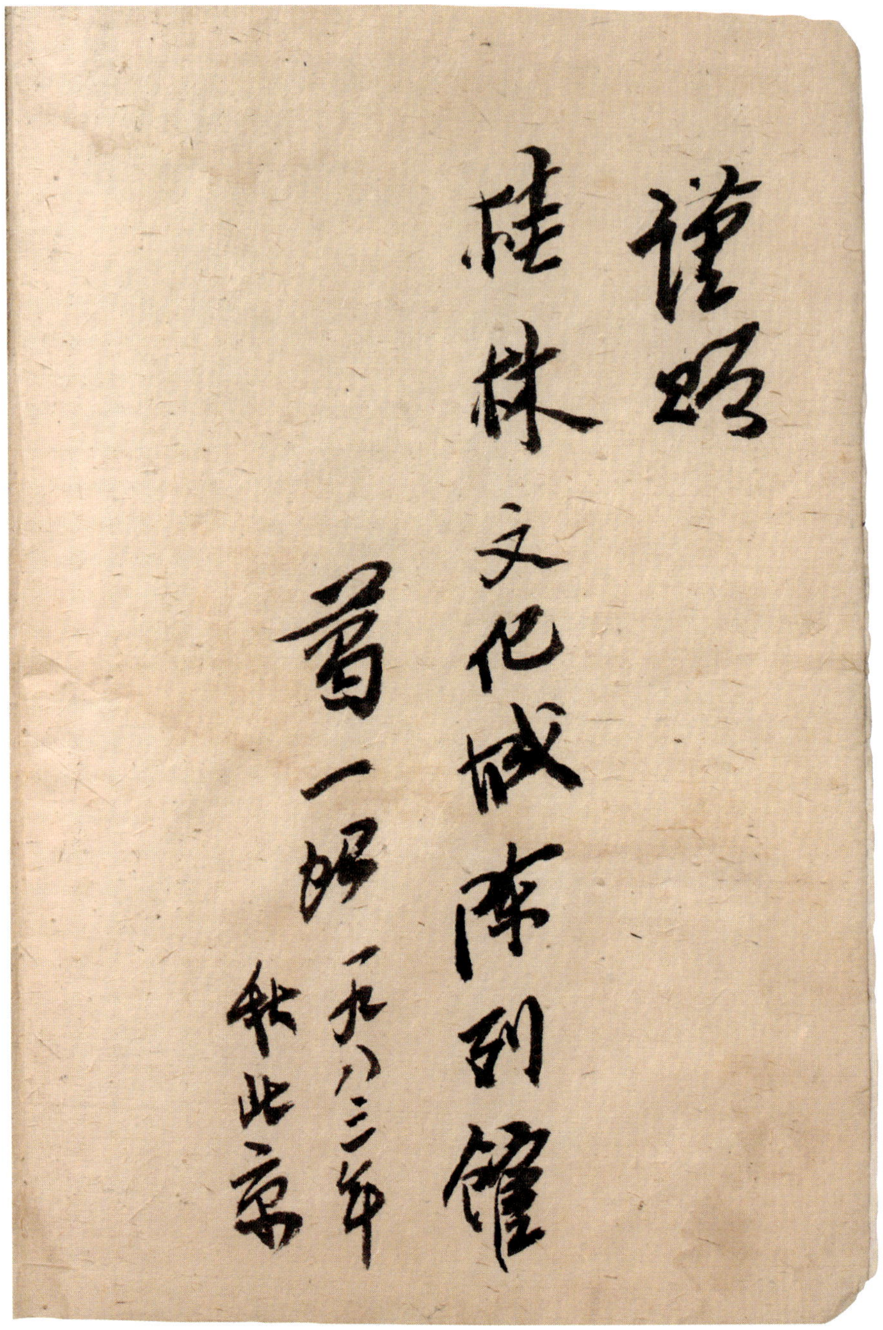

N.包哥廷著、葛一虹译《带枪的人》

纵 17.8cm、横 12.8cm　1942 年 7 月

苏裕翠学习用书《解放文选》（第二、三期合刊）

纵 20.7cm、横 14cm　1937 年 6 月 15 日

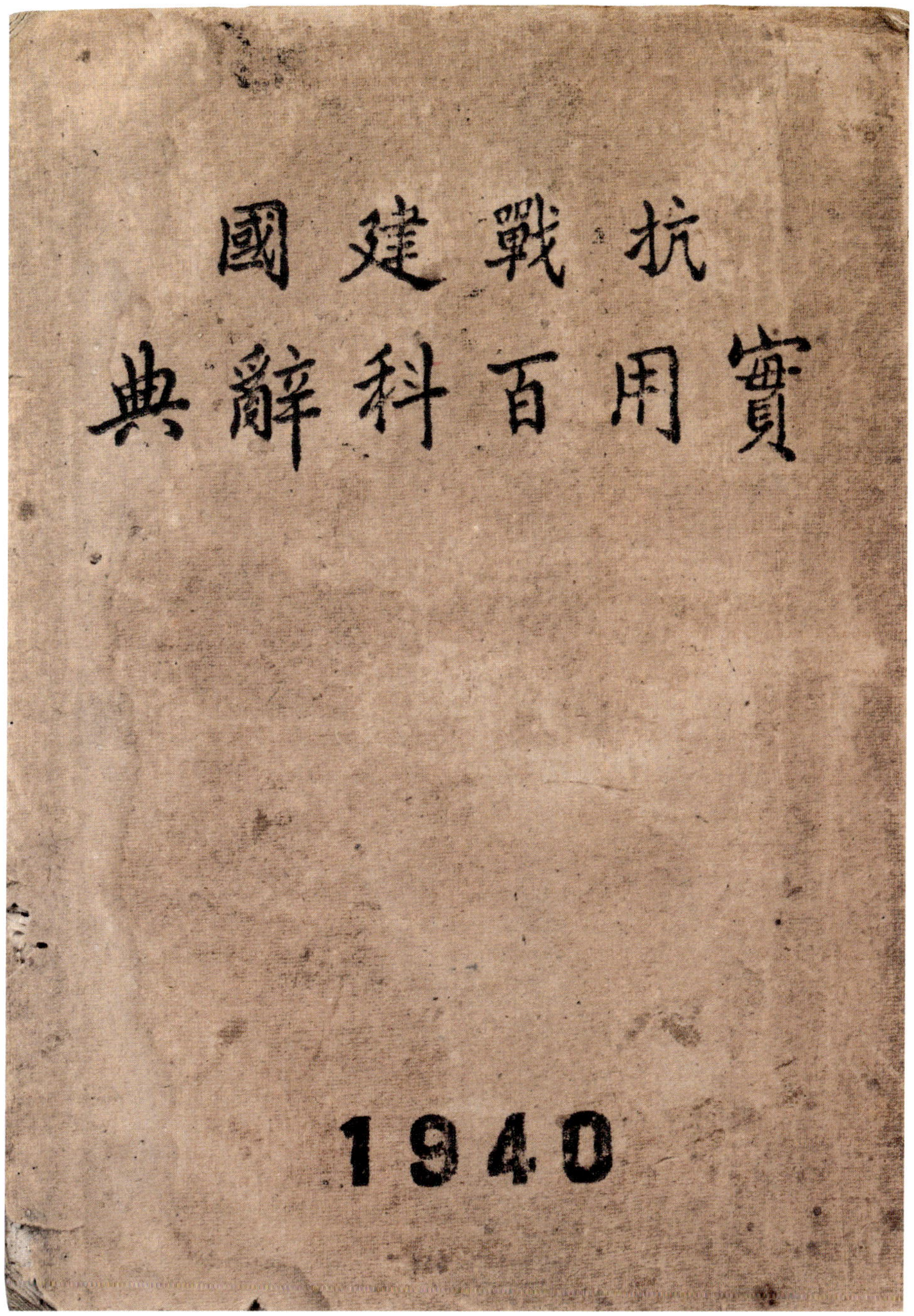

抗战建国实用百科辞典

纵 17cm、横 11.8cm　1940 年

抗战时期刘建庵《阿Q的造像》木刻集（桂林远方书店） 纵 18.2cm、横 13cm

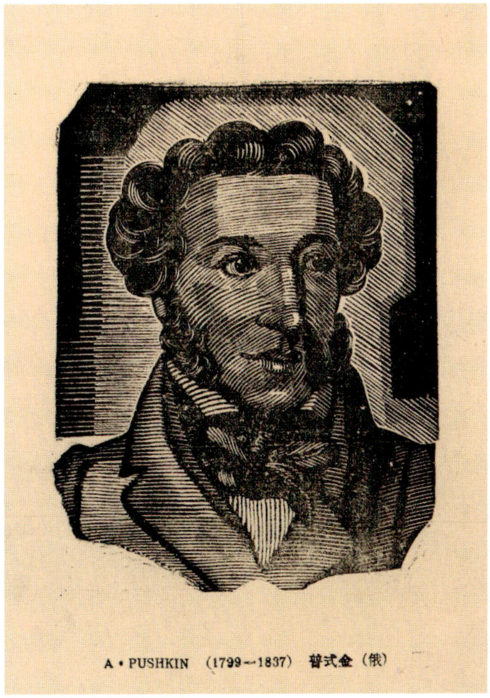

刘建庵《十二个文豪》木刻集

（从左向右，从上向下）纵 20.5cm、横 14.2cm，纵 25cm、横 17.5cm，纵 25.2cm、横 16.8cm，纵 25.2cm、横 16.5cm，纵 25.1cm、横 16.5cm，纵 25.2cm、横 16.7cm

抗战时期陈烟桥木刻 （从左向右）纵 19cm、横 13.5cm，纵 18.3cm、横 14.5cm，纵 19cm、横 13.5cm

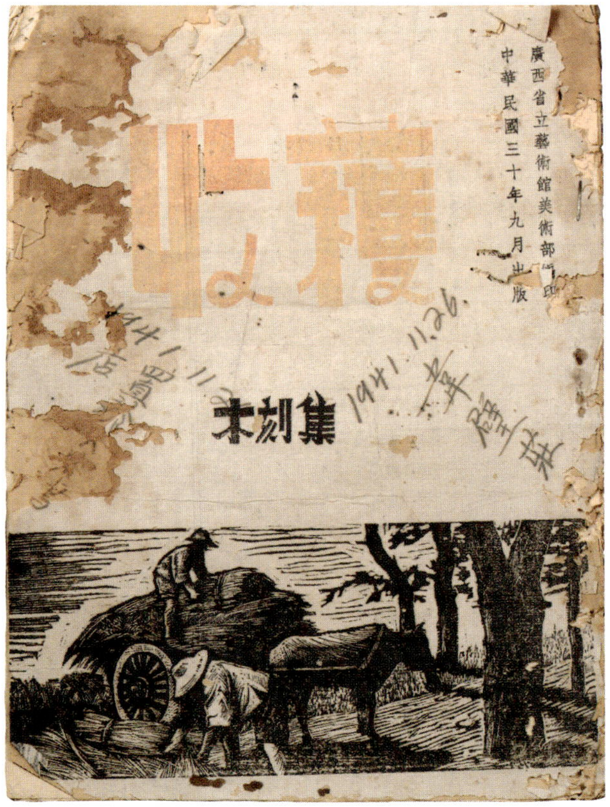

广西省立艺术馆编印的《收获》木刻集 纵 25.9cm、横 19cm 1941 年 9 月

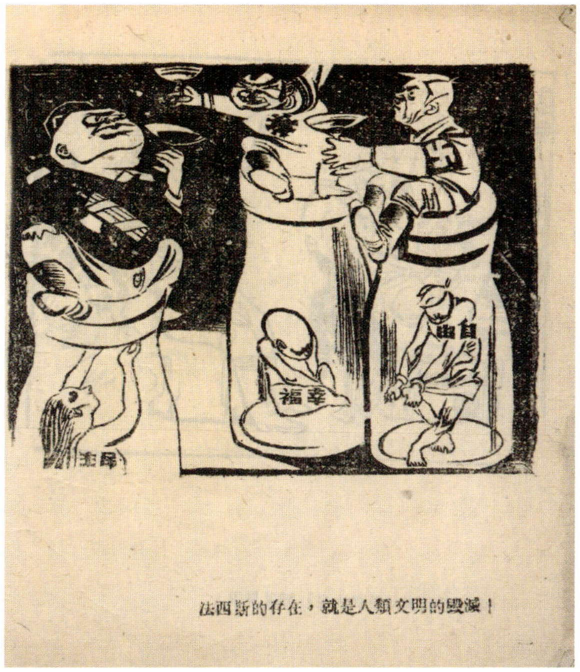

特伟漫画集《我控诉》初版本　纵 19.4cm、横 17.5cm　1942 年

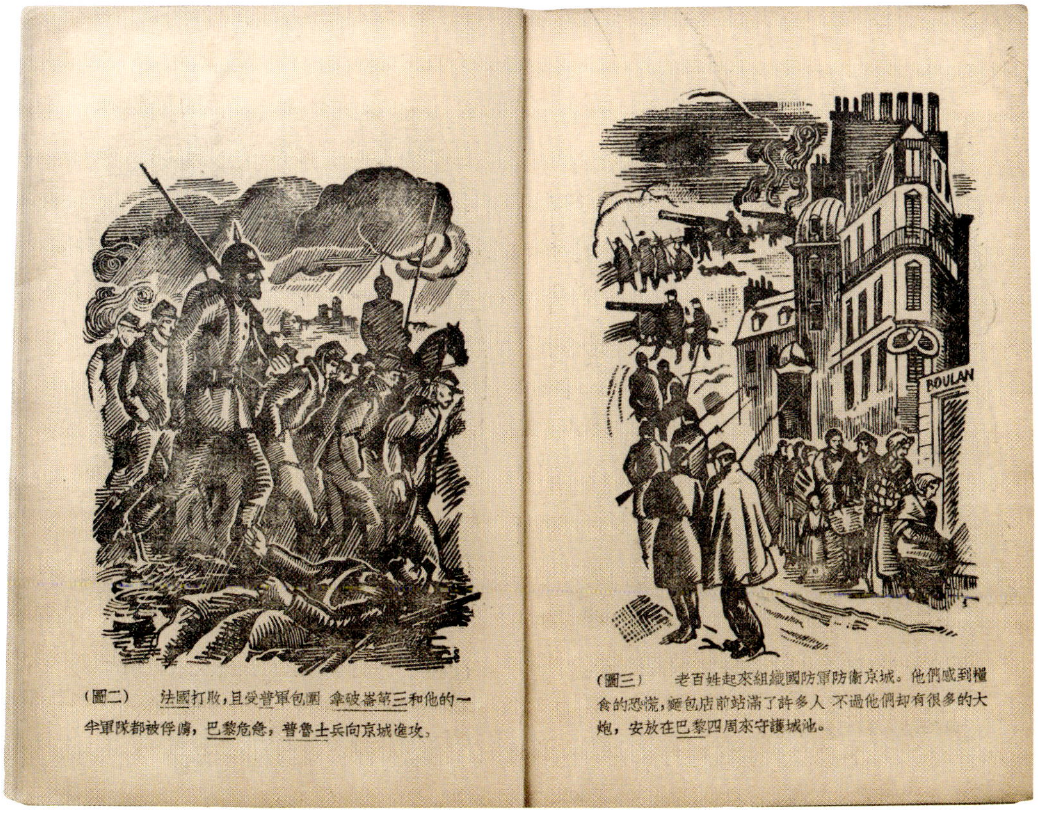

Willam Siegel 绘《图画历史故事 · 巴黎公社》　纵 18.7 cm、横 13cm　1935 年

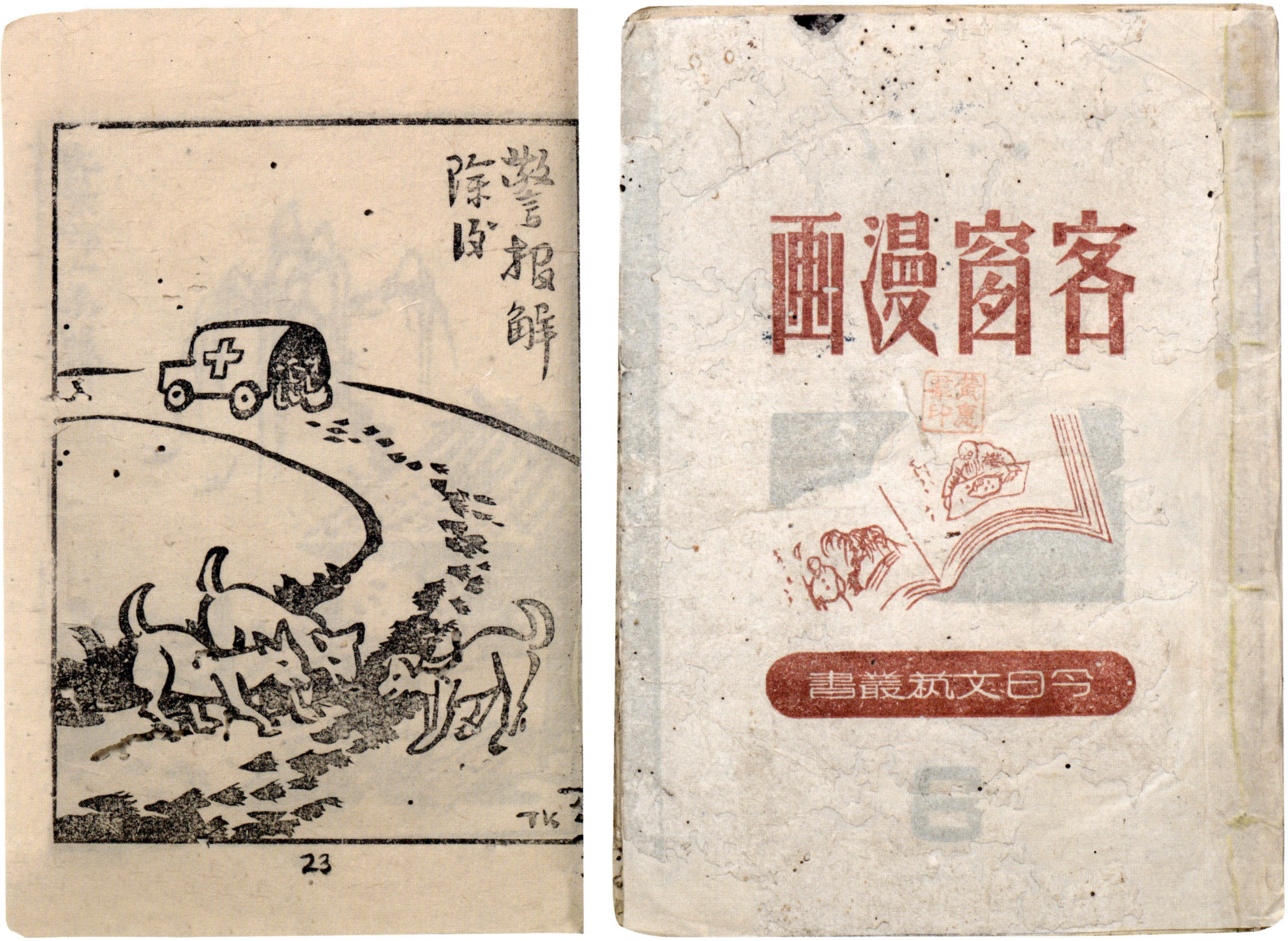

丰子恺漫画集《客窗漫画》

纵 17.7cm、横 12.5cm　1943 年

《战时艺术》（第四期）

纵 26cm、横 18.9cm 1938 年 4 月 16 日

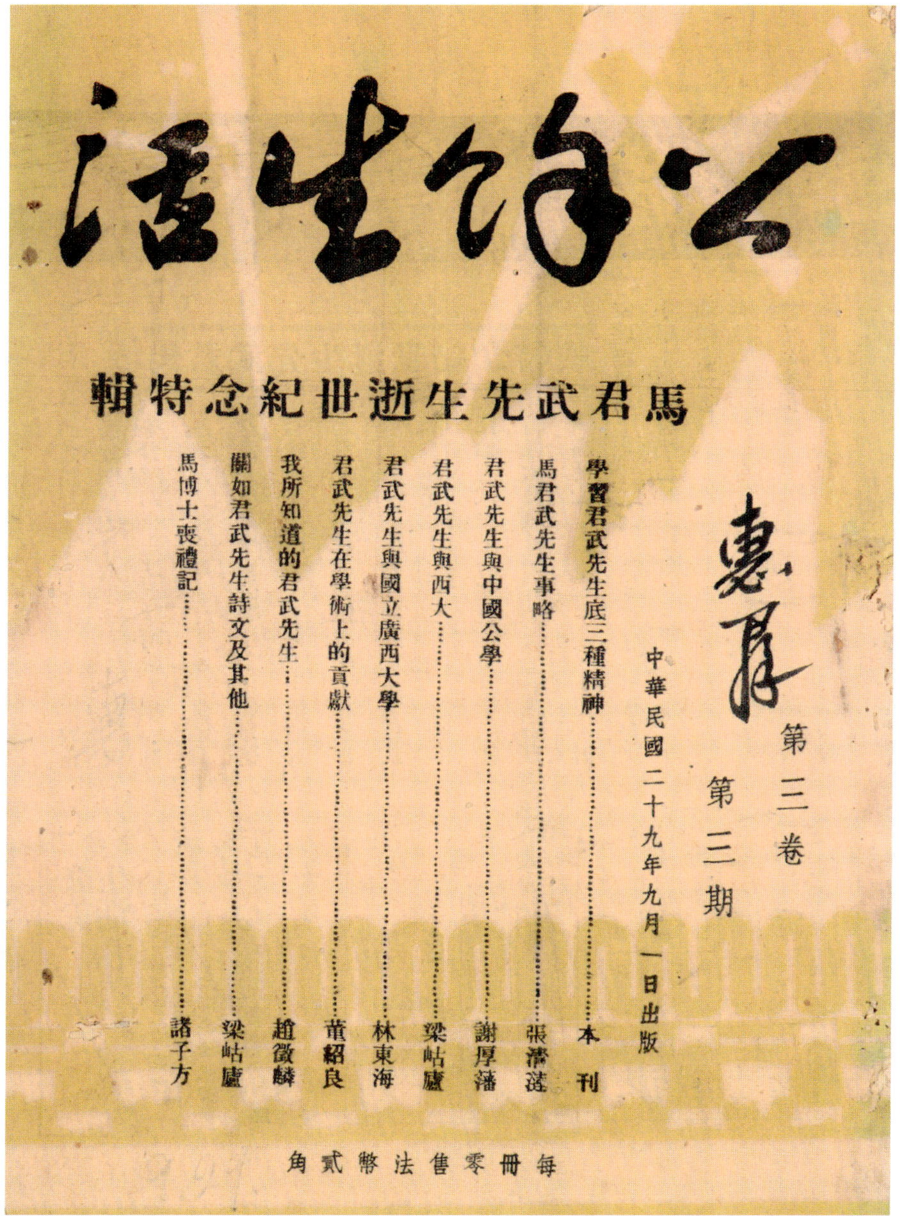

《公余生活·马君武先生逝世纪念特辑》（第三卷第三期）

纵 25.8cm、横 18.5cm 1940 年 9 月 1 日

《工作与学习》创刊号　纵 26cm、横 19.2cm　1939 年 5 月 16 日

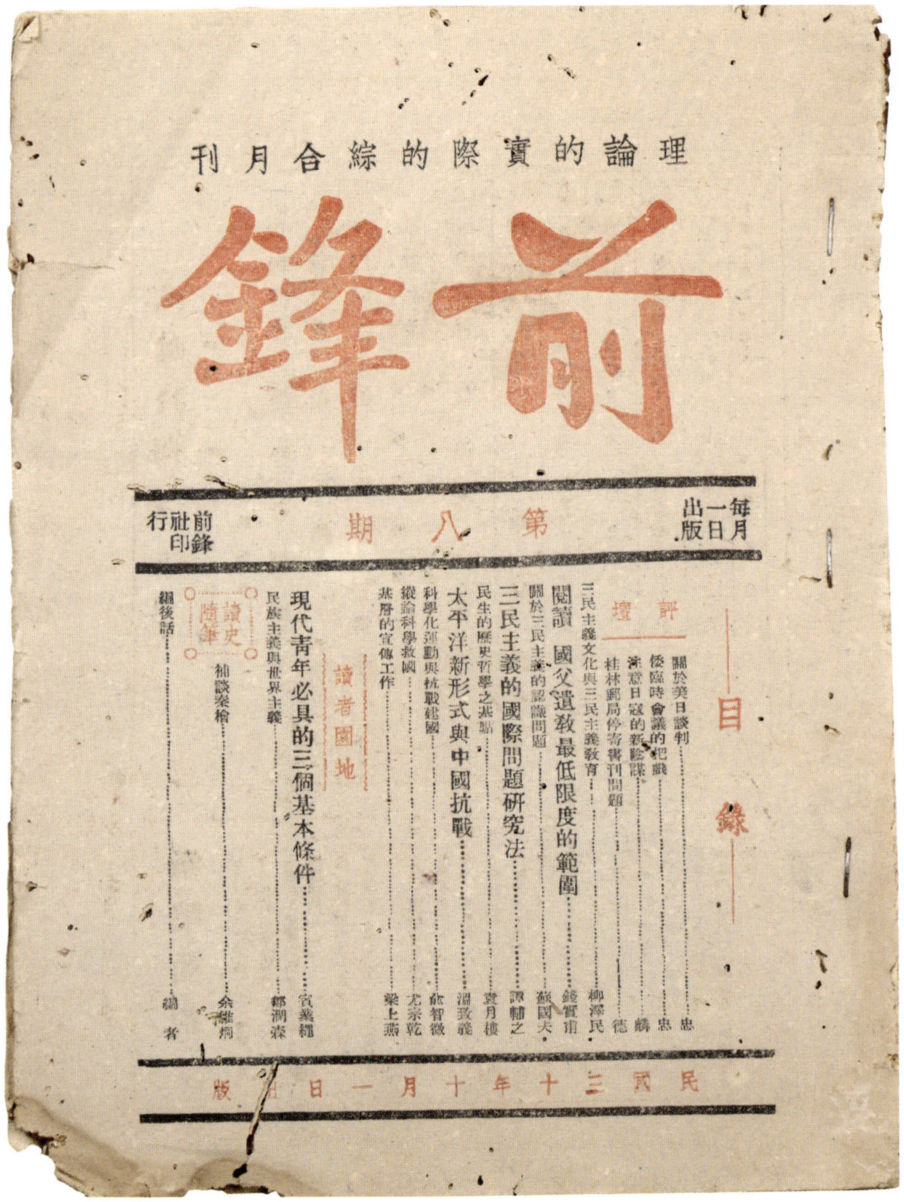
理論的實際的綜合月刊

前鋒

每月一日出版　第八期　前鋒社印行

目錄

民國三十年十一月一日出版

《前锋》（第八期）　纵 25.5cm、横 19cm　1938 年

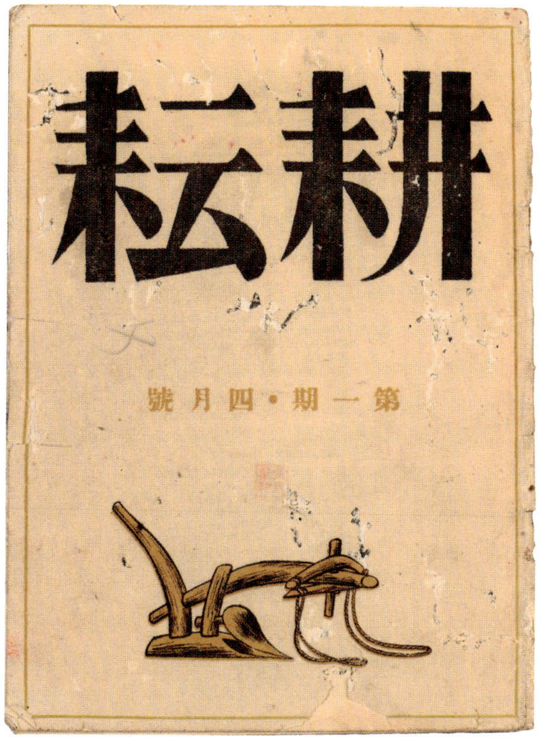

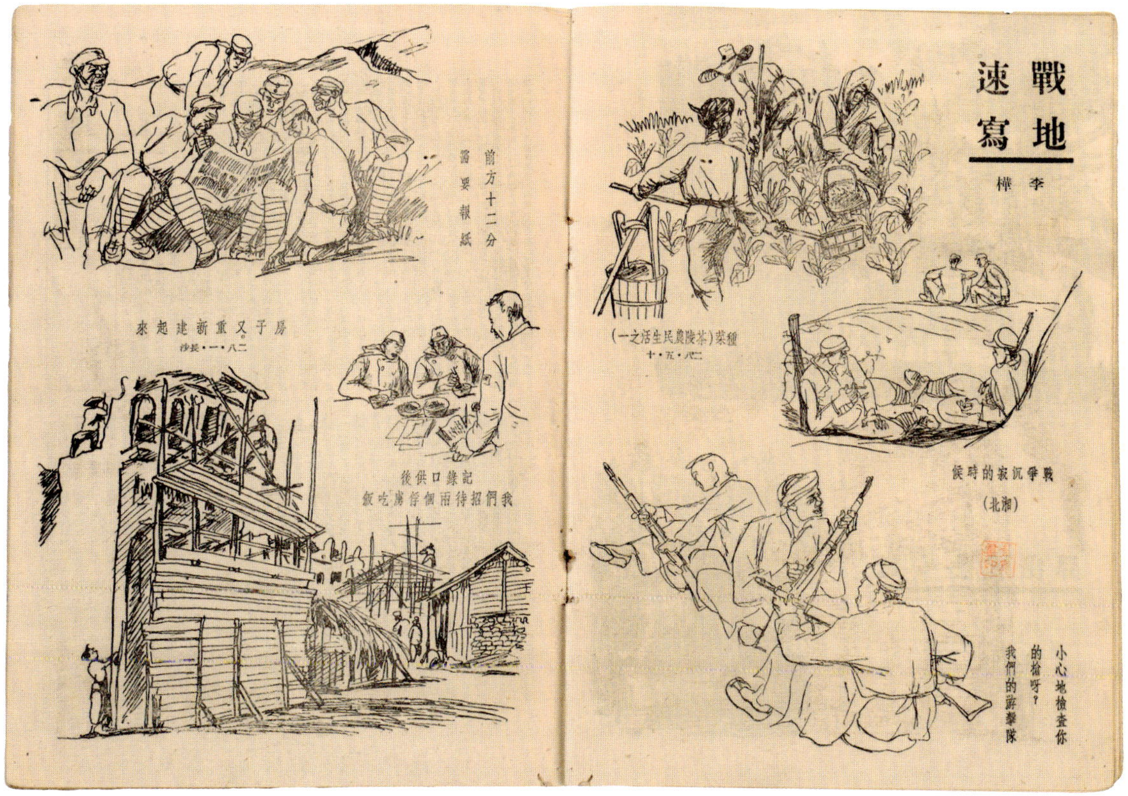

《耕耘》（第一期四月号） 纵 26cm、横 18.2cm 1940 年 4 月 1 日

《耕耘》杂志，在香港印制，叶灵凤、叶浅予、郁风筹办。当时就全国范围而言，印刷条件好、图版占一大半如《耕耘》者是第一次尝试，一经问世即好评如潮。

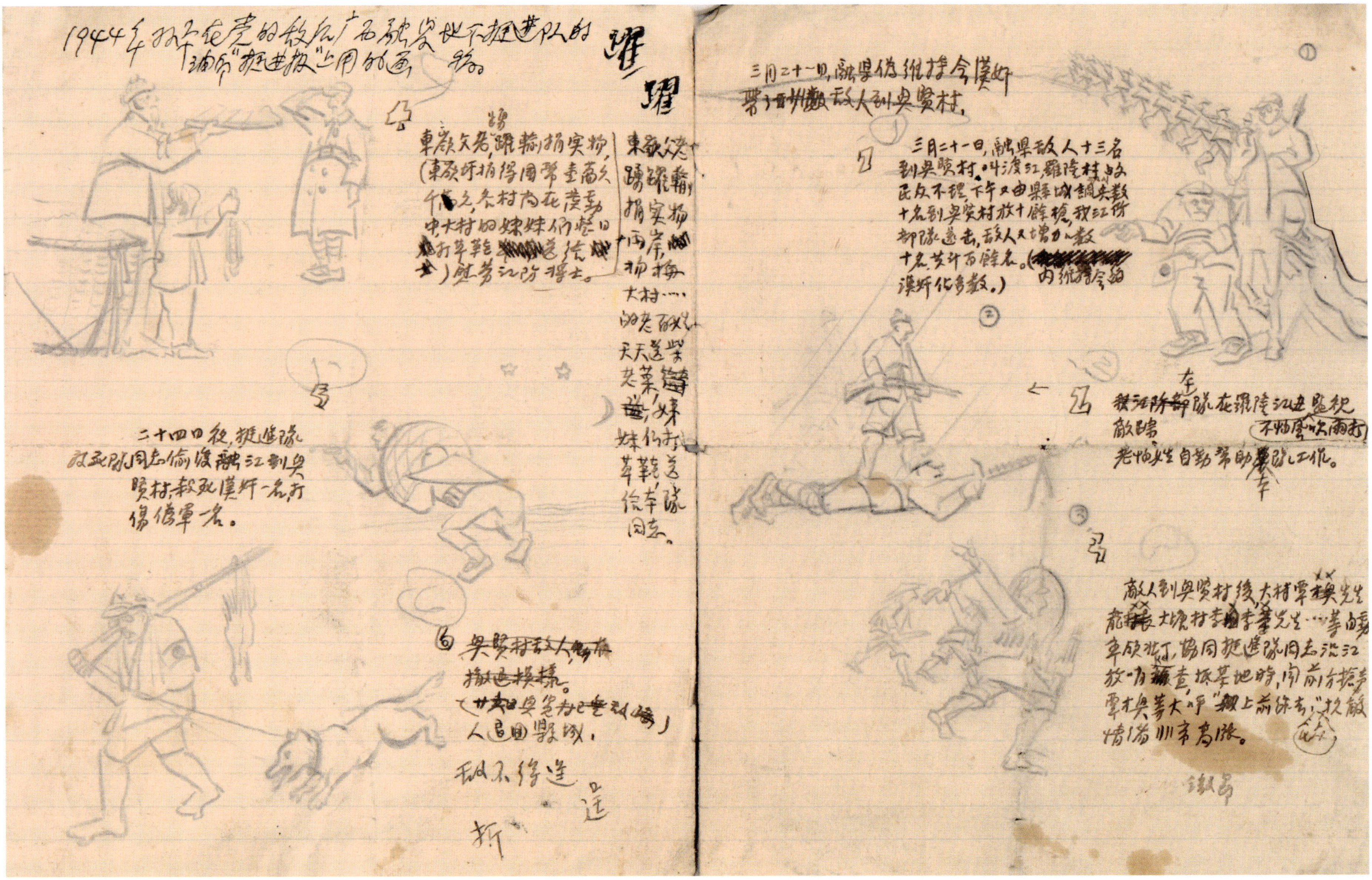

广西融县地下挺进队油印《挺进报》上用的孙平画稿 纵 15.5cm、横 20.1cm 1944 年

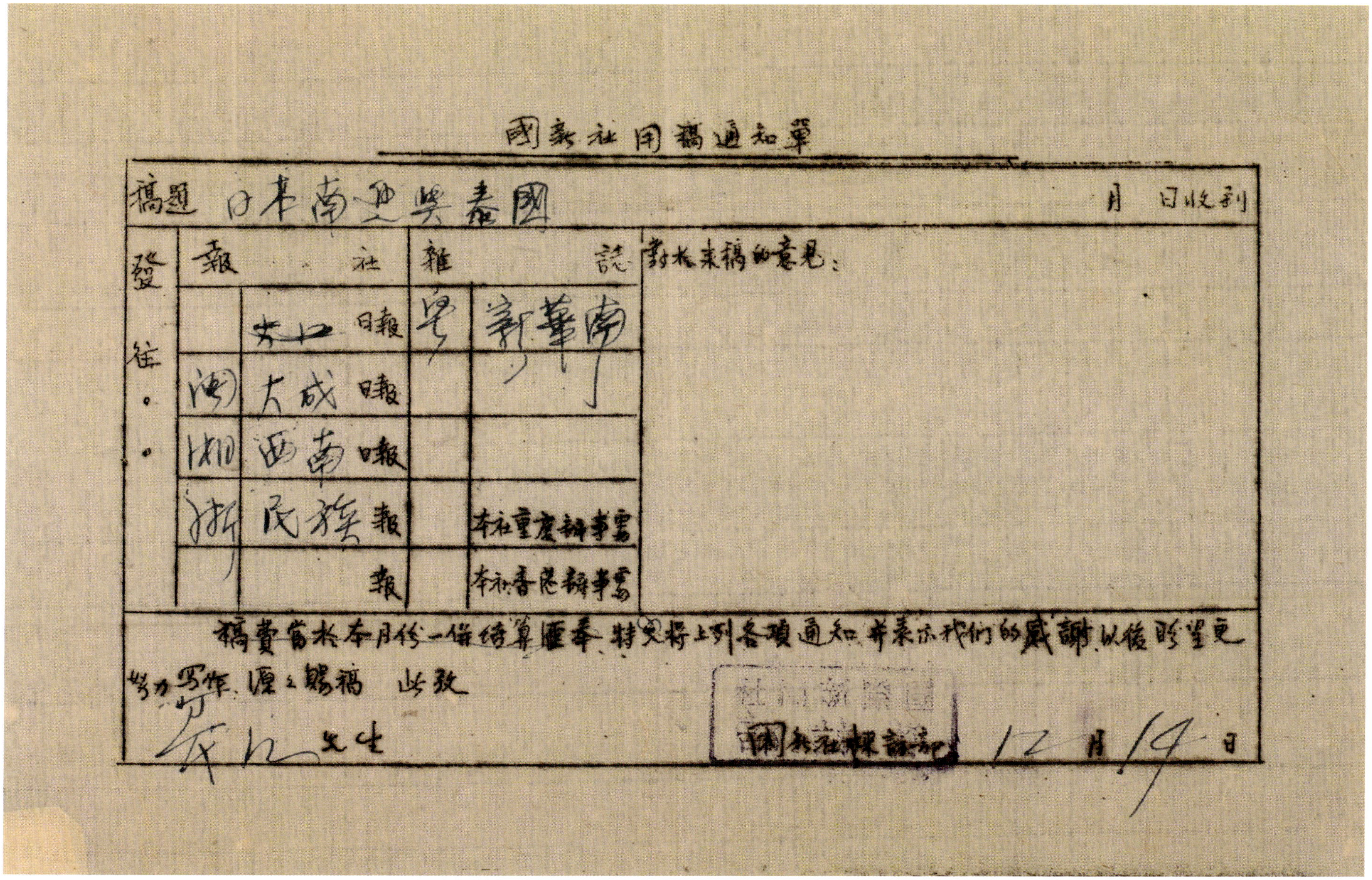

國新社用稿通知單

稿題 日本南進與泰國　　月　日收到

發往	報社		雜誌		對於來稿的意見：
		大公日報	新華南		
	湖	大成日報			
	湘	西南日報			
	浙	民族報		本社重慶辦事處	
		報		本社香港辦事處	

稿費當於本月份一併結算匯奉，特先將上列各項通知，並表示我們的感謝，以後盼望更努力寫作，源源賜稿　此致

[illegible]先生

國新社採訪部　12月14日

抗战时期，国新社用稿通知单　纵 18.5cm、横 28.6cm

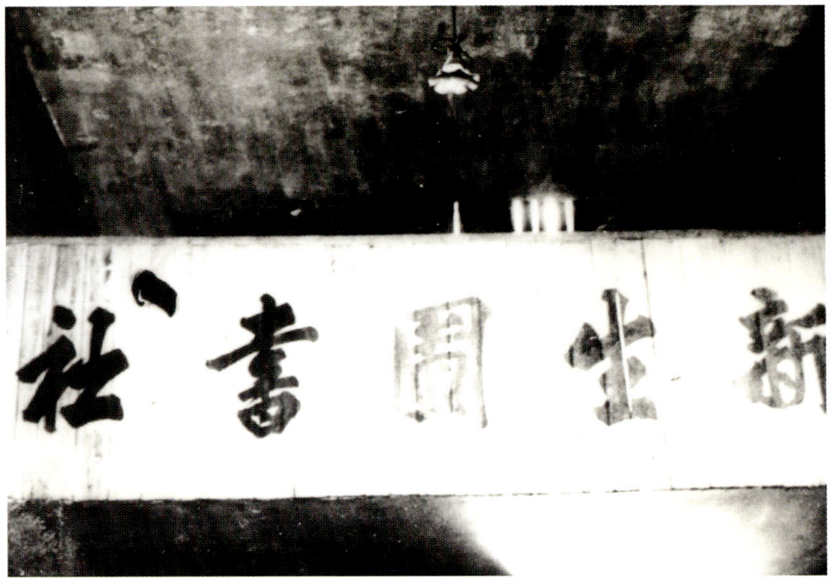

抗战时期桂林的新生图书社　纵 7.15cm、横 9.9cm

抗战时期生活书店桂林分店　纵 11.5cm、横 8.3cm

生活书店桂林分店是抗日战争时期中国共产党直接领导的书刊发行机构。1938 年 3 月 15 日成立于桂林，次年 3 月成立以胡愈之为编审委员会主席的编审委员会，成为当时西南地区的出版发行中心。书店出版发行了数以千计的图书及杂志，在当时出版界很有影响。1941 年 2 月因皖南事变停业。

第四单元

西南剧展 空前绝后

中国共产党为建立广泛的抗日民族统一战线，由周恩来亲自领导组建抗敌演剧队伍。抗敌演剧队伍隶属国民政府军政机关，实际上是中国共产党的抗敌演剧队伍，前身是上海救亡演剧队。这支队伍进行抗敌演剧11年，直到中华人民共和国诞生。抗战期间在桂林有抗宣一队，抗宣演剧一队、二队、八队、九队，上海救亡演剧二队，新安旅行团，孩子剧团，新中国剧社，广西省立艺术馆实验剧团，国防艺术社等专业文艺演出团队40多个，业余剧团50多个；到桂演出过的文艺团体有70多个。当时各个机关、团体、学校、工矿企业大都组建了自己的文艺团队，计240多个（其中话剧团队120个、戏曲团队42个、音乐团队76个、其他4个）。戏剧之都“月月有新戏，天天有戏看”。

1944年2月15日至5月19日，在中国共产党领导下，以欧阳予倩、田汉、瞿白音等为首的著名戏剧家，广泛地团结文化界和社会各界进步力量，冲破层层阻力，在桂林顺利召开了西南第一届戏剧展览会，史称“西南剧展”。西南剧展是抗战时期国民党统治区进步文化运动中的重大事件，也是桂林文化城期间规模最大、影响最为深远的一次文化活动。西南剧展先由欧阳予倩以广西省立艺术馆馆长名义向周围各省发出邀请，然后通过各种途径得到桂系上层人士的赞同，并得到各省的支持，这也是共产党在国共合作历史条件下领导和秘密工作的结果。为了争取合法地位，由广西省政府主席黄旭初挂名剧展会长，西南各战区司令长官、军政要员如李济深、李宗仁、白崇禧、张治中、陈立夫等16人任名誉会长，蒋经国等14人任指导长，戏剧界名流夏衍、洪深、阳翰笙等35人任大会指导。

西南第一届戏剧展览盛会历时三个多月，共分为演出展览、西南戏剧工作者大会、资料展览三个部分。

1944年2月15日，西南八省戏剧工作者第一届戏剧展览会在桂林隆重开幕。这一天，桂林像过节一样热闹，十字街的东、西、南各路口还搭起了彩色牌楼，挂上了彩灯，就连擦皮鞋的小孩都减价为剧展人员服务。这天，中国共产党的权威性报纸《新华日报》上的社论写到：“今天是中华民国三十三年的戏剧节，陪都、桂林、乃至全国各地，在中华全国戏剧界抗敌协会的领导下，都有盛大的集会。”2月16日至5月19日，举行了戏剧演出展览。首场演出于2月16日夜场开始，由桂剧实验团在广西省立艺术馆首演《木兰从军》，白崇禧亲临观剧，为剧展的顺利进行起了很好的推动作用。

1944年3月1日至17日，在广西省立艺术馆新址举行西南戏剧工作者大会，圆满完成了团队工作报告、各地剧运报告、论文宣读、提案宣讲等工作议程。上千名戏剧工作者欢聚一堂，围绕大会议题讨论、检讨，提出53项议案，通过了《剧人公约》十条，号召全国戏剧工作者同仇敌忾、团结奋进，夺取抗战的彻底胜利！

1944年3月17日至4月6日在广西省立艺术馆新址举行的戏剧资料展览，展出各参展队工作资料、戏剧运动资料、戏剧家资料、原稿、手记、信札、著作、传记、照片、模型、图表、剧本等，参与者3600多人次，竞相比肩，展示了“集体的力量，集体的艺术”。

来自粤、湘、桂、黔、滇五省及闽、赣、鄂三省的33个戏剧团队和戏剧界代表参加了这次剧展，其中演出团队28个，共计900余人。大会指导长蒋经国还派出一个赣剧代表团来到大会观摩。剧展期间共演出126个节目，共计177场，观众总人数达15万人左右。参加展演的戏剧不仅用普通话演出，有的还用英语或粤语演出。

西南剧展是一次民间自筹资金、大众化的戏剧演出。参加剧展的，有由共产党领导的团队，有各种旧剧艺人组成的班社，有职业剧团，有业余团队。展览演出的剧种，除了话剧、歌剧、活报剧，也有平剧、桂剧，还有少数民族歌舞、傀儡戏、马戏、魔术等剧种。剧展对所有团队、各类剧种一视同仁，不分亲疏远近，让他们在剧展中充分发挥自己的长处，显示出宣传抗日救亡的作用。此次剧展是在自筹资金的情况下独立完成的，能够在如此艰苦的环境中获得巨大成功，与中国若干戏剧工作者筚路蓝缕的精神是分不开的。从中国戏剧史上看，抗战戏剧队伍在上海、武汉以及重庆曾举行三次大规模戏剧公演，西南剧展是规模最大、时间最长、影响最深的一次，是对抗战以来剧运成果的一次大检阅、大总结，肯定了文艺上前线、下农村、为大众服务的方向，表彰了进步戏剧团队坚持抗战、反对妥协投降的先进事迹，揭示了抗战戏剧运动存在的各种问题，显示了中国共产党抗日民族统一战线的威力，标志着抗战剧运已彻底成熟。

在毛泽东《在延安文艺座谈会上的讲话》的精神鼓舞下，中共地下党领导进步文艺工作者举行的西南剧展，始终坚持抗日、团结、进步，对国统区抗战戏剧队伍进行了空前的大检阅，影响巨大。西南剧展不仅促进了西南剧界的进步，而且铺就了全国剧界光明健全的大道；不但开展了戏剧演出展览活动，以戏剧点燃民众的抗日救亡热情，并且通过了《剧人公约》和大会宣言，轰动全国。当时正是中国抗日战争黎明前最艰难的时候，上千名戏剧人在桂林上演了持续近百天的文化大戏，实现了中国戏剧人抗日救亡的文化担当，成为中国戏剧史和世界反法西斯战争史上的空前盛举。第一届西南剧展成为中国戏剧史上的一座不朽丰碑，其生生不息的影响力穿越历史，在代表先进文化前进方向的长河里闪闪发光，激励中华民族科学发展、和谐发展、跨越发展。

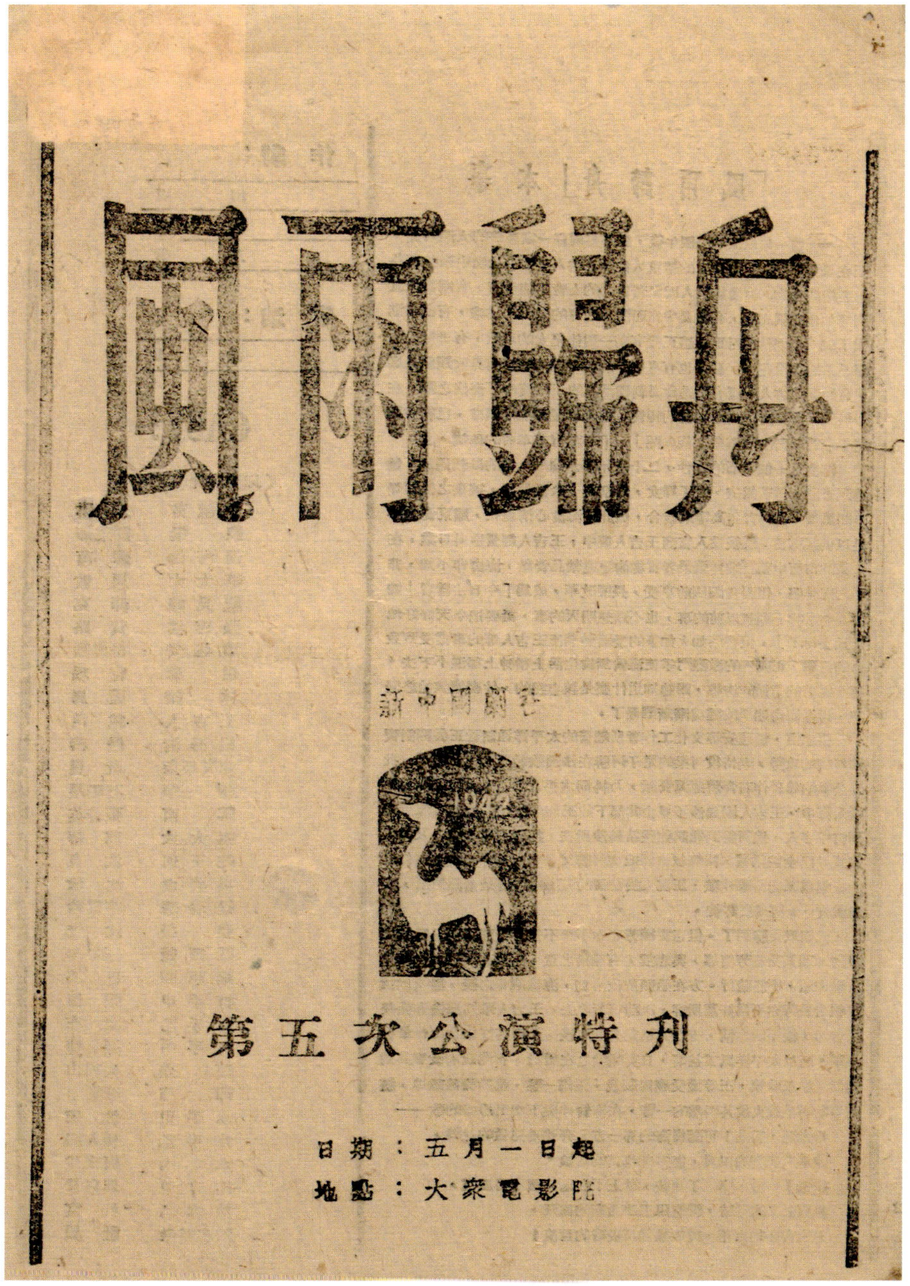

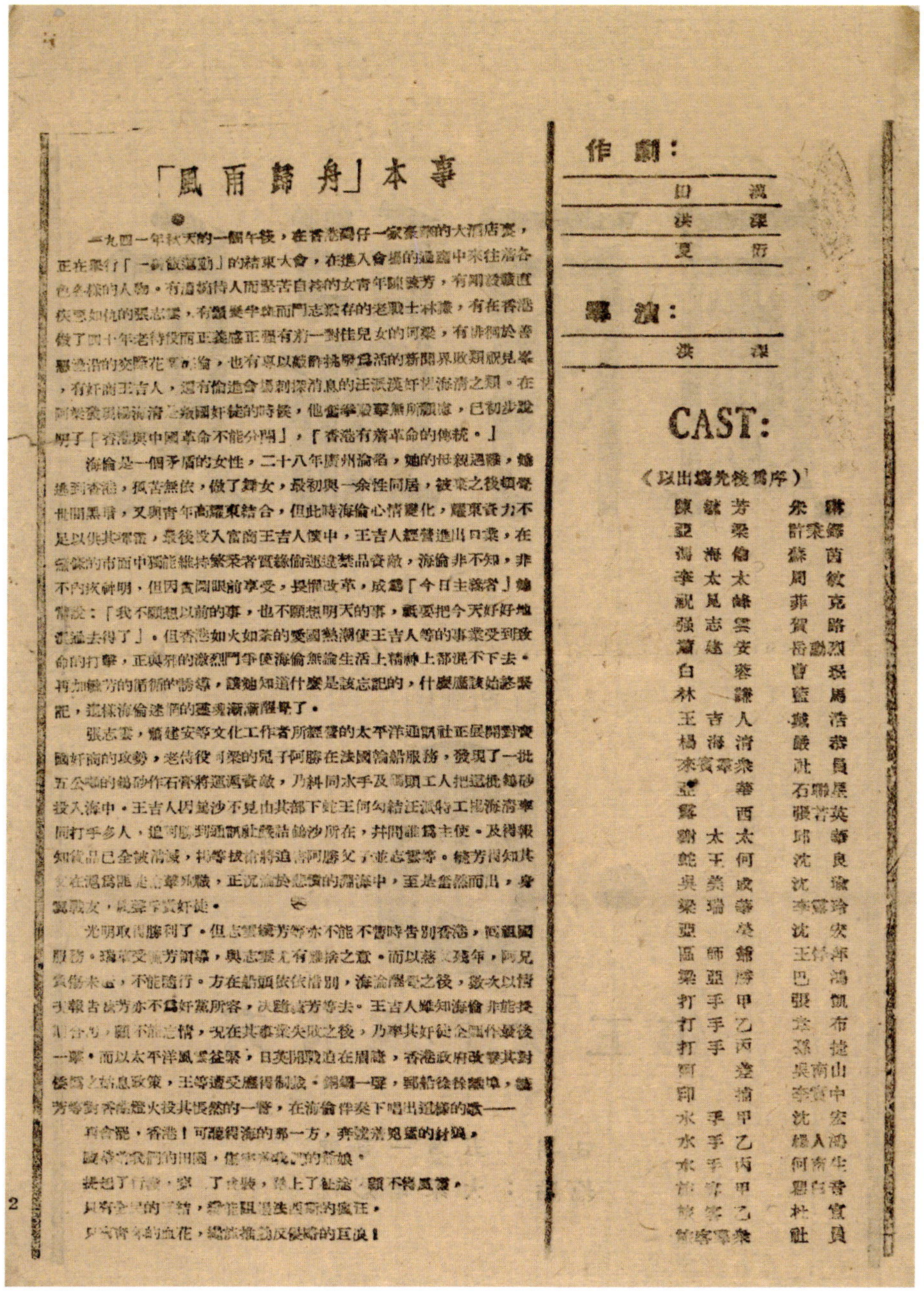

戏剧《风雨归舟》说明书（新中国剧社，洪深导演） 纵 26.7cm、横 18.7cm 1942 年 5 月 1 日

新中國劇社

•第十八次公演•

•爲廣州大學計政班籌募圖書費 育英託兒所籌募基金•

•四幕名劇•

金玉滿堂

•沈浮編劇•瞿白音導演•

31.12.1943首演於桂林廣西劇場

下期獻演：（四幕劇）

19次公演 百花香 都市生活剪影 孤島女性群像 •汪鞏編劇•

請注意上演日期地點

即將開排：（五幕名劇） 于伶 宋之的 夏衍

20次公演 戲劇春秋 集體創作 是卅年來戲劇運動血淚的歌頌 是千萬工作者堅貞奮鬥的史詩

預告

戏剧《金玉满堂》说明书（新中国剧社） 纵 20cm、横 13.6cm 1943 年 12 月 31 日

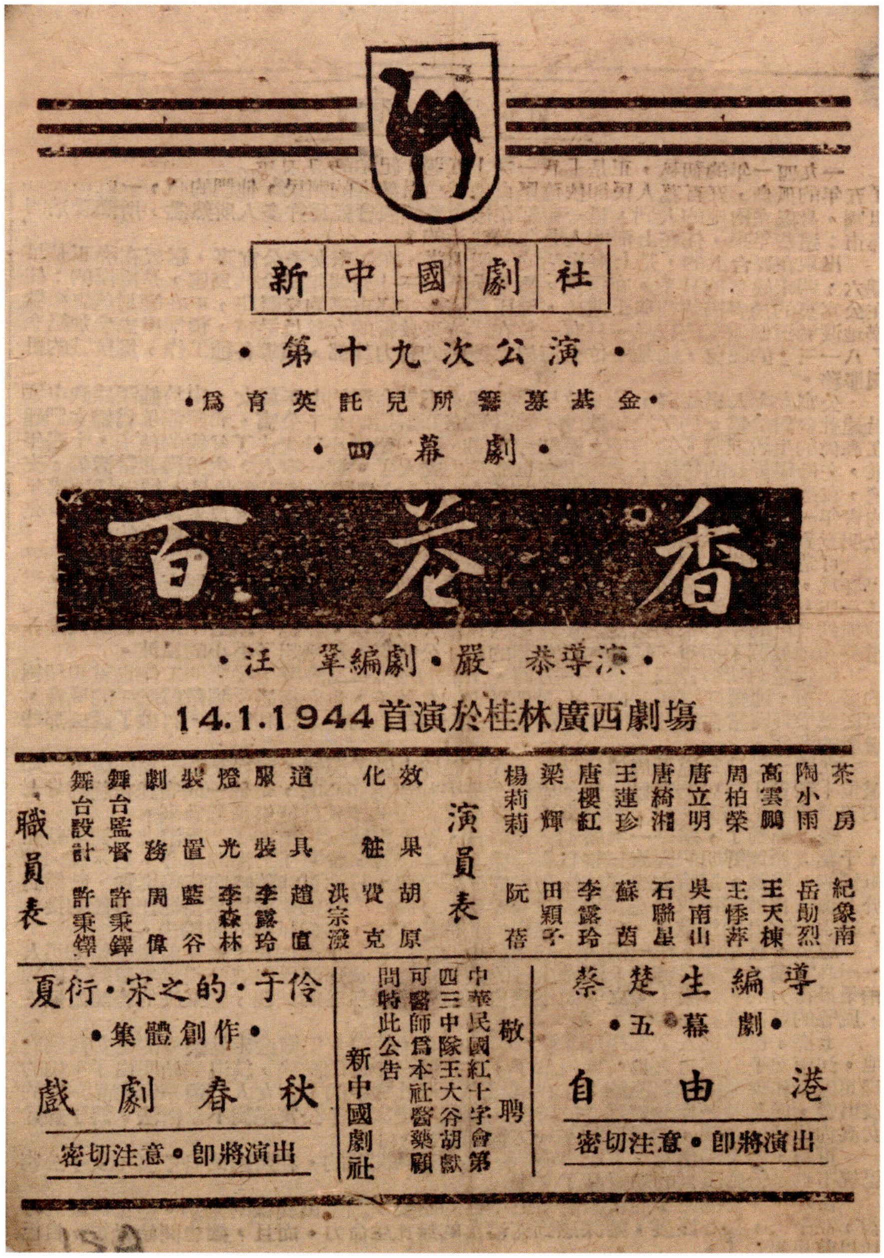

新中國劇社

•第十九次公演•

•爲育英託兒所籌募基金•

•四幕劇•

百花香

•汪鞏編劇•嚴恭導演•

14.1.1944首演於桂林廣西劇場

職員表

效果	胡原
化粧	賀克 洪宗澄
道具	趙直
服裝	李露玲
燈光	李森林
裝置	藍谷
劇務	周偉
舞台監督	許秉鐸
舞台設計	許秉鐸

演員表

茶房	紀象南
陶小雨	岳勛烈
高雲鵬	王天棟
周柏榮	王悸萍
唐立明	吳南山
唐綺湘	石聯星
王蓮珍	蘇茵
唐櫻紅	李露玲
梁輝	田穎子
楊莉莉	阮蓓

夏衍•宋之的•于伶 •集體創作• 戲劇春秋 密切注意•即將演出

敬聘 中華民國紅十字會第四三中隊王大谷胡獻可醫師爲本社醫藥顧問特此公告 新中國劇社

蔡楚生編導 •五幕劇• 自由港 密切注意•即將演出

戏剧《百花香》说明书（新中国剧社） 纵 18.5cm、横 13cm 1944 年 1 月 14 日

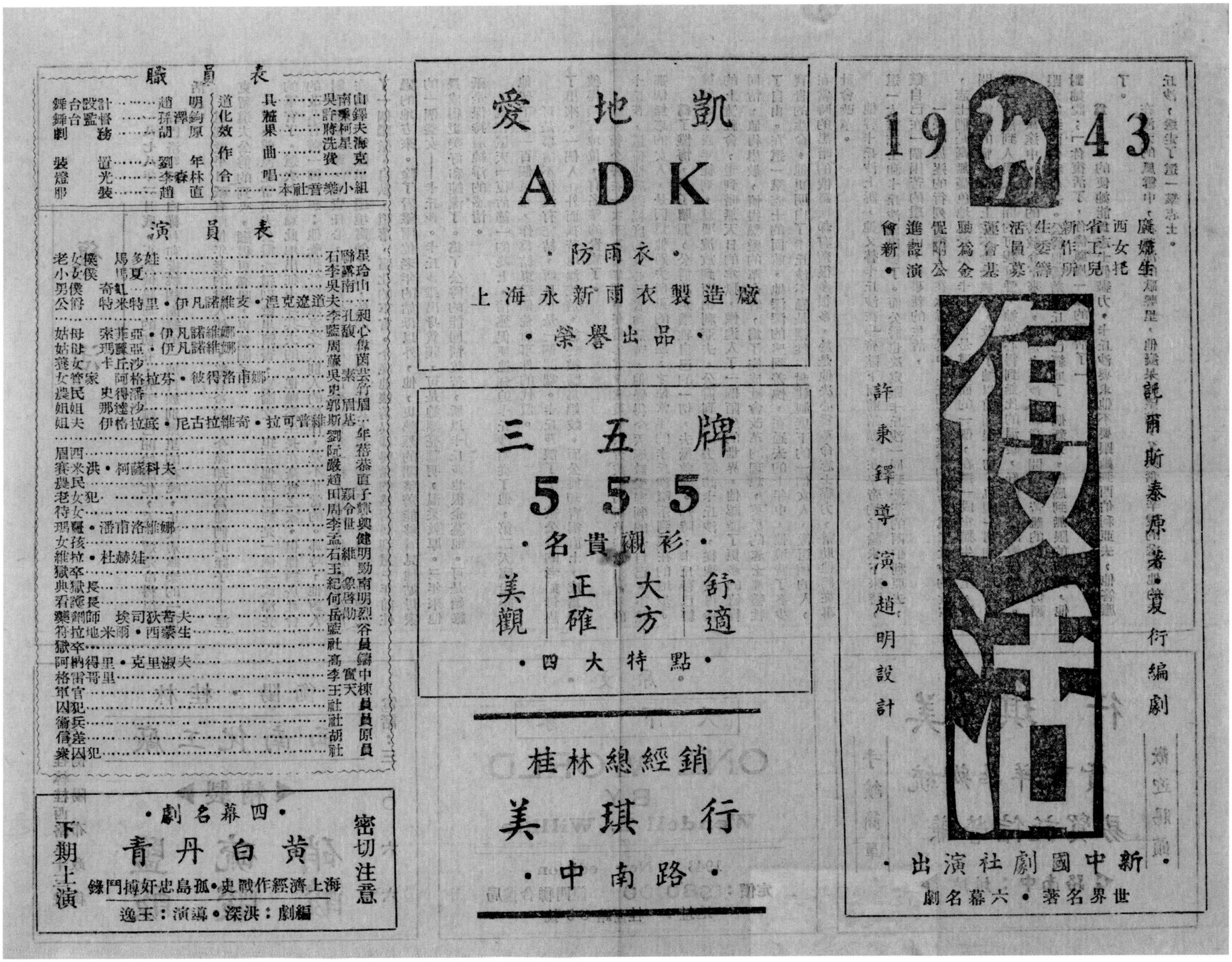

職員表

舞台設計	趙明	道具	吳南山
舞台監督	孫澤鈞	化粧	許秉鐸
劇務	胡原	效果	蔣柯夫
裝置	劉年	作曲	冼星海、費克
燈光	李森林	合唱	本社音樂小組
服裝	趙直		

演員表

老女僕 馬多娃	石聯星
小女僕 馬夏	李露玲
男僕 奇凱	吳南山
公爵 特米特里·伊凡諾維支·湼克遼道夫	李孔昶
姑母 索菲亞·伊凡諾維娜	藍馥心
姑母 瑪麗亞·伊凡諾維娜	周偉
養女 卡丘沙	藤茵
女管家 阿格拉芬·彼得洛甫娜	吳素芸
農民 史得潘	史筠
姐姐 那達沙	郭眉眉
姐夫 伊格拉底·尼古拉維奇·拉可普維斯基	劉年
眉西	阮蒼
賽米洪·柯藍科夫	嚴恭
農民	趙直
老女犯	田穎子
待女	周令輝
瑪麗·潘甫洛維娜	李世興
女孩	孟健
維拉·杜赫娃	石維明
獄卒	王勁
典獄長	紀象南
看護長	何啓明
藥劑師 埃司狄荅夫	岳勛烈
符拉地米爾·西蒙生	藍谷
獄卒	社員
阿納得里·克里淑夫	高歸
格雷哥里	李實中
軍官	王天棟
囚犯	社員
衛兵	社員
信差	胡原
衆囚犯	社員

下期上演

·四幕名劇·

黃白丹青

上海經濟作戰史·孤島忠奸搏鬥錄

編劇：洪深·導演：王逸

密切注意

1943

廣西省新生活運動促進會婦女工作委員會爲開設新生托兒所籌募基金公演·

復活

托爾斯泰原著·夏衍編劇

許秉鐸導演·趙明設計

·新中國劇社演出·

世界名著·六幕名劇

戏剧《复活》说明书（新中国剧社） 纵 22.3cm、横 26.5cm 1943 年

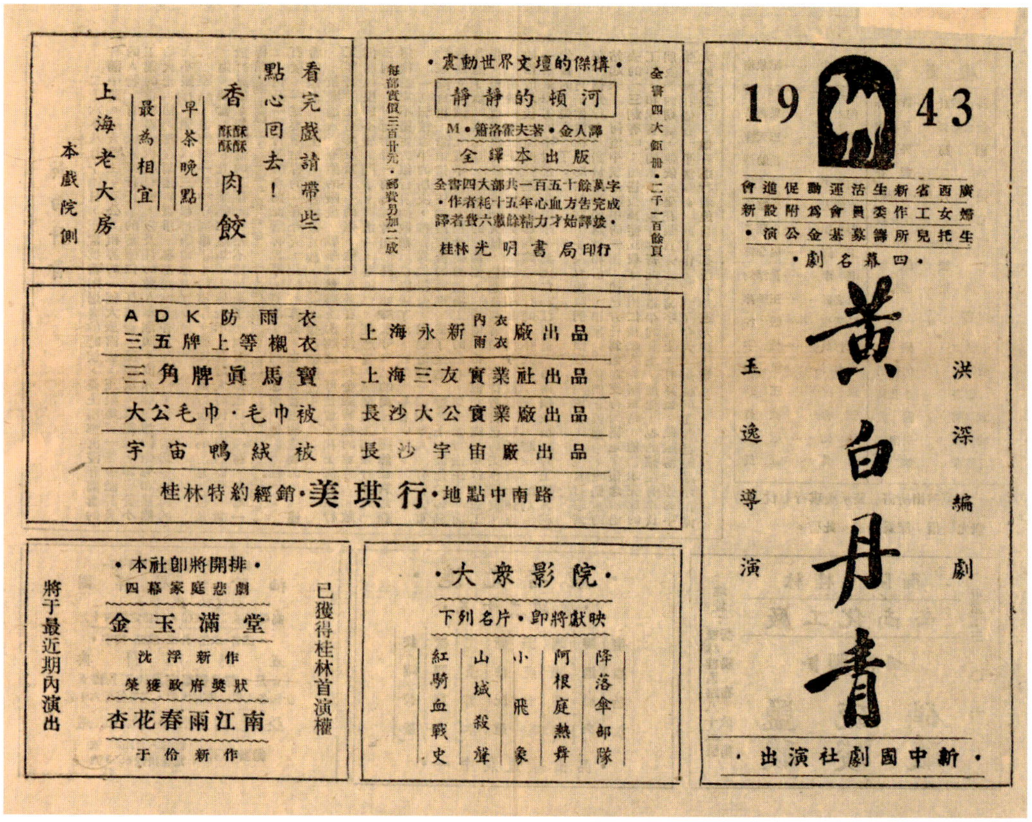

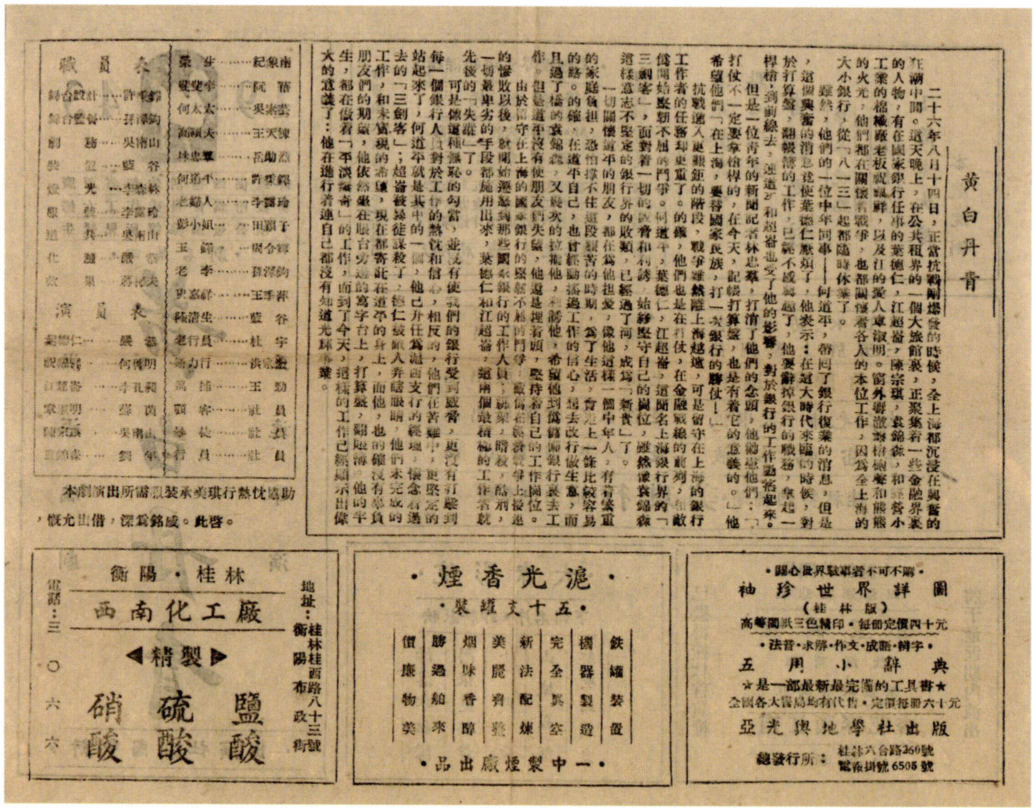

戏剧《黄白丹青》说明书（新中国剧社） 纵 24.5cm、横 26cm 1943 年

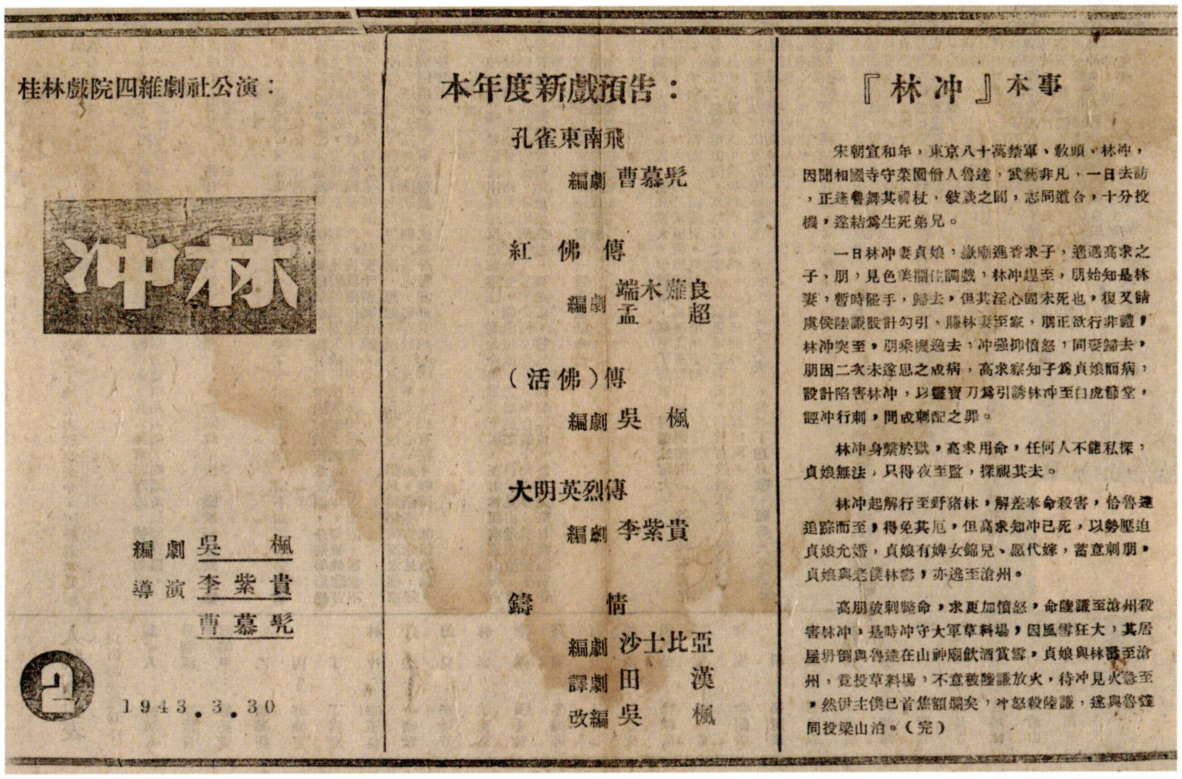
桂林戲院四維劇社公演：

林冲

編劇 吳 楓
導演 李紫貴
曹慕髡

②
1943.3.30

本年度新戲預告：

孔雀東南飛
編劇 曹慕髡

紅佛傳
編劇 端木蕻良 孟 超

（活佛）傳
編劇 吳 楓

大明英烈傳
編劇 李紫貴

鑄 情
編劇 沙士比亞
譯劇 田 漢
改編 吳 楓

『林冲』本事

宋朝宣和年，東京八十萬禁軍、教頭、林冲，因閙相國寺守菜園僧人魯達，武藝非凡，一日去訪，正逢魯舞其禪杖，彼談之間，志同道合，十分投機，遂結爲生死弟兄。

一日林冲妻貞娘，嶽廟進香求子，適遇高求之子，朋，見色美攔住調戲，林冲趕至，朋始知是林妻，暫時罷手，歸去，但其淫心固未死也，復又請虞侯陸謙設計勾引，賺林妻至家，朋正欲行非禮，林冲突至，朋乘機逸去，冲强抑憤怒，同妻歸去，朋因二次未逢思之成病，高求察知子爲貞娘而病，設計陷害林冲，以靈寶刀爲引誘林冲至白虎節堂，誣冲行刺，問成剌配之罪。

林冲身繫於獄，高求用命，任何人不能私探，貞娘無法，只得夜至監，探視其夫。

林冲起解行至野猪林，解差奉命殺害，恰魯達追踪而至，得免其厄，但高求知冲已死，以勢壓迫貞娘允婚，貞娘有婢女錦兒、願代嫁，蓄意剌朋，貞娘與老僕林壽，亦逃至滄州。

高朋被剌斃命，求更加憤怒，命陸謙至滄州殺害林冲，是時冲守大軍草料塲，因風雪狂大，其居屋坍倒與魯達在山神廟飲酒賞雪，貞娘與林壽至滄州，直投草料塲，不意被陸謙放火，待冲見火急至，然伊主僕已首焦額爛矣，冲怒殺陸謙，遂與魯達同投梁山泊。（完）

桂林戏院公演剧目《林冲》说明书（四维剧社） 纵 19.4cm、横 28.1cm 1943 年 3 月 30 日

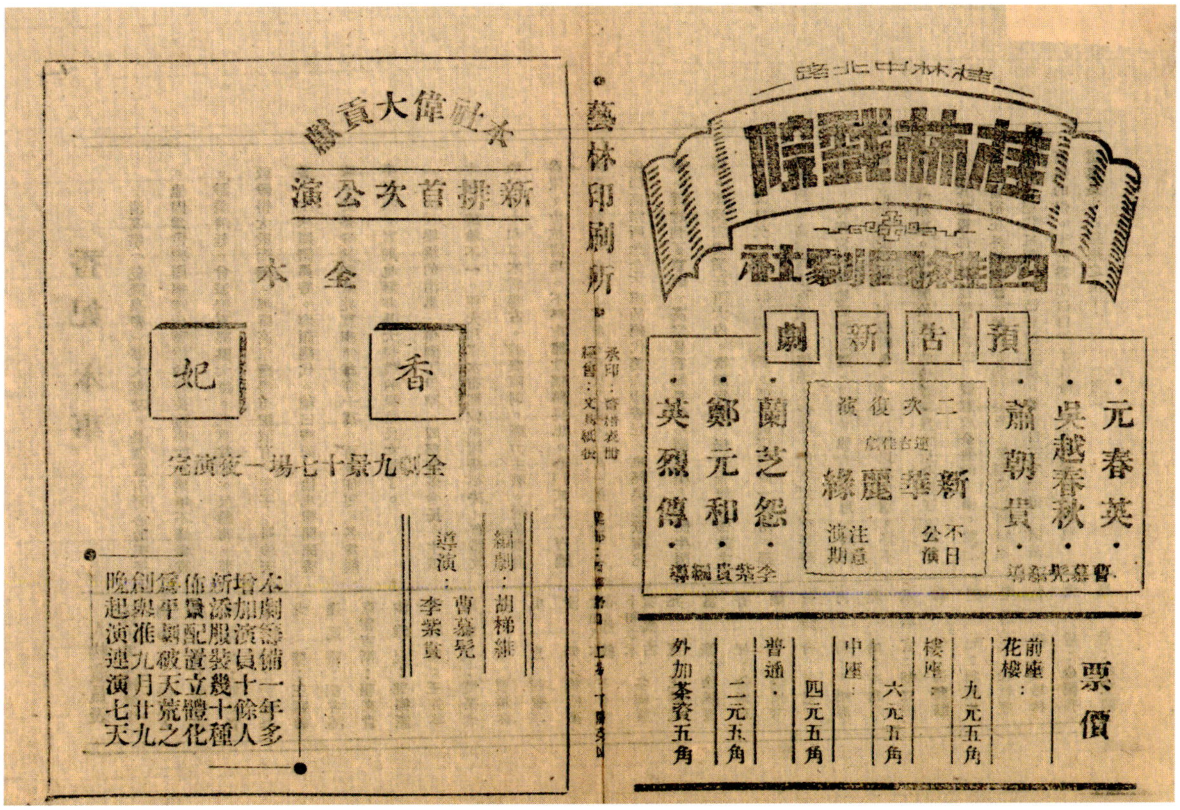
本社偉大貢獻

新排首次公演

全本

香 妃

全劇九景十七場一夜演完

編劇：胡梯維
導演：曹慕髡 李紫貴

本劇籌備一年多
增加演員十餘人
新添服裝幾十種
佈景配置立體化
爲平劇破天荒之
創舉准九月廿九
晚起演連演七天

藝林印刷所

桂林中北路

桂林戲院

四維國劇社

預告新劇

元春英
吳越春秋
蕭朝貴
曹慕髡編導

二次復演
連台佳作
新華麗緣
不日公演
注意演期

蘭芝怨
鄭元和
英烈傳
李紫貴編導

票價

前座花樓：	九元五角	樓座：	六元五角	中座：	四元五角
普通：	二元五角	外加茶資五角			

桂林戏院公演剧目《香妃》说明书（四维国剧社） 纵 21.5cm、横 27.5cm

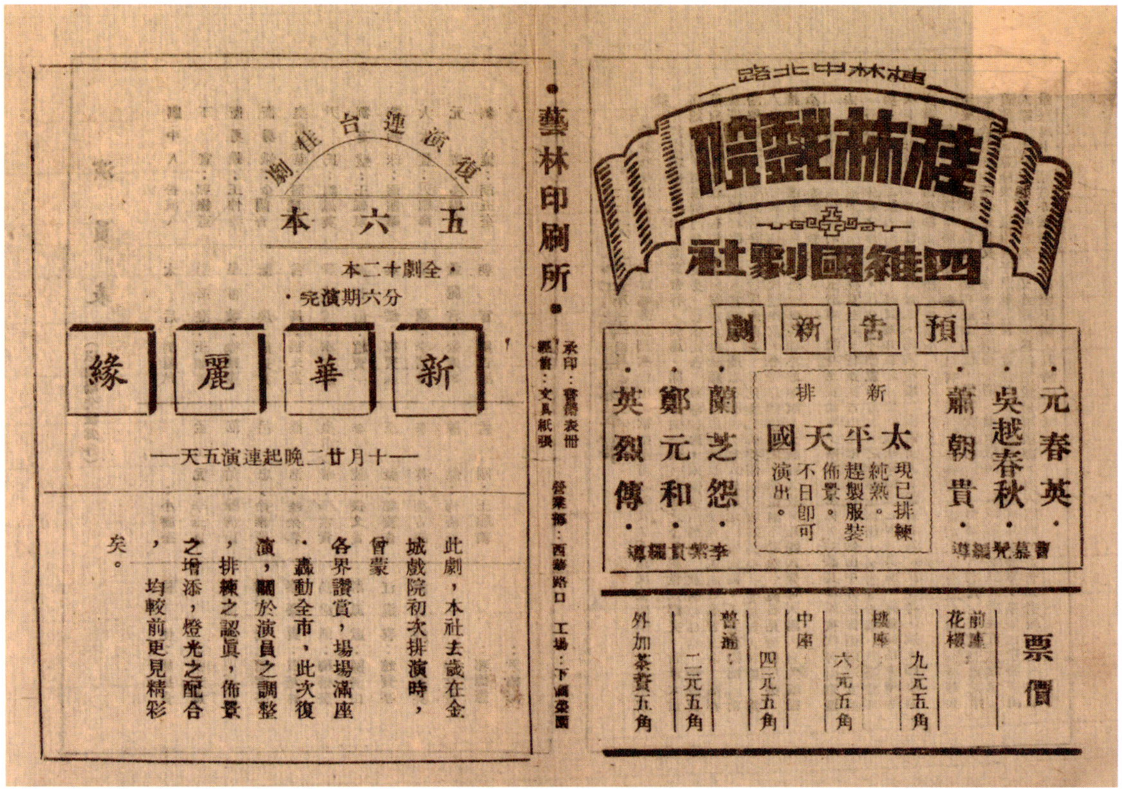

戏剧《新华丽缘（五、六本）》说明书（四维国剧社） 纵 19.4cm、横 28.7cm 1943 年 10 月

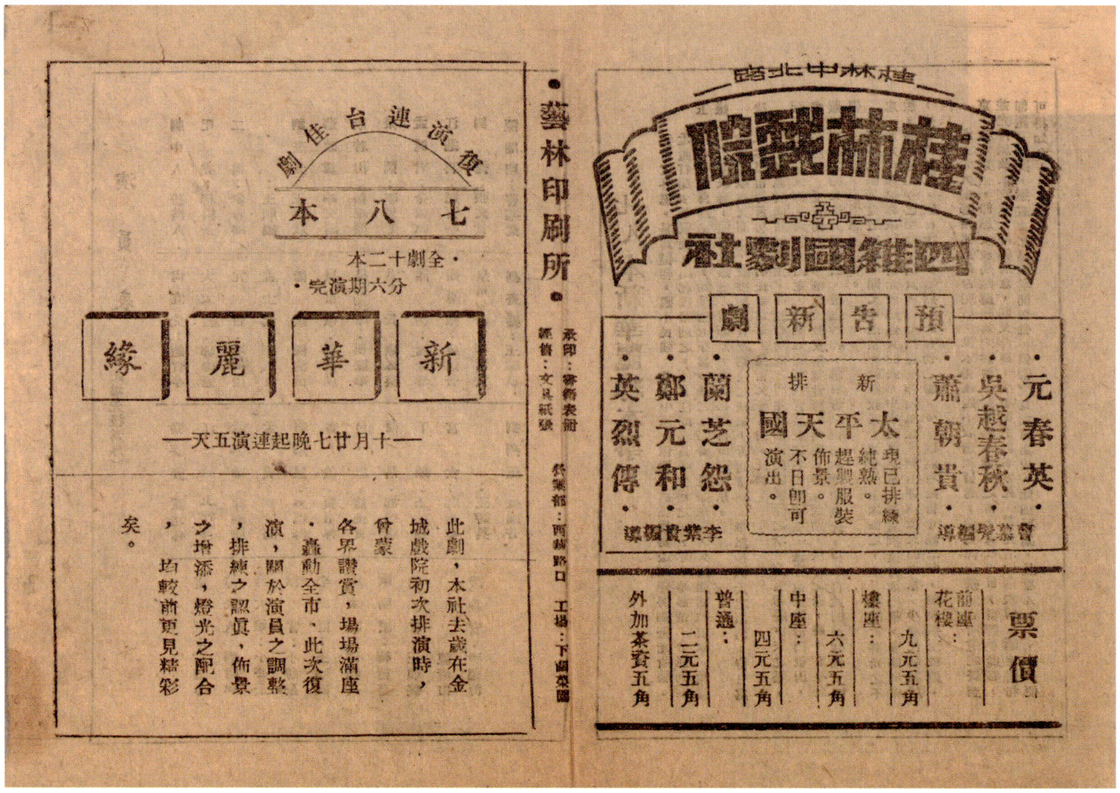

戏剧《新华丽缘（七、八本）》说明书（四维国剧社） 纵 20cm、横 28cm 1943 年 10 月

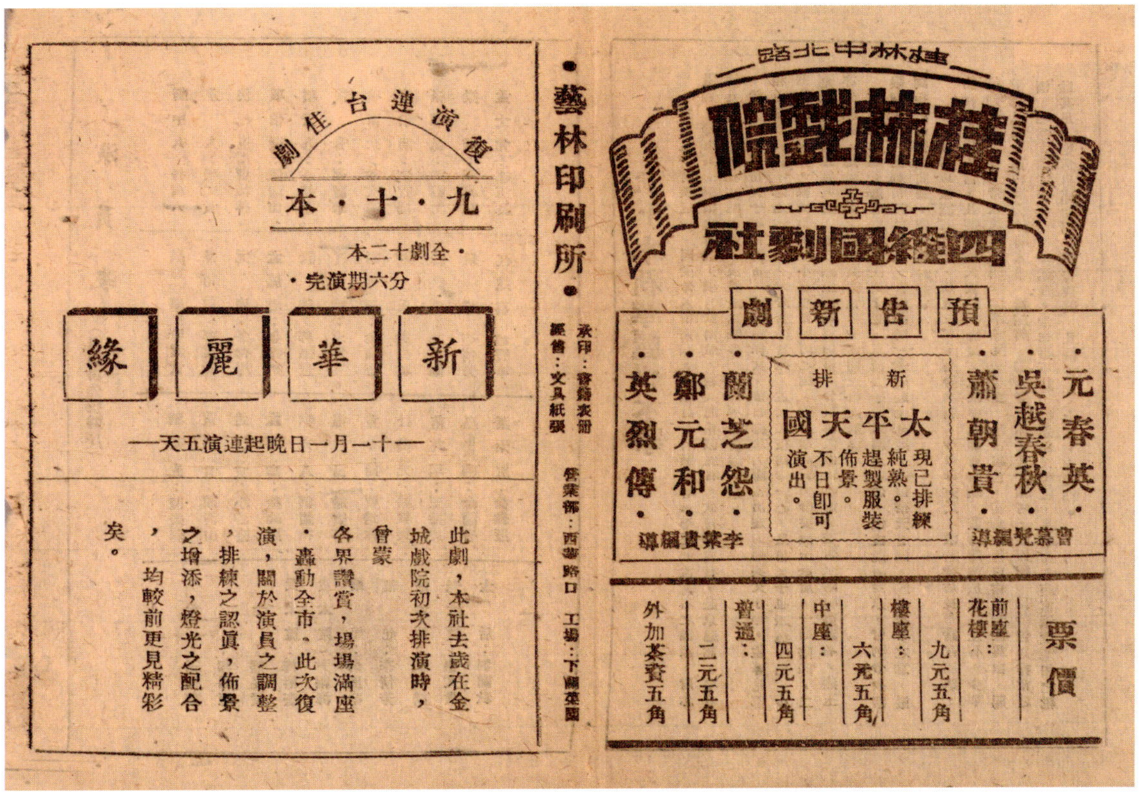

戏剧《新华丽缘（九、十本）》说明书（四维国剧社） 纵 20.5cm、横 27.4cm 1943 年 10 月

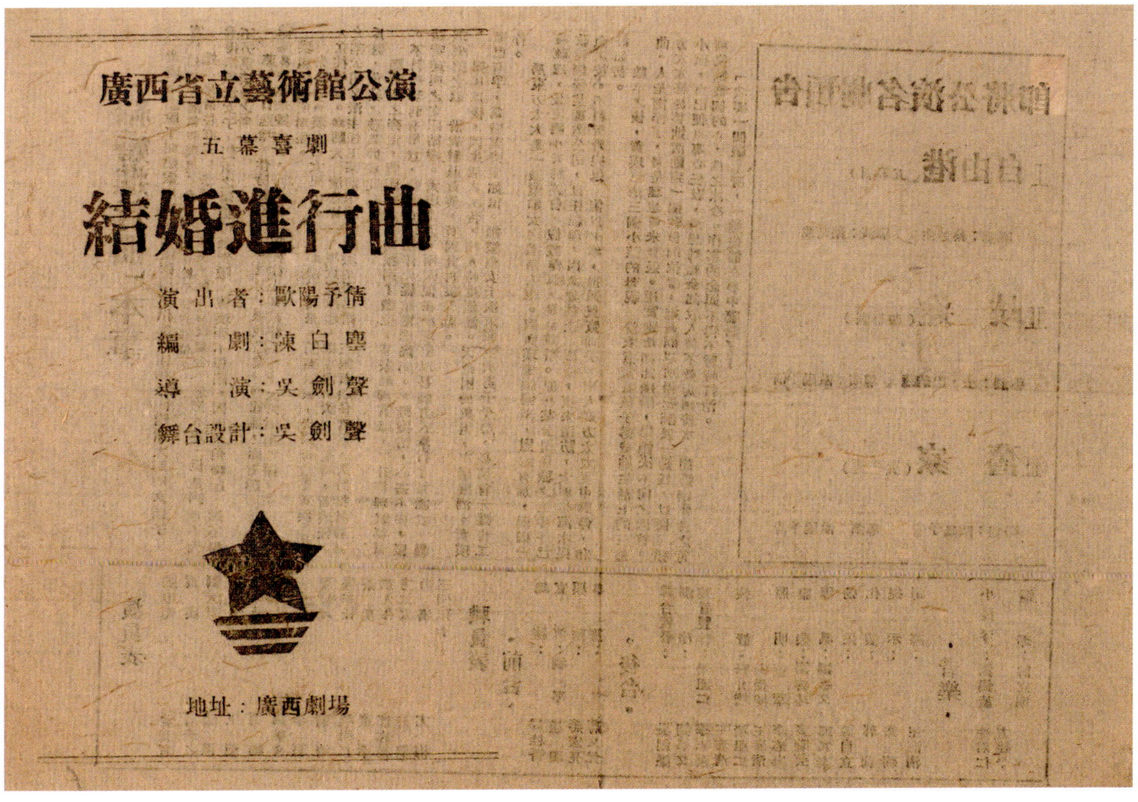

广西省立艺术馆公演剧目《结婚进行曲》说明书（欧阳予倩主演） 纵 17.8cm、横 25.3cm

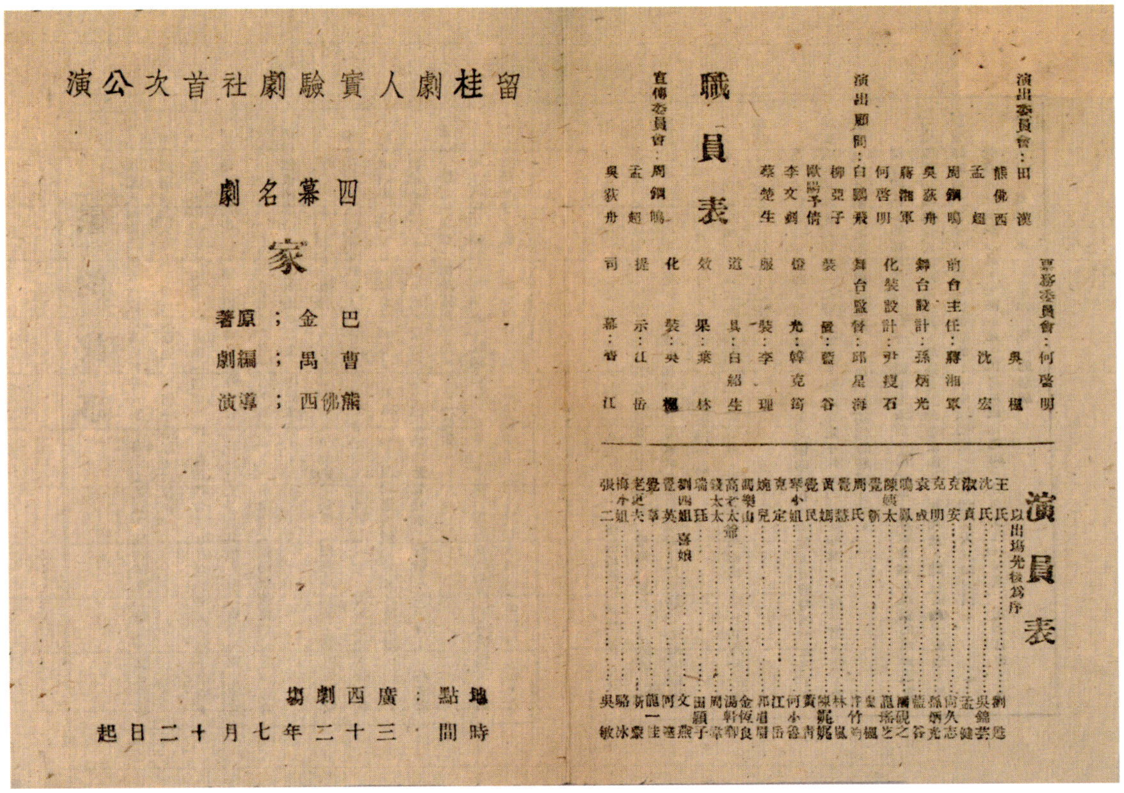

广西剧场公演剧目《家》说明书（留桂剧人实验剧社首次公演） 纵 19.5cm、横 27cm 1943 年 7 月 12 日

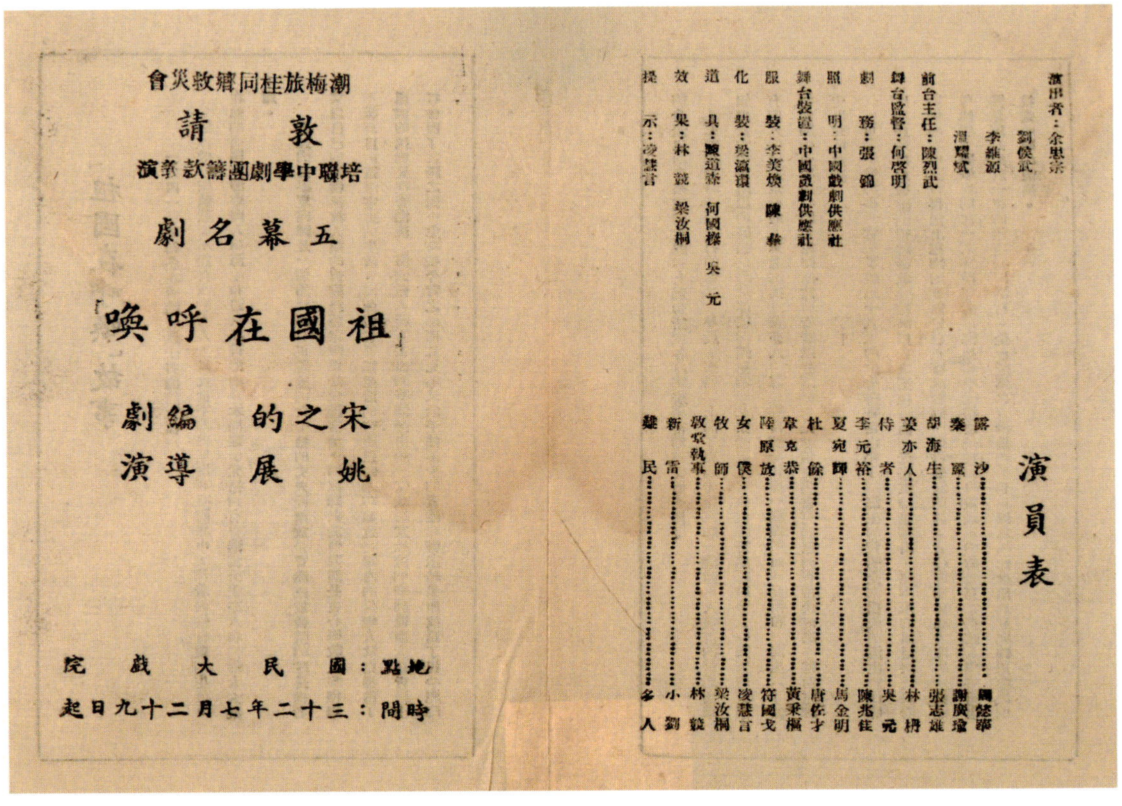

戏剧《祖国在呼唤》说明书（培联中学剧团） 纵 18.9cm、横 21cm 1943 年 7 月 29 日

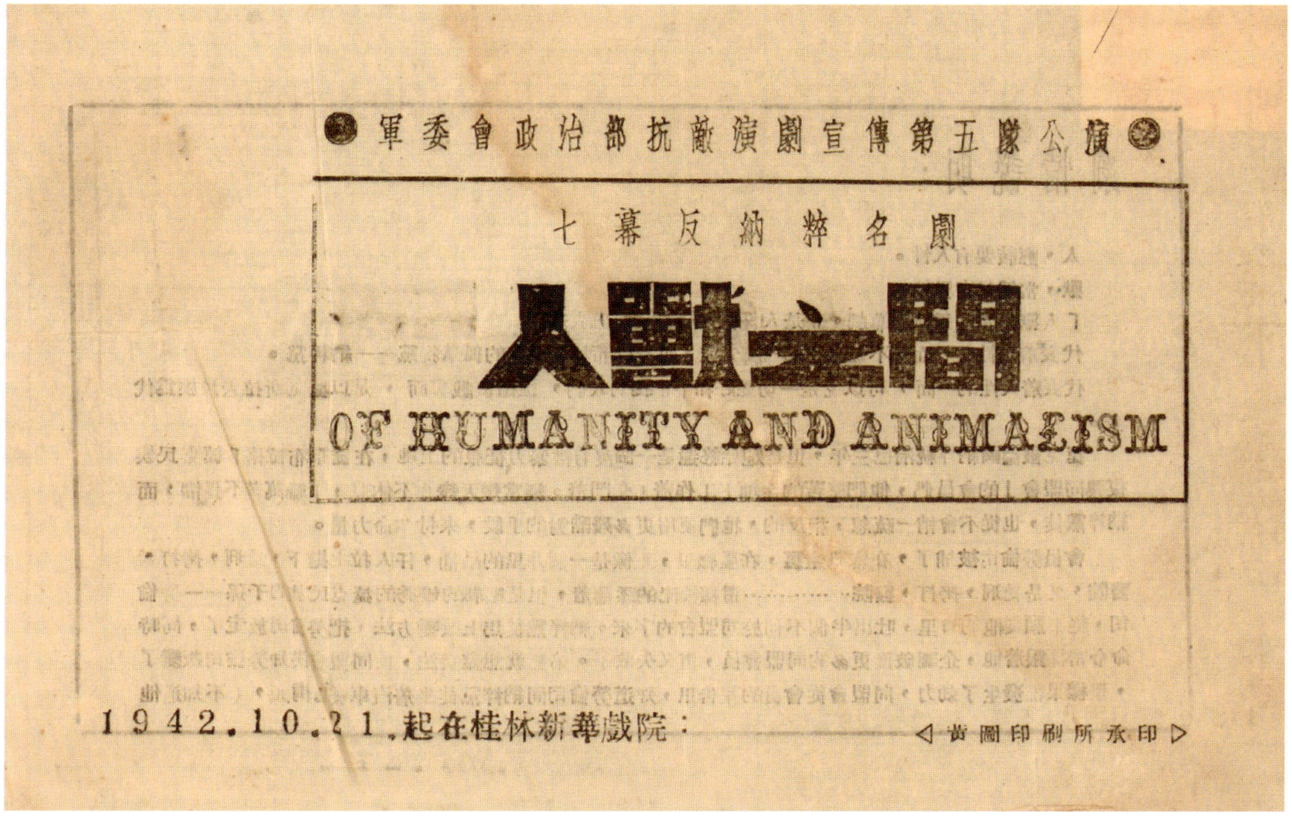

軍委會政治部抗敵演劇宣傳第五隊公演

七幕反納粹名劇

人獸之間

OF HUMANITY AND ANIMALISM

1942.10.21.起在桂林新華戲院

◁黃圖印刷所承印▷

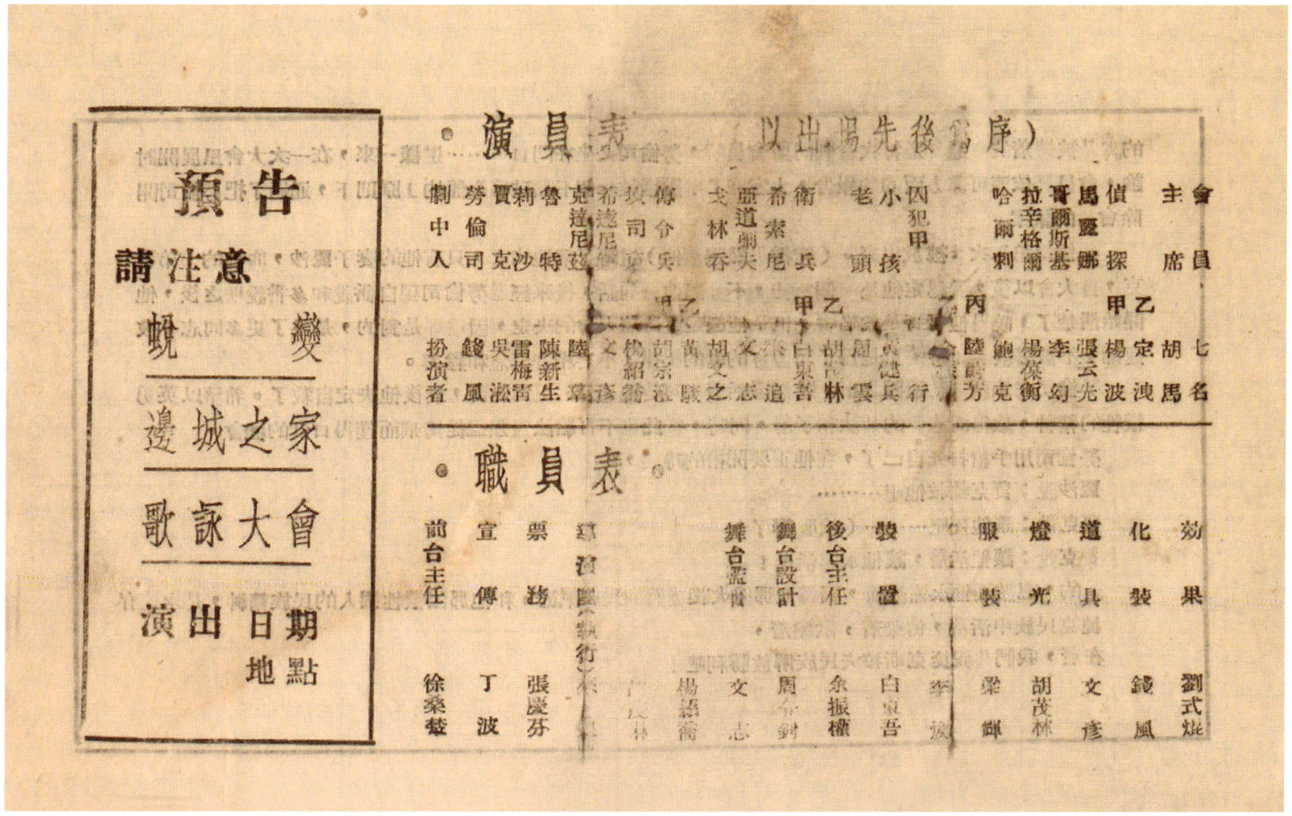

預告

請注意

蛻變

邊城之家

歌詠大會

演出 日期 地點

演員表（以出場先後爲序）

會員主席 偵探 馬麗娜 賽爾斯基 拉辛格爾 哈爾剌 囚犯甲 小孩 老頭 衛兵 希索尼 亞道夫 戈林 傅介兵 坎司 希達尼 克達尼 魯特 莉莎 賈克 勞倫司 劇中人

七名 胡馬 定洩 楊波 張云先 李幼 楊葆衡 鮑克 陸方 黃健行 屈雲兵 胡林 白東書 李追 文志 胡文之 黃駿 胡宗岩 楊紹薌 文彥 陸露 陳新生 雷梅霄 吳滋 錢風 扮演者

職員表

效果 劉式焜

化裝 錢風

道具 文彥

燈光 胡茂林

服裝 梁輝

裝置 白宗吾

後台主任 余振權

舞台設計 周令釗

舞台監督 文志

導演團（執行）

票務 張慶芬

宣傳 丁波

前台主任 徐桑藝

戏剧《人兽之间》说明书（军委会政治部抗敌演剧宣传第五队） 纵 13.5cm、横 40cm 1942 年 10 月 21 日

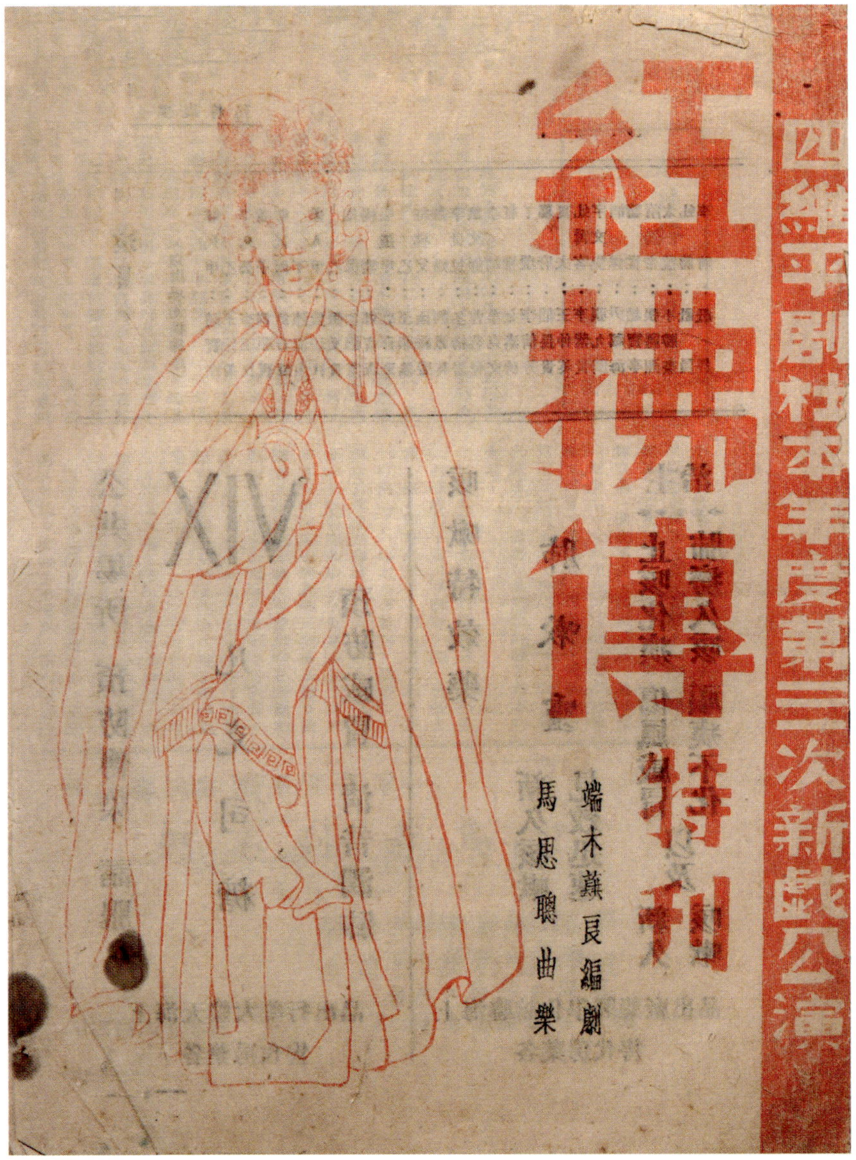

戏剧《红拂传》宣传特刊（四维平剧社） 纵 25.5cm、横 18.2cm

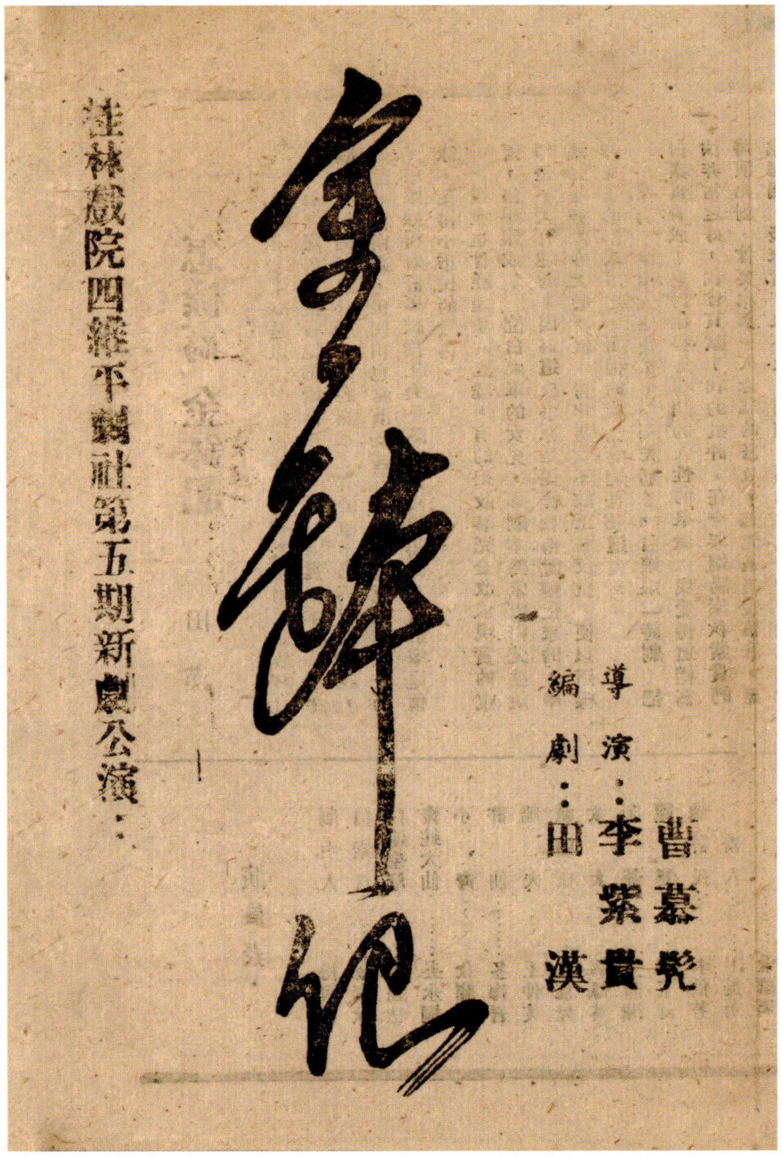

戏剧《金钵记》说明书（四维平剧社） 纵 19.5cm、横 13cm 1944 年

1939 年抗宣一队在桂林演出抗日活报剧的剧照 纵 3.5cm、横 7.6cm

活报剧，是一种以大众关注的政治时事为题材，能迅速反映和歌颂新人新事，或用夸张的手法塑造漫画式的讽刺对象，以应时性、时事性为特征的戏剧类型。由于它能及时反映时事以达到对观众进行形象化宣传的目的，被比作“活的报纸”。中国从 20 世纪 20 年代后期开始出现这种戏剧演出，在战争时期更是常用这种戏剧形式。

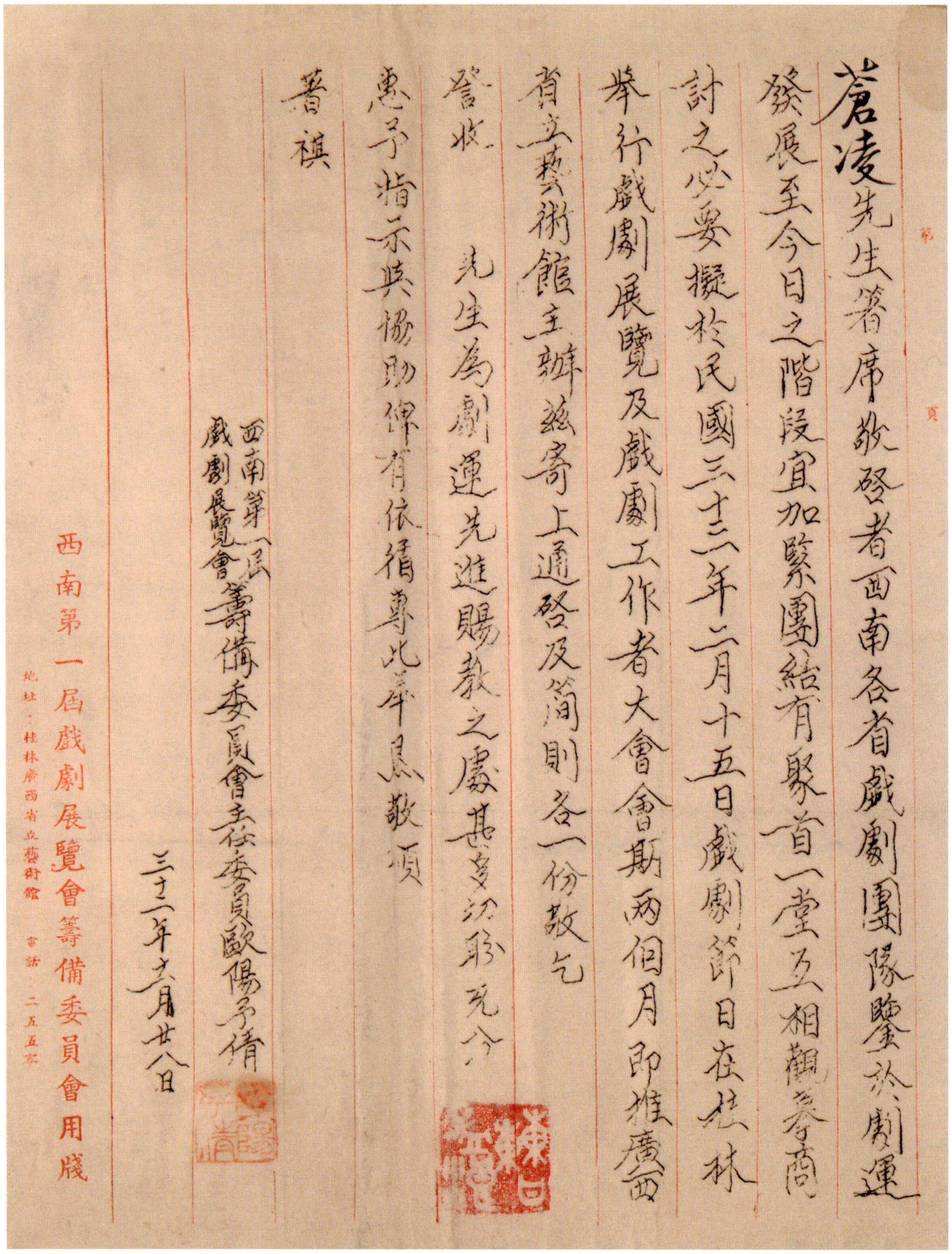

蒼凌先生著席敬啓者西南各省戲劇團隊鑒於劇運
發展至今日之階段宜加緊團結有聚首一堂互相觀摩商
討之必要擬於民國三十二年二月十五日戲劇節日在桂林
舉行戲劇展覽及戲劇工作者大會會期兩個月即推廣西
省立藝術館主辦茲寄上通啓及簡則各一份敬乞
詧收 先生為劇運先進賜教之處甚多切盼充分
惠予指示與協助俾有依循專此奉懇敬頌
著祺

西南第一屆戲劇展覽會籌備委員會主任委員歐陽予倩
三十二年十一月廿八日

西南第一屆戲劇展覽會籌備委員會用箋
地址：桂林廣西省立藝術館 電話：二五五[illegible]

欧阳予倩致苍凌的信 纵 24cm、横 18.3cm 1943 年 11 月 28 日

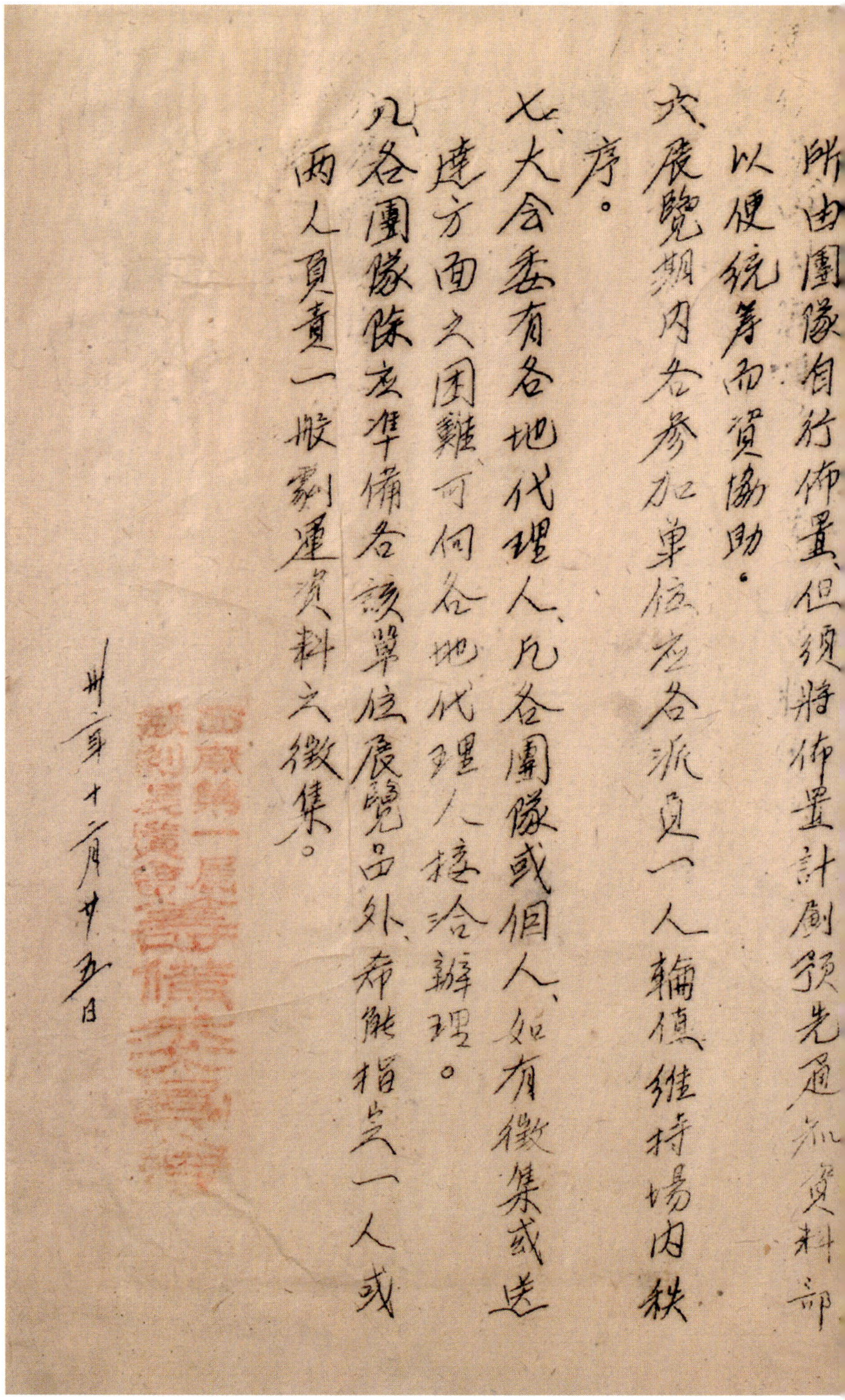

所由團隊自行佈置但須將佈置計劃預先通知資料部
以便統籌而資協助。
六、展覽期內各參加單位應各派員一人輪值維持場內秩
序。
七、大会委有各地代理人凡各團隊或個人如有徵集或送
達方面之困難可向各地代理人接洽辦理。
八、各團隊除應準備各該單位展覽品外希能指定一人或
兩人負責一般劇運資料之徵集。

卅二年十二月廿五日

西南第一届戏剧展览会资料展览规程 纵 24cm、横 37cm 1943 年 12 月 25 日

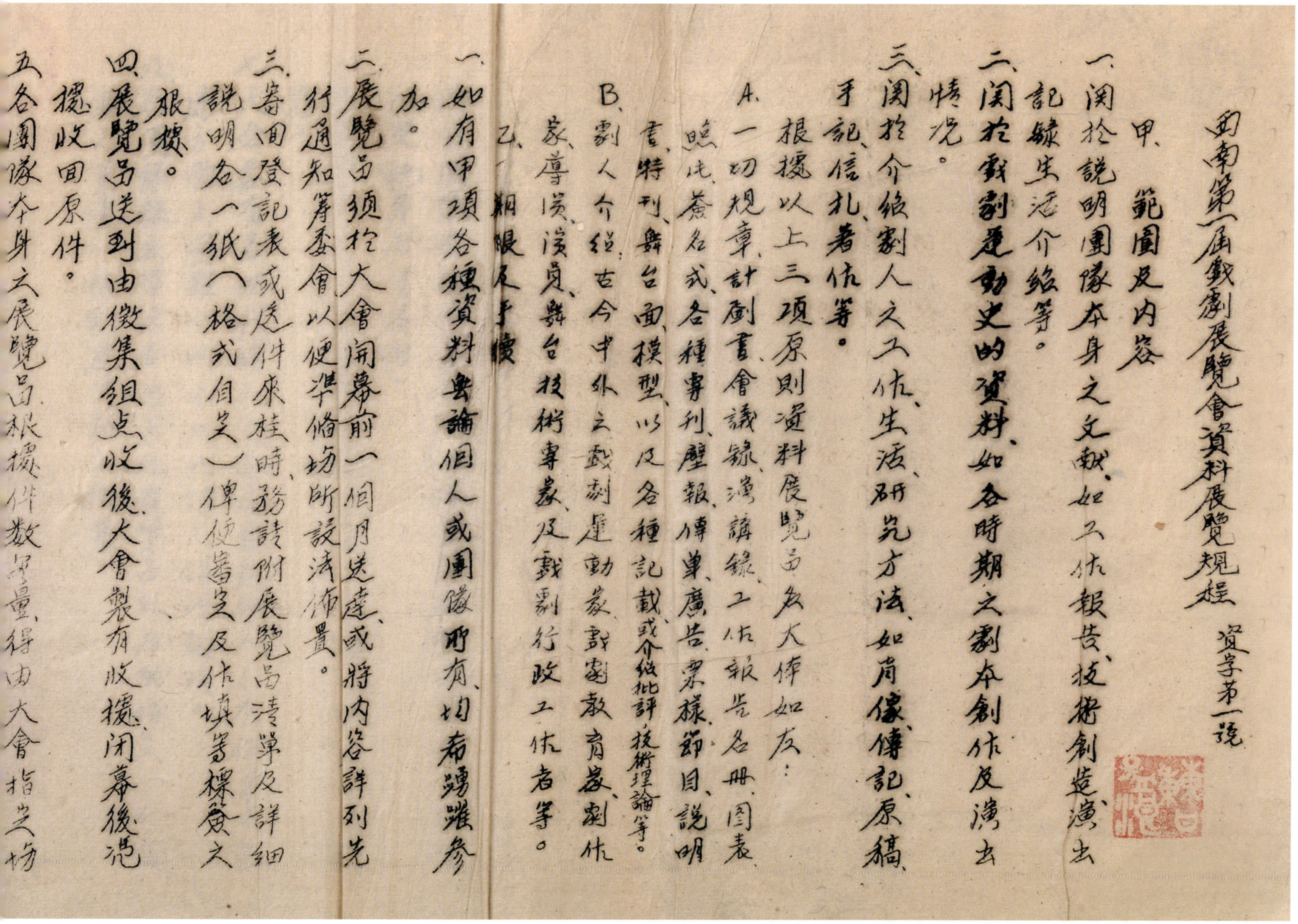

西南第一届戲劇展覽會資料展覽規程　資字第一號

甲、範圍及内容

一、関於說明團隊本身之文献，如工作報告、技術創造、演出記録、生活介紹等。

二、関於戲劇運動史的資料，如各時期之劇本創作及演出情况。

三、関於介紹劇人之工作、生活、研究方法，如肖像、傳記、原稿、手記、信札、著作等。

根據以上三項原則，資料展覽品分類大体如下：

A、一切規章、計劃書、會議録、演講録、工作報告、名冊、圖表、照片、簽名式、各種專刊、壁報、傳單、廣告、案樣、節目、說明書、特刊、舞台面、模型、以及各種記載（或介紹批評，技術理論等）。

B、劇人介紹，古今中外之戲劇運動家、戲劇教育家、劇作家、導演、演員、舞台技術專家、及戲劇行政工作者等。

乙、細則及手續

一、如有甲項各種資料，無論個人或團隊所有，均希踴躍參加。

二、展覽品須於大會開幕前一個月送達，或將内容詳列先行通知籌委會，以便準備場所設法佈置。

三、寄回登記表或送件來桂時，務請附展覽品清單及詳細說明各一紙（格式自定），俾便審定及作填寫標簽之根據。

四、展覽品送到由徵集組点收後，大會製有收據，閉幕後憑據收回原件。

五、各團隊本身之展覽品，根據件数與量，得由大會指定場

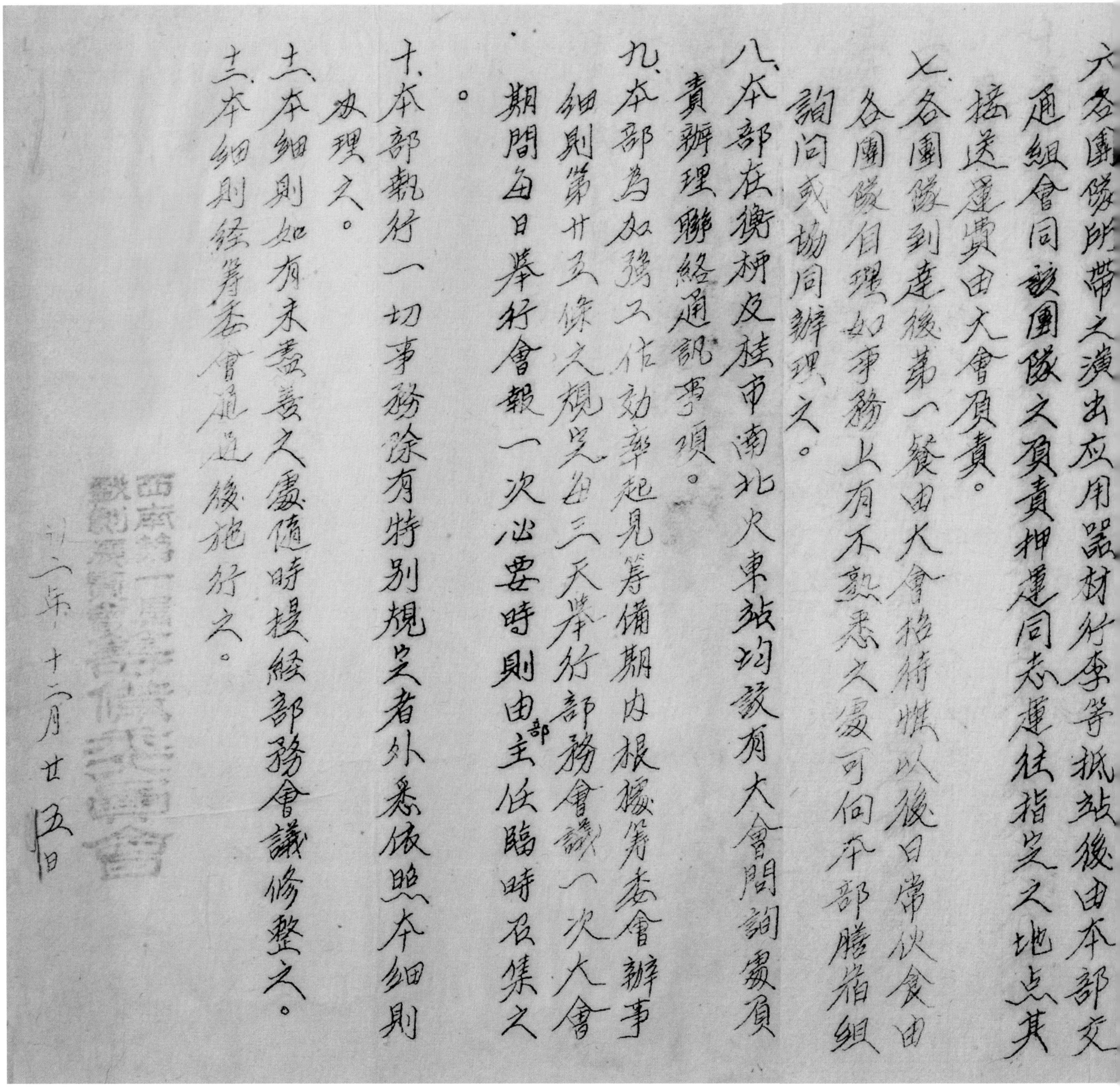

六、各團隊所帶之演出应用器材行李等抵站後由本部交通組會同該團隊之負責押運同志運桂指定之地点其搬送運費由大會負責。

七、各團隊到達後第一餐由大會招待嗣以後日常伙食由各團隊自理，如事務上有不熟悉之處可向本部膳宿組詢問或協同辦理之。

八、本部在衡柳及桂市南北火車站均設有大會問詢處負責辦理聯絡通訊事項。

九、本部為加强工作効率起見籌備期內根據籌委會辦事細則第廿五條之規定每三天舉行部務會議一次大會期間每日舉行會報一次必要時則由部主任臨時召集之。

十、本部執行一切事務除有特別規定者外悉依照本細則辦理之。

十一、本細則如有未盡善之處隨時提經部務會議修整之。

十二、本細則經籌委會通過後施行之。

卅二年十二月廿五日

西南第一届戏剧展览会招待规程　纵 25cm、横 36.5cm　1943 年 12 月 25 日

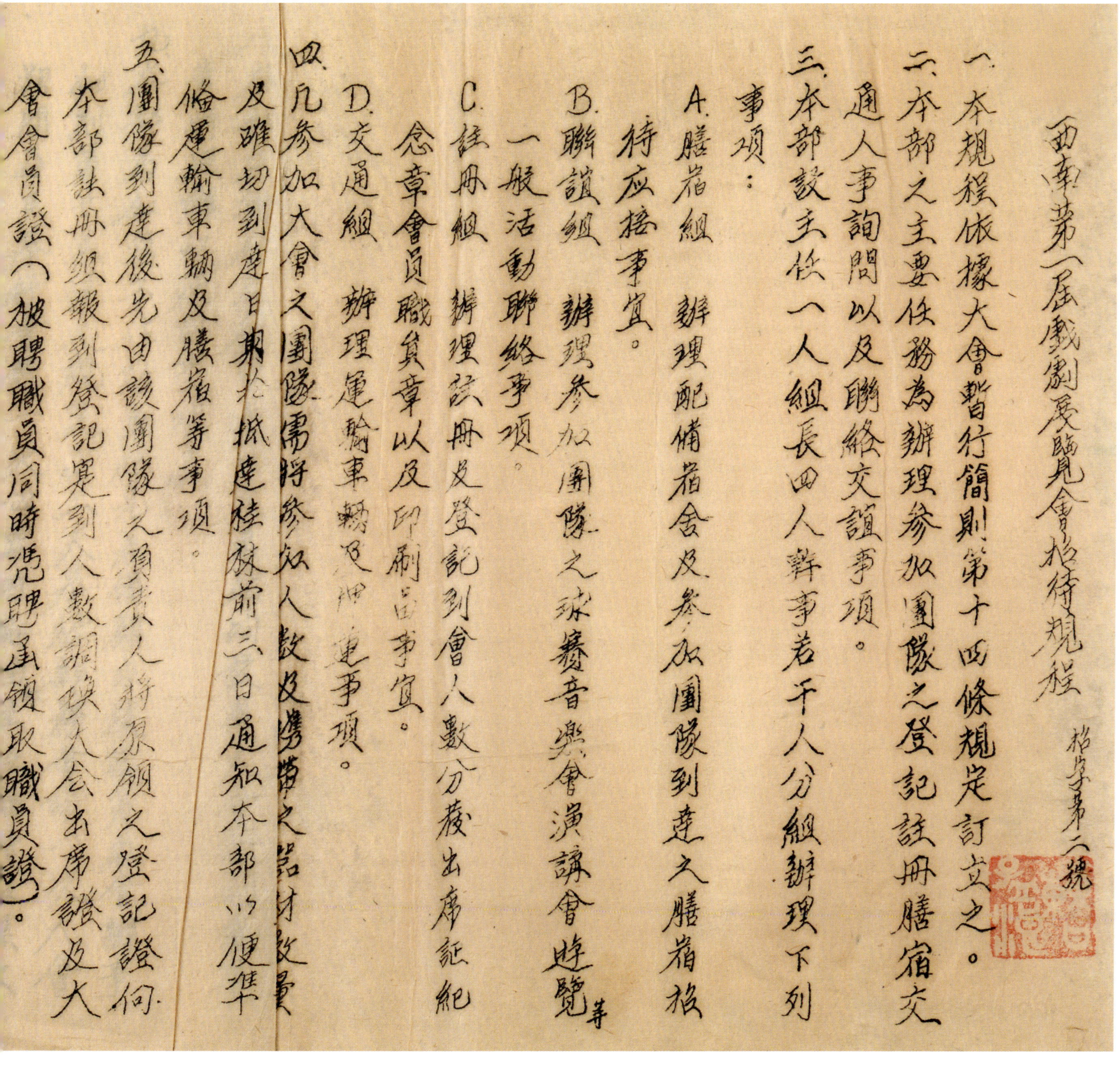

西南第一屆戲劇展覽會招待規程

招字第一號

一、本規程依據大會暫行簡則第十四條規定訂立之。

二、本部之主要任務為辦理參加團隊之登記註冊膳宿交通人事詢問以及聯絡交誼事項。

三、本部設主任一人組長四人辦事若干人分組辦理下列事項：

A.膳宿組　辦理配備宿舍及參加團隊到達之膳宿招待應接事宜。

B.聯誼組　辦理參加團隊之球賽音樂會演講會遊覽等一般活動聯絡事項。

C.註冊組　辦理註冊及登記到會人數分發出席証紀念章會員職員章以及印刷品事宜。

D.交通組　辦理運輸車輛及押運事項。

四、凡參加大會之團隊需將參加人數及攜帶之器材數量及確切到達日期於抵達桂林前三日通知本部以便準備運輸車輛及膳宿等事項。

五、團隊到達後先由該團隊之負責人將原領之登記證向本部註冊須報到登記寔到人數調換大會出席證及大會會員證（被聘職員同時憑聘函領取職員證）。

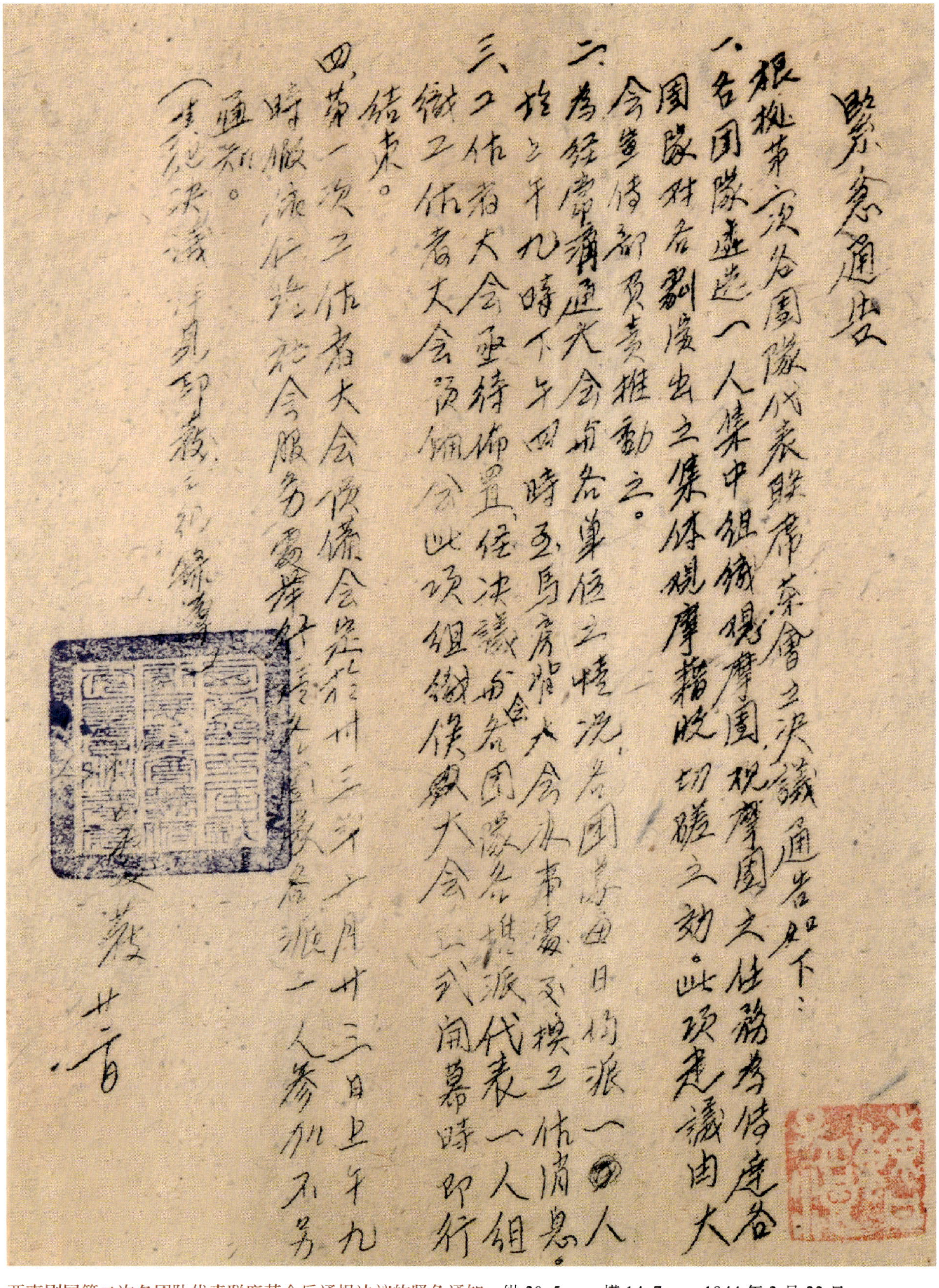
緊急通告

根據第二次各團隊代表聯席茶會之決議通告如下：

一、各團隊應選一人集中組織觀摩團，擔任觀摩團之任務為備應各團隊對各劇展出之集体觀摩，藉收切磋之効。此項建議由大會宣傳部負責推動之。

二、為經常溝通大會與各單位之情況，各團隊每日均派一人於上午九時下午四時至馬房背大會本部處交換工作消息。

三、工作者大會亟待佈置，經決議由各團隊各推派代表一人組織工作者大會籌備會，此項組織俟與大會正式開幕時即行結束。

四、第一次工作者大會預備會定於二月廿三日上午九時假湘桂路社會服務處举行，希各派一人参加，不另通知。

（其總決議詳見印發之記錄）

發 廿二日

西南剧展第二次各团队代表联席茶会后通报决议的紧急通知　纵 20.5cm、横 14.7cm　1944 年 2 月 22 日

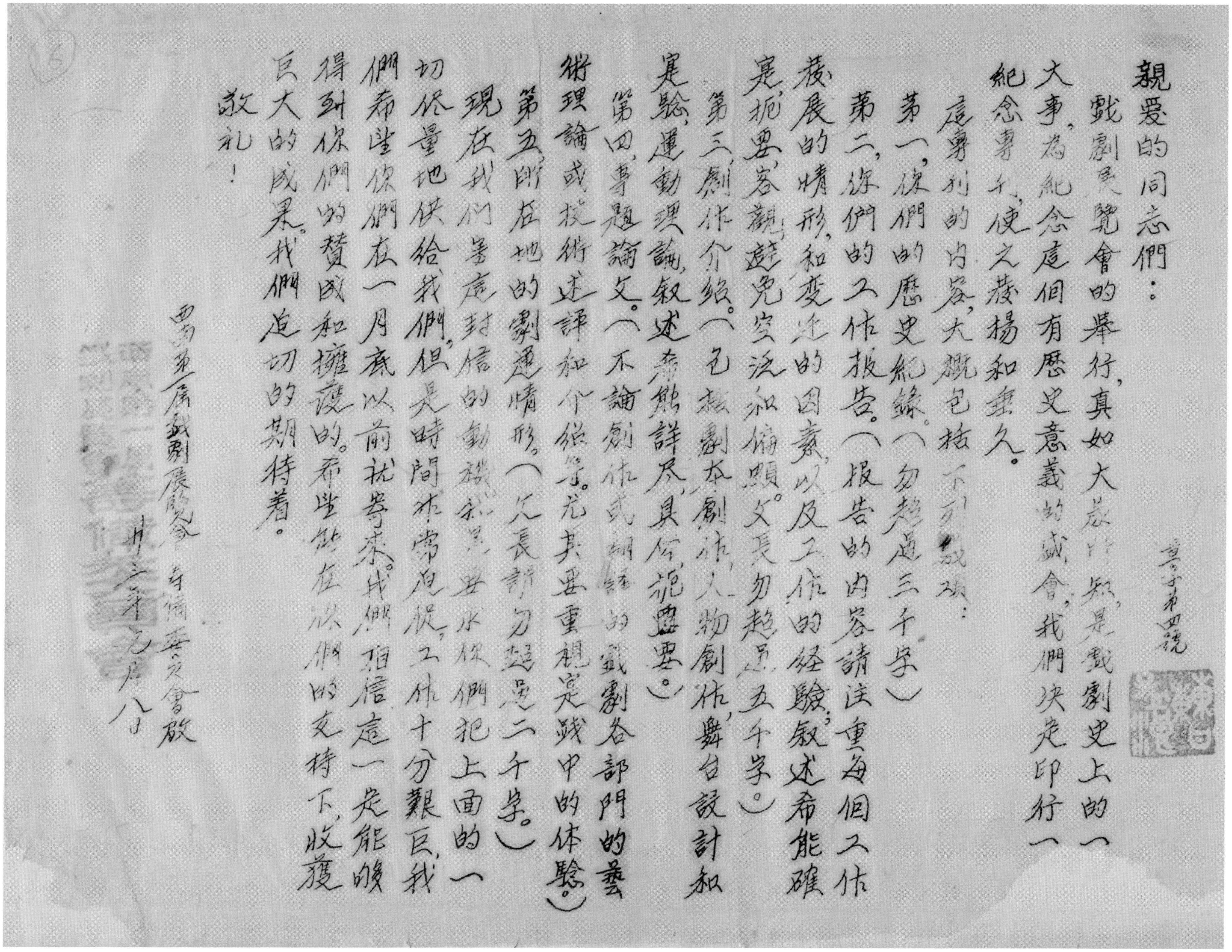

籌字第四號

親愛的同志們：

戲劇展覽會的舉行，真如大家所知，是戲劇史上的一大事，為紀念這個有歷史意義的盛會，我們決定印行一紀念專刊，使之發揚和垂久。

這專刊的内容，大概包括下列幾項：

第一，你們的歷史紀錄。（勿超過三千字）

第二，你們的工作報告。（報告的内容請注重每個工作發展的情形，和變遷的因素，以及工作的經驗，敘述希能確定扼要，客觀，避免空泛和偏頗。文長勿超過五千字。）

第三，劇作介紹。（包括劇本，劇作，人物，創作，舞台設計和實驗，運動理論，敘述希能詳盡，具体扼要。）

第四，專題論文。（不論創作或翻譯的戲劇各部門的藝術理論或技術述評和介紹等。尤其要重視實踐中的体驗。）

第五，所在地的劇運情形。（文長請勿超過二千字。）

現在我們寫這封信的動機和目的，要求你們把上面的一切儘量地供給我們，但是時間非常局促，工作十分艱巨，我們希望你們在一月底以前就寄來。我們相信這一定能夠得到你們的贊成和擁護的。希望就在你們的支持下，收獲巨大的成果。我們迫切的期待着。

敬礼！

西南第一屆戲劇展覽會籌備委員會啟

卅三年元月八日

西南剧展筹委会就印行纪念专刊给同志们的信 纵 23cm、横 29.4cm 1944 年 1 月 8 日

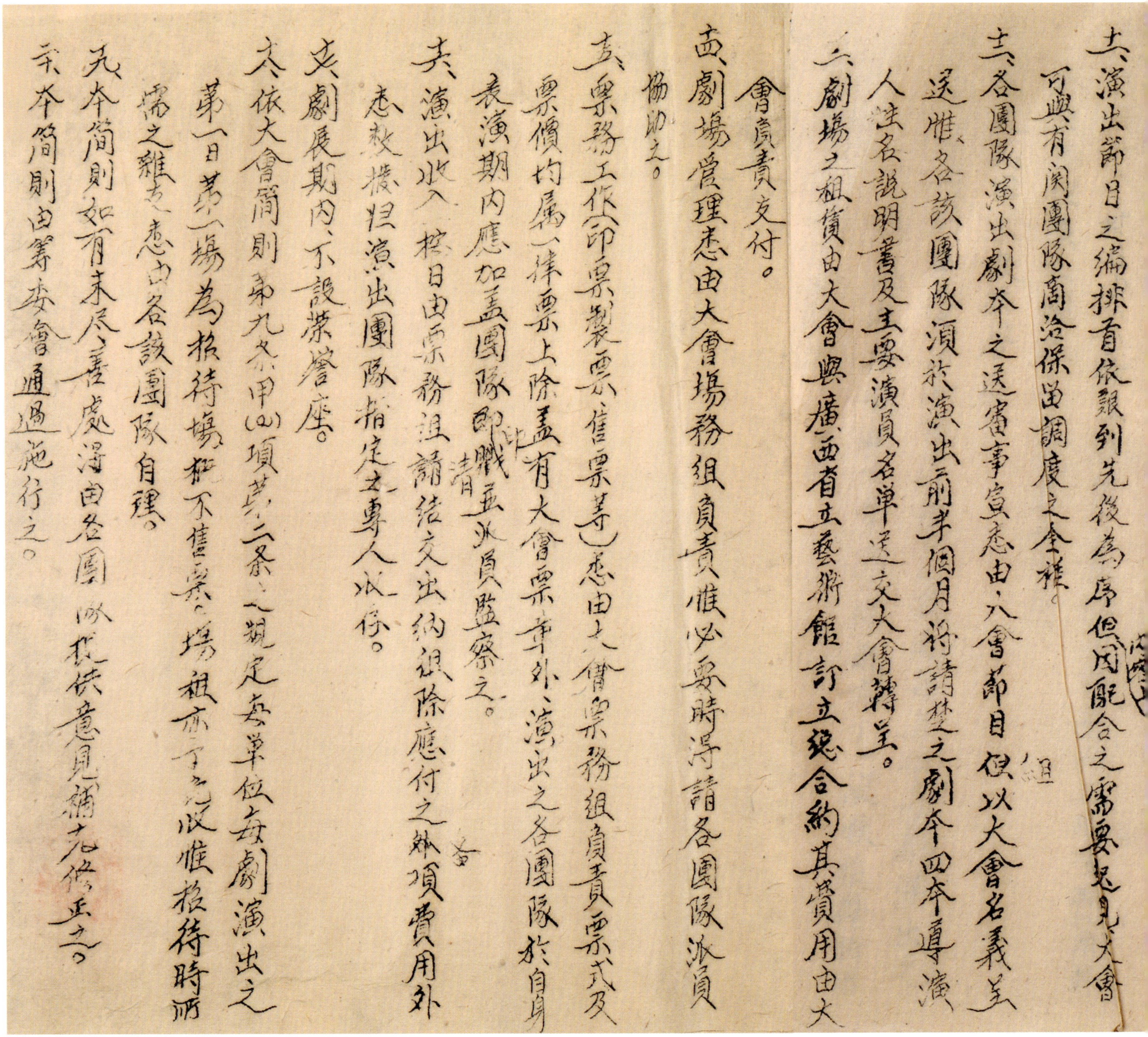

十一、演出節目之編排，首依報到先後為序，但因配合之需要起見，大會可與有關團隊商洽，保留調度之全權。
十二、各團隊演出劇本之送審事宜，悉由大會節目組以大會名義呈送，惟各該團隊須於演出前半個月將清楚之劇本四本、導演人註名說明書及主要演員名單送交大會轉呈。
十三、劇場之租賃由大會與廣西省立藝術館訂立總合約，其費用由大會負責支付。
十四、劇場管理悉由大會場務組負責，惟必要時得請各團隊派員協助之。
十五、票務工作（印票、製票、售票等）悉由大會票務組負責，票式及票價均屬一律，票上除蓋有大會票章外，演出之各團隊於自身表演期內應加蓋團隊印戳，並派員監察之。
十六、演出收入按日由票務組請結交出納組，除應付之各項費用外，悉數撥歸演出團隊指定之專人收存。
十七、劇展期內，不設榮譽座。
十八、依大會簡則第九條甲(四)項第二條之規定，每單位每劇演出之第一日第一場為招待場，招待不售票，其場租亦不收，惟招待時所需之雜支，悉由各該團隊自理。
十九、本簡則如有未盡善處，得由各團隊提供意見補充修正之。
二十、本簡則由籌委會通過施行之。

西南第一届戏剧展览会演出展览规程　纵 22.1cm、横 30.7cm　1944 年

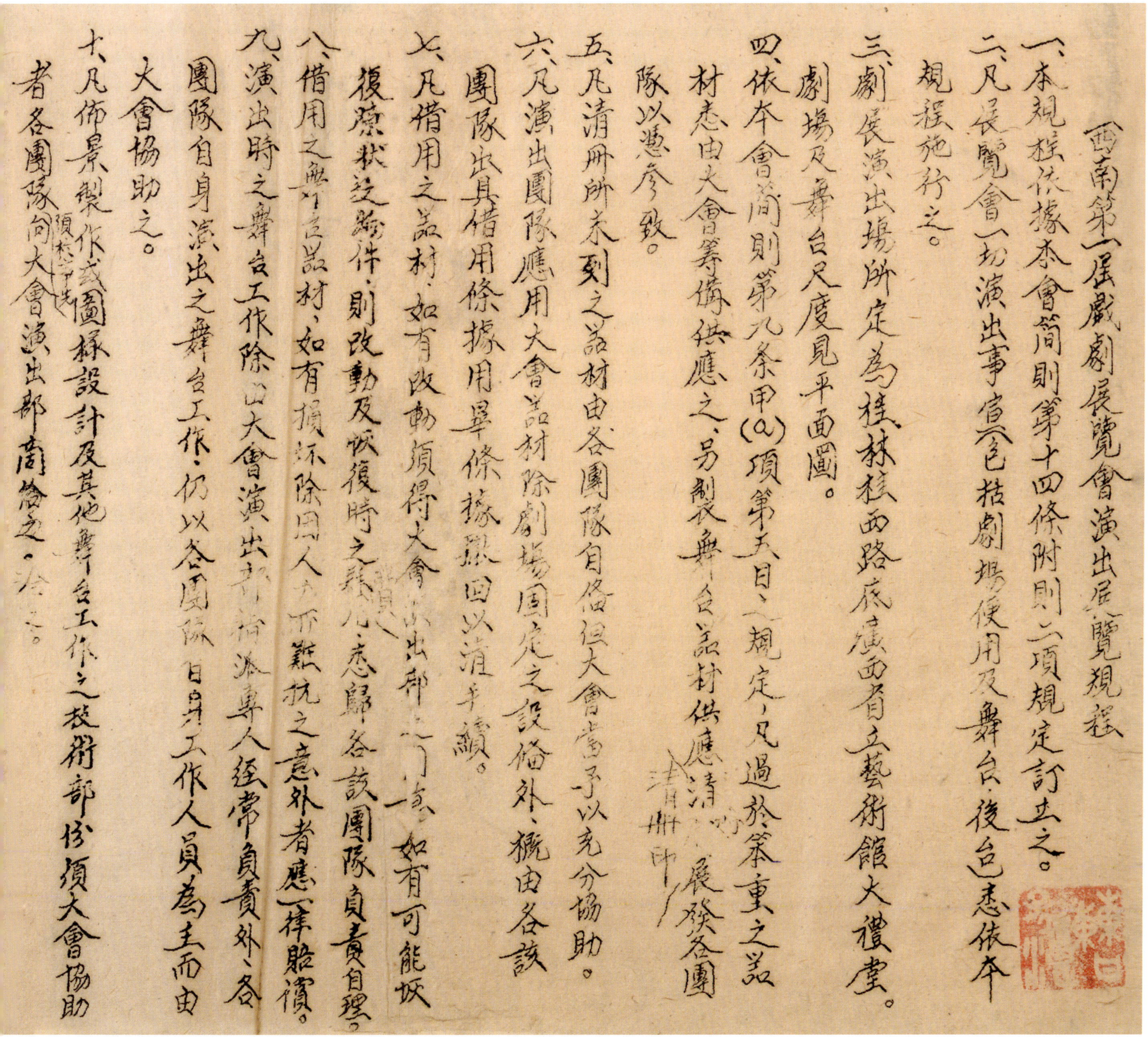

西南第一屆戲劇展覽會演出展覽規程

一、本規程依據本會簡則第十四條附則二項規定訂立之。

二、凡展覽會一切演出事宜（包括劇場使用及舞台、後台）悉依本規程施行之。

三、劇展演出場所定為桂林桂西路廣西省立藝術館大禮堂。劇場及舞台尺度見平面圖。

四、依本會簡則第九條甲（a）項第五目之規定，凡過於笨重之器材悉由大會籌備供應之，另制衣舞台器材供應清冊，展發各團隊以憑參致。

五、凡清冊所未列之器材由各團隊自備，但大會當予以充分協助。

六、凡演出團隊應用大會器材，除劇場固定之設備外，概由各該團隊出具借用條據，用畢條據掣回以清手續。

七、凡借用之器材，如有改動須得大會演出部之同意，如有可能恢復原狀之器件，則改動及恢復時之費用，悉歸各該團隊負責自理。

八、借用之舞台器材，如有損壞，除因人力不可抗之意外者應一律賠償。

九、演出時之舞台工作除由大會演出部指派專人經常負責外，各團隊自身演出之舞台工作，仍以各團隊自身工作人員為主而由大會協助之。

十、凡佈景製作或圖樣設計及其他舞台工作之技術部份須大會協助者，各團隊向大會演出部商洽之。

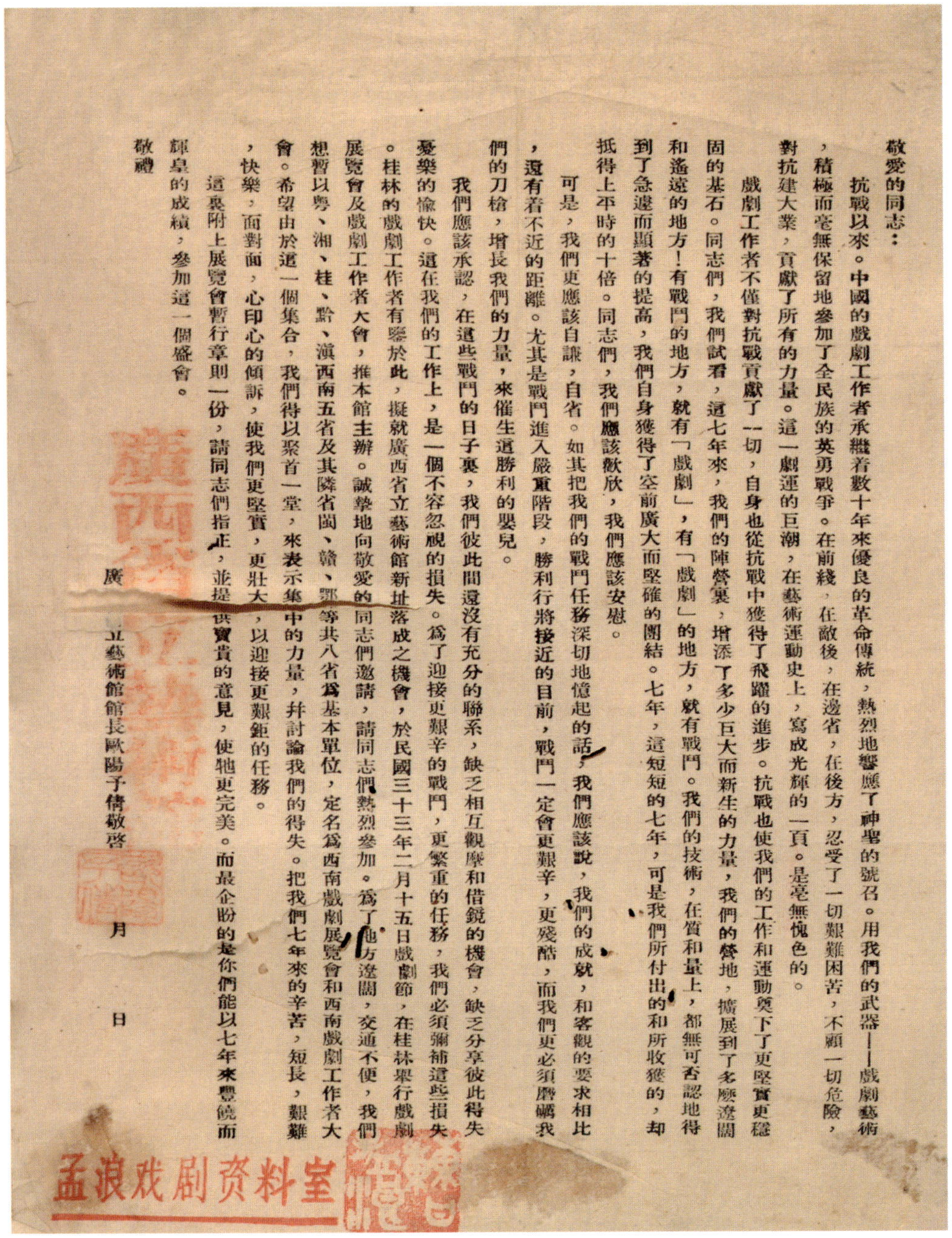

敬愛的同志：

抗戰以來。中國的戲劇工作者承繼着數十年來優良的革命傳統，熱烈地響應了神聖的號召。用我們的武器——戲劇藝術，積極而毫無保留地參加了全民族的英勇戰爭。在前綫，在敵後，在邊省，在後方，忍受了一切艱難困苦，不顧一切危險，對抗建大業，貢獻了所有的力量。這一劇運的巨潮，在藝術運動史上，寫成光輝的一頁。是毫無愧色的。

戲劇工作者不僅對抗戰貢獻了一切，自身也從抗戰中獲得了飛躍的進步。抗戰也使我們的工作和運動奠下了更堅實更穩固的基石。同志們，我們試看，這七年來，我們的陣營裏，增添了多少巨大而新生的力量，我們的營地，擴展到了多麽遼闊和遙遠的地方！有戰鬥的地方，就有「戲劇」，有「戲劇」的地方，就有戰鬥。我們的技術，在質和量上，都無可否認地得到了急遽而顯著的提高，我們自身獲得了空前廣大而堅確的團結。七年，這短短的七年，可是我們所付出的和所收獲的，却抵得上平時的十倍。同志們，我們應該歡欣，我們應該安慰。

可是，我們更應該自謙，自省。如其把我們的戰鬥任務深切地憶起的話，我們應該說，我們的成就，和客觀的要求相比，還有着不近的距離。尤其是戰鬥進入嚴重階段，勝利行將接近的目前，戰鬥一定會更艱辛，更殘酷，而我們更必須磨礪我們的刀槍，增長我們的力量，來催生這勝利的嬰兒。

我們應該承認，在這些戰鬥的日子裏，我們彼此間還沒有充分的聯系，缺乏相互觀摩和借鏡的機會，缺乏分享彼此得失憂樂的愉快。這在我們的工作上，是一個不容忽視的損失。爲了迎接更艱辛的戰鬥，更繁重的任務，我們必須彌補這些損失。桂林的戲劇工作者有鑒於此，擬就廣西省立藝術館新址落成之機會，於民國三十三年二月十五日戲劇節，在桂林舉行戲劇展覽會及戲劇工作者大會，推本館主辦。誠摯地向敬愛的同志們邀請，請同志們熱烈參加。爲了地方遼闊，交通不便，我們想暫以粵、湘、桂、黔、滇西南五省及其隣省閩、贛、鄂等共八省爲基本單位，定名爲西南戲劇展覽會和西南戲劇工作者大會。希望由於這一個集合，我們得以聚首一堂，來表示集中的力量，并討論我們的得失。把我們七年來的辛苦，短長，艱難，快樂，面對面，心印心的傾訴，使我們更堅實，更壯大，以迎接更艱鉅的任務。

這裏附上展覽會暫行章則一份，請同志們指正，並提供寶貴的意見，使牠更完美。而最企盼的是你們能以七年來豐饒而輝皇的成績，參加這一個盛會。

敬禮

廣西省立藝術館館長歐陽予倩敬啓

月　　日

欧阳予倩就西南剧展即将开幕写给戏剧工作者的信

纵 25.2cm、横 17.5cm

1943年广西省立艺术馆在建设中。馆的建立经费是由欧阳予倩各方筹措而得的

纵 6.5cm、横 8.65cm

1943年在建筑艺术馆的工地上，欧阳予倩及夫人合影

纵 7.3cm、横 9.2cm

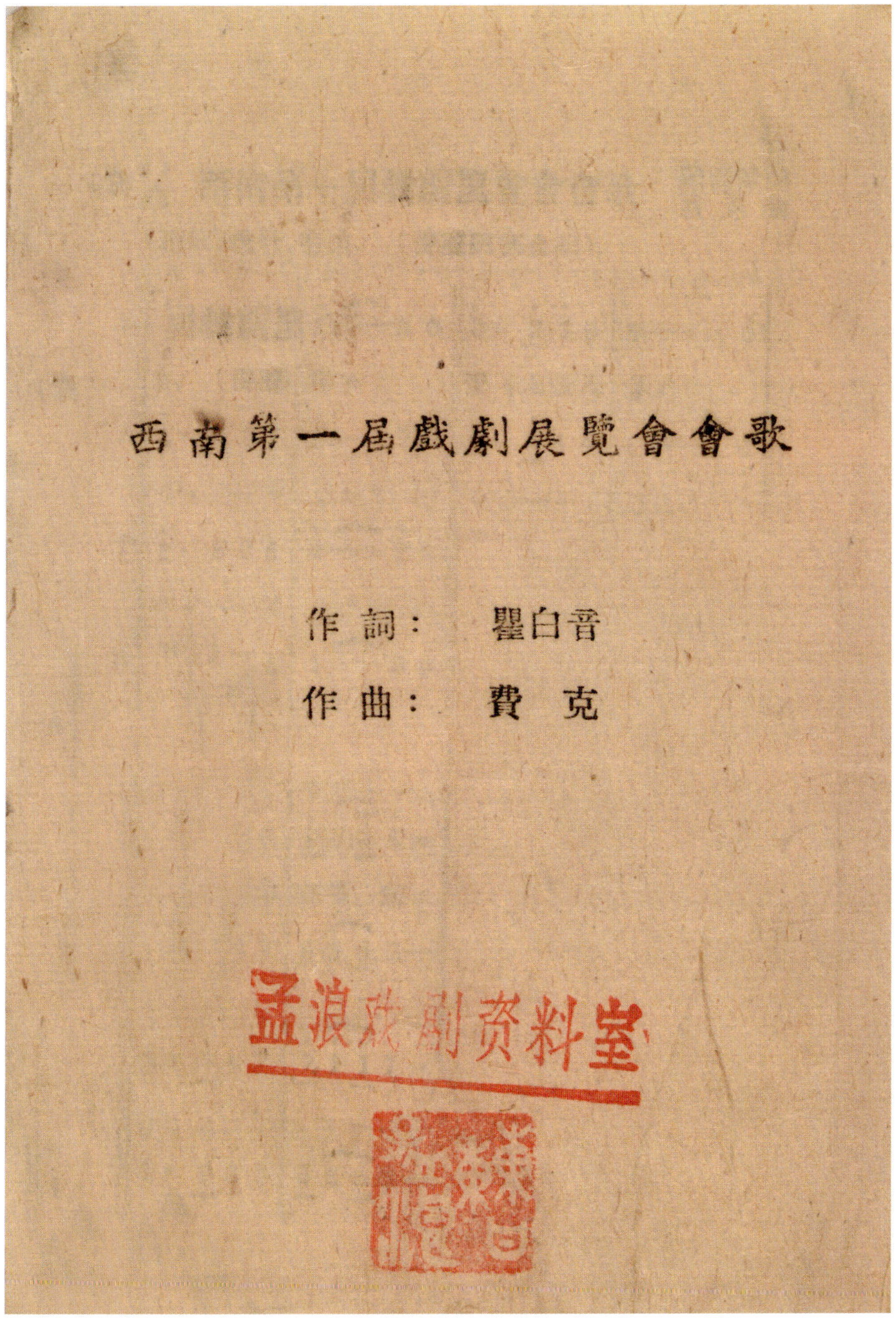
西南第一屆戲劇展覽會會歌

作詞： 瞿白音

作曲： 費 克

《西南第一届戏剧展览会会歌》歌词谱本 纵 17.5cm、横 12.3cm 1944 年 2 月

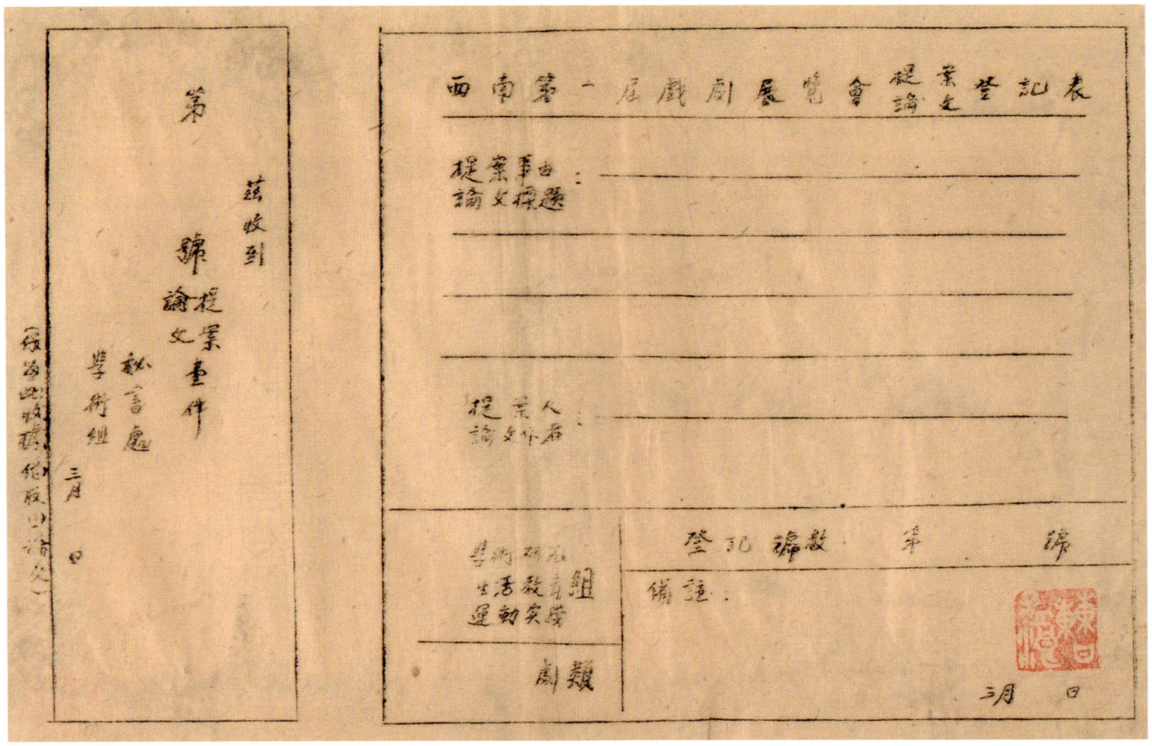

提案论文登记表 纵 19cm、横 29.6cm 1944 年 3 月

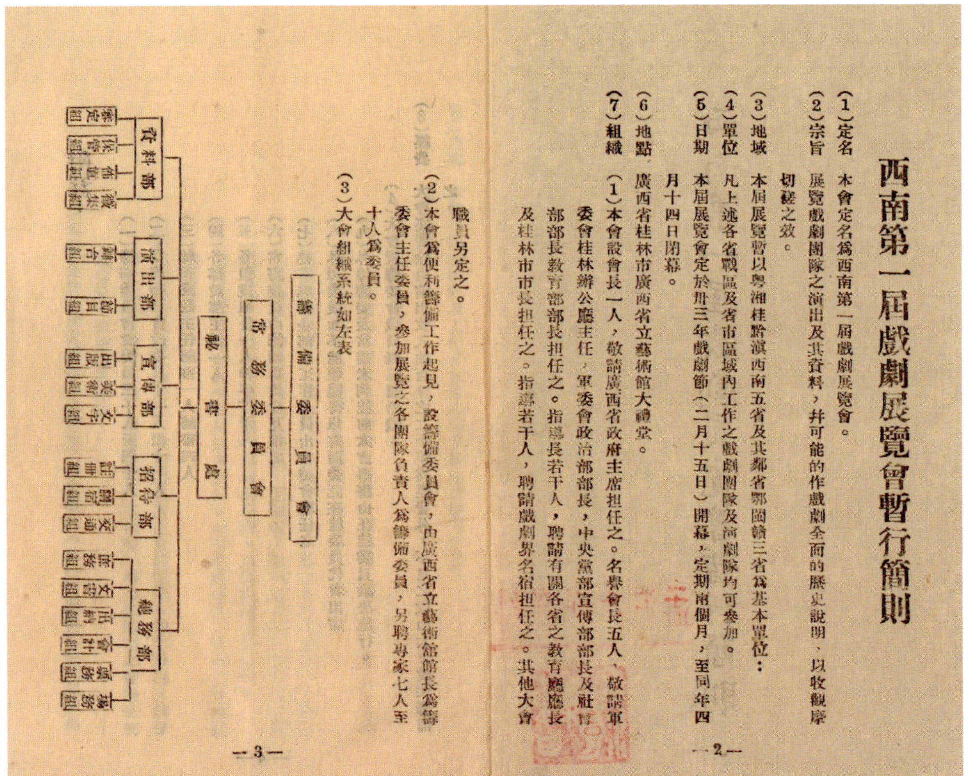

西南第一屆戲劇展覽會暫行簡則

（1）定名 本會定名爲西南第一屆戲劇展覽會。

（2）宗旨 展覽戲劇團隊之演出及其資料，并可能的作戲劇全面的歷史說明，以收觀摩切磋之效。

（3）地域 本屆展覽暫以粤湘桂黔滇西南五省及其鄰省鄂閩贛三省爲基本單位：

（4）單位 凡上述各省戰區及省市區域內工作之戲劇團隊及演劇隊均可參加。

（5）日期 本屆展覽會定於卅三年戲劇節（二月十五日）開幕，定期兩個月，至同年四月十四日閉幕。

（6）地點 廣西省桂林市廣西省立藝術館大禮堂。

（7）組織 （1）本會設會長一人，敬請廣西省政府主席担任之。名譽會長五人，敬請軍委會桂林辦公廳主任，軍委會政治部部長，中央黨部宣傳部部長及社會部部長教育部部長担任之。指導長若干人，聘請有關各省之教育廳廳長及桂林市市長担任之。指導若干人，聘請戲劇界名宿担任之。其他大會職員另定之。

—2—

（2）本會爲便利籌備工作起見，設籌備委員會，由廣西省立藝術館館長爲籌委會主任委員，參加展覽之各團隊負責人爲籌備委員，另聘專家七人至十人爲委員。

（3）大會組織系統如左表

—3—

西南第一届戏剧展览会暂行简则 纵 18.6cm、横 12cm

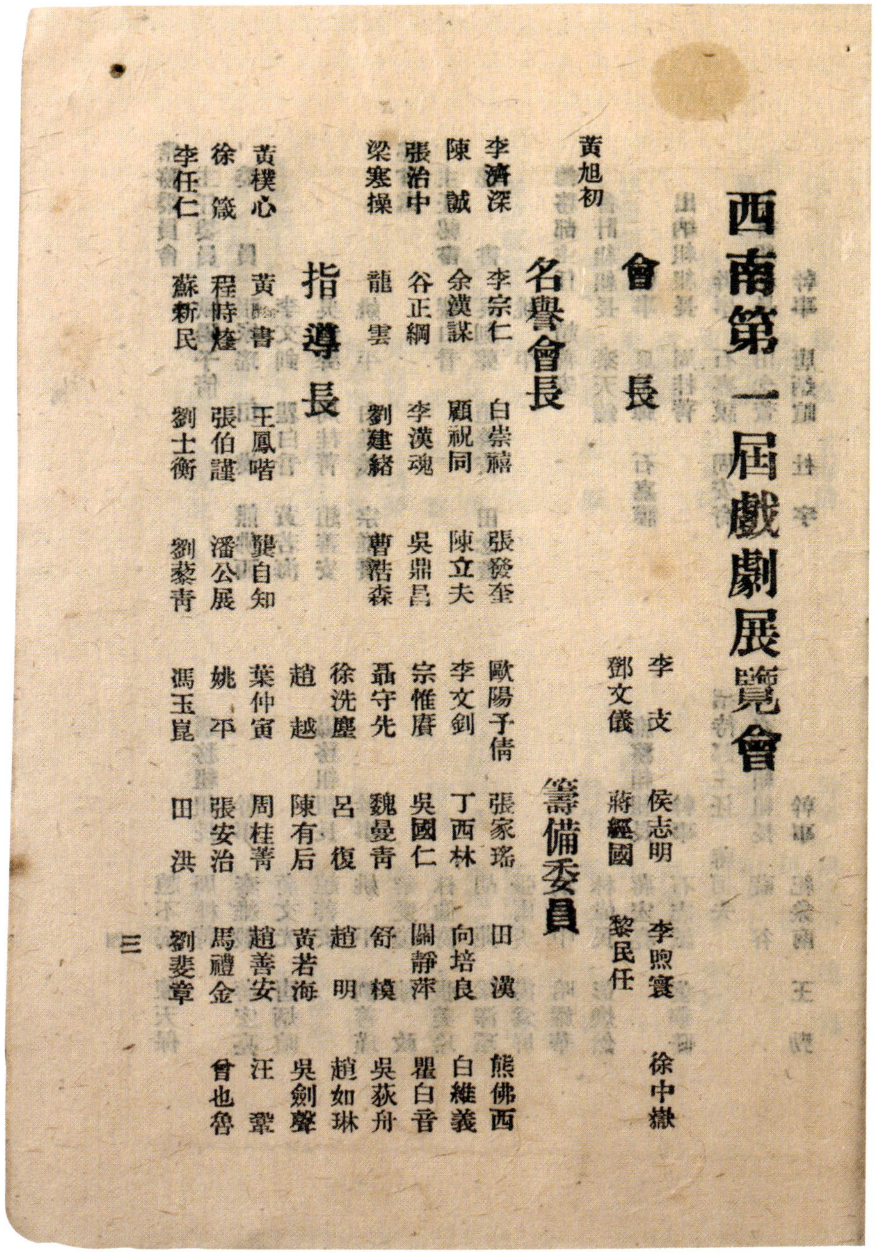

西南第一屆戲劇展覽會

會長

黃旭初

李支　侯志明　李煦寰　徐中嶽

鄧文儀　蔣經國　黎民任

名譽會長

李濟深　李宗仁　白崇禧　張發奎

陳誠　余漢謀　顧祝同　陳立夫

張治中　谷正綱　李漢魂　吳鼎昌

梁寒操　龍雲　劉建緒　曹浩森

指導長

黃樸心　黃[illegible]書　王鳳喈　龔自知

徐箴　程時煃　張伯謹　潘公展

李任仁　蘇新民　劉士衡　劉藜青

籌備委員

歐陽予倩　張家瑤　田漢　熊佛西

李文釗　丁西林　向培良　白維義

宗惟賡　吳國仁　闞靜萍　瞿白音

聶守先　魏曼青　舒模　吳荻舟

徐洗塵　呂復　趙明　趙如琳

趙越　陳有后　黃若海　吳劍聲

葉仲寅　周桂菁　趙善安　汪鞏

姚平　張安治　馬禮金　曾也魯

馮玉崑　田洪　劉斐章

三

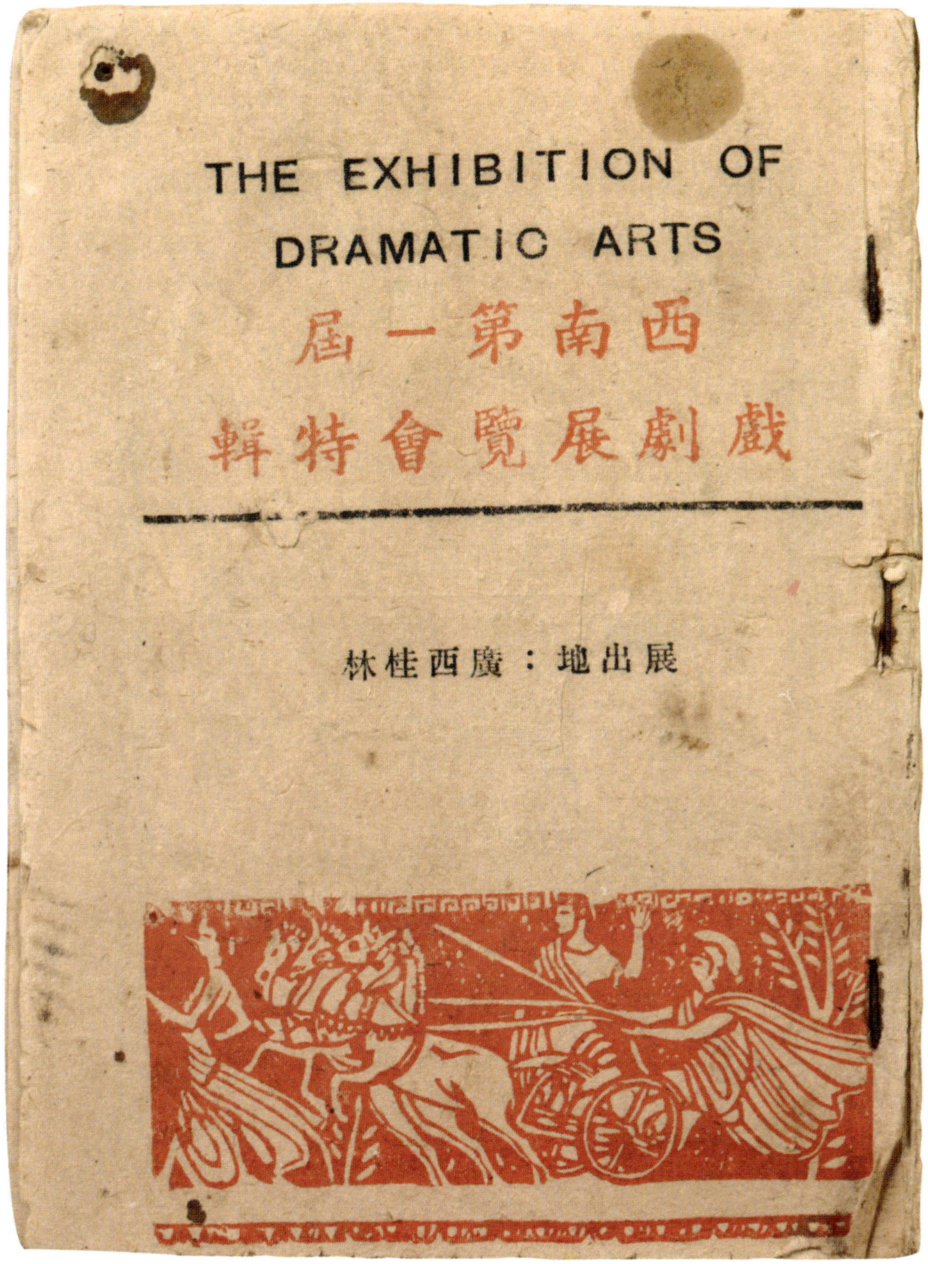

THE EXHIBITION OF DRAMATIC ARTS

西南第一屆戲劇展覽會特輯

展出地：廣西桂林

《西南第一届戏剧展览会特辑》宣传册　纵 17.6cm、横 13.1cm　1944 年

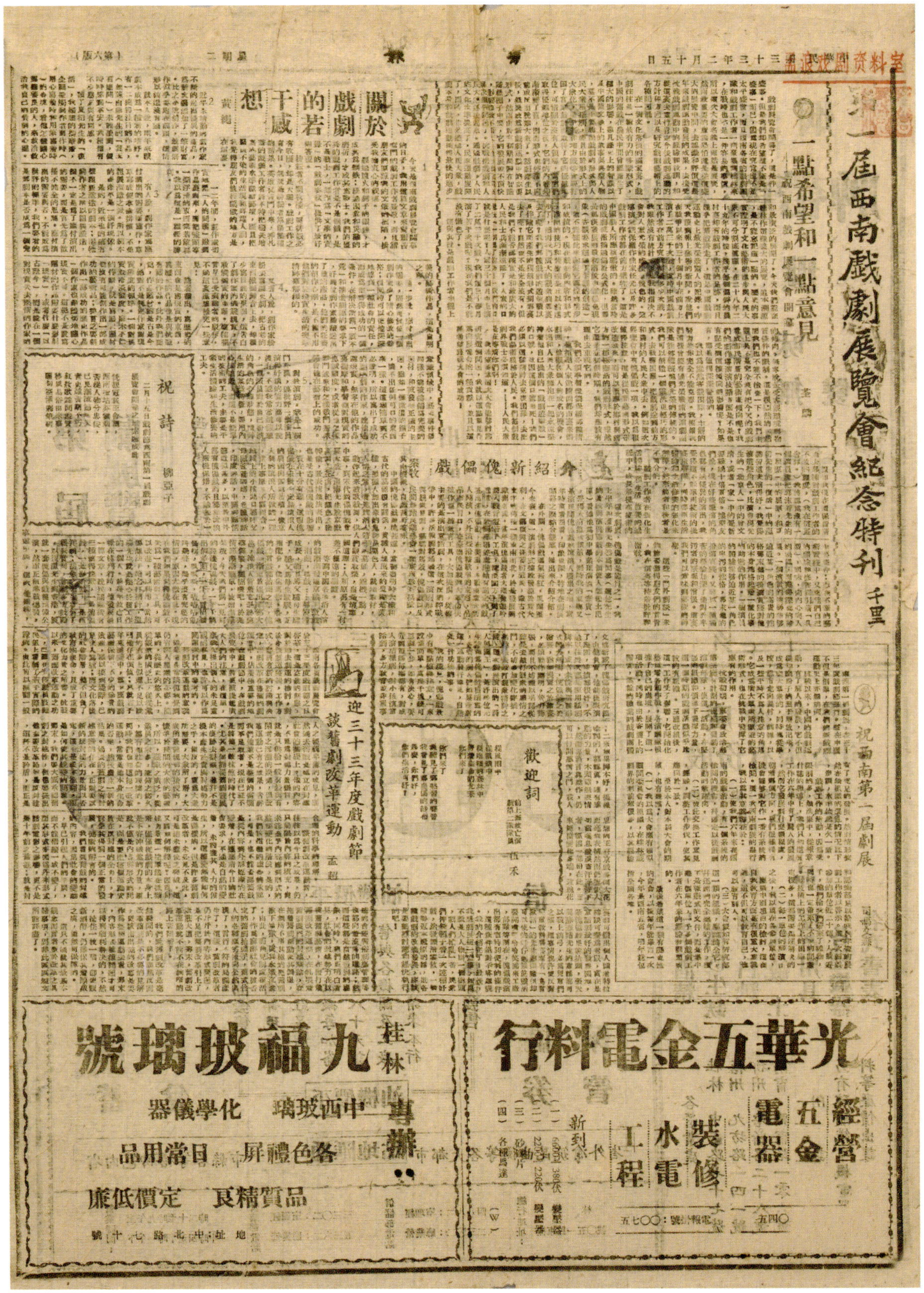
三十三年二月十五日 星期二 （第六版）

第一屆西南戲劇展覽會紀念特刊 千里

一點希望和一點意見

關於戲劇的若干感想

祝詩

介紹新傀儡戲

迎三十三年度戲劇節 談舊劇改革運動

歡迎詞

祝西南第一屆劇展

《力报》第一届西南戏剧展览会特刊　纵 55cm、横 48cm　1944 年 2 月 15 日

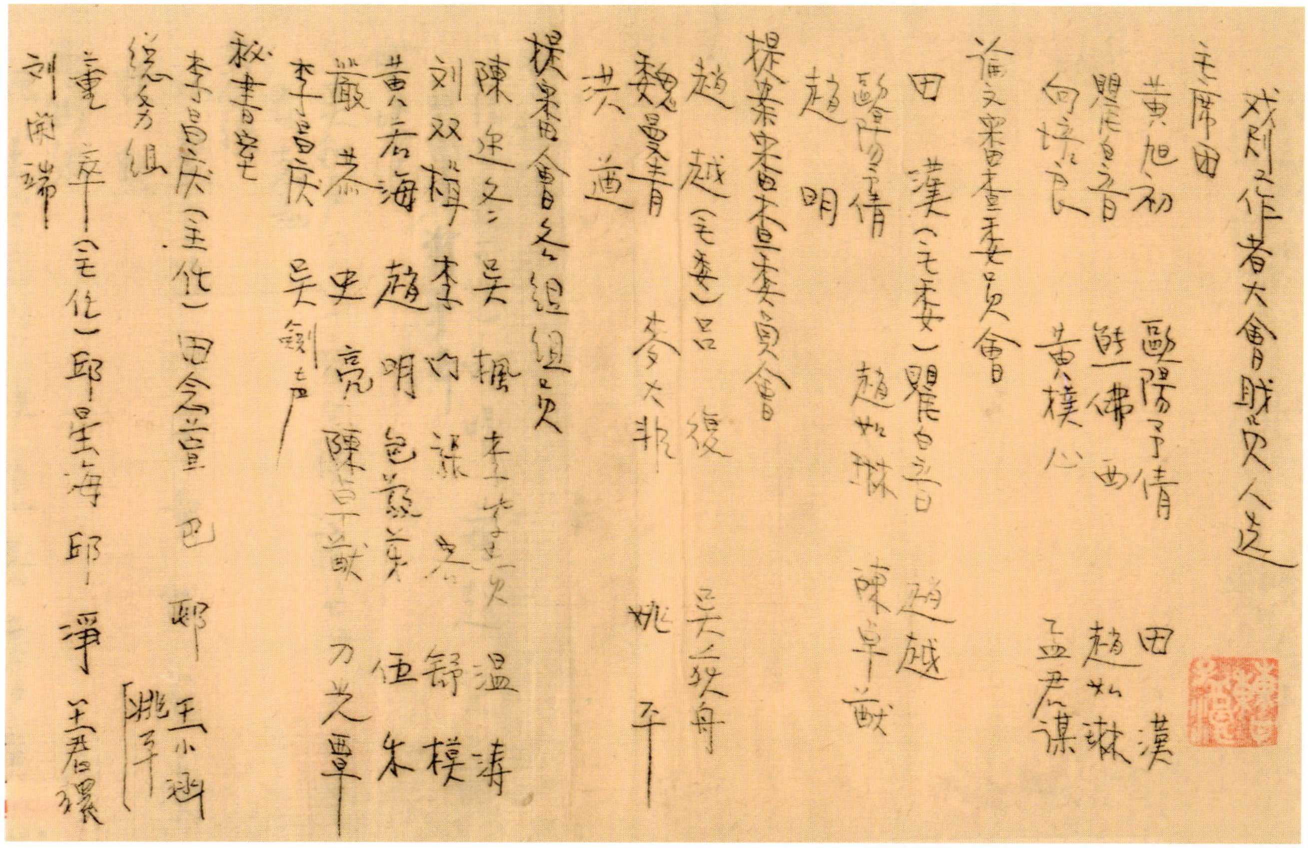

戏剧工作者大會職员人选

主席团

黄旭初 欧阳予倩 田汉

瞿白音 熊佛西 赵如琳

向培良 黄模心 孟君谋

论文審查委员會

田汉（主委） 瞿白音 赵越

欧阳予倩 赵如琳 陈卓猷

赵明

提案審查委员會

赵越（主委） 吕复 吴荻舟

魏曼青 李文钊 姚平

洪遒

提案會各组组员

陈迩冬 吴[illegible] 李紫贵 温涛

刘双[illegible] 李门 张客 舒模

黄若海 赵明 包蕾 伍禾

严恭 史亮 陈卓猷 力之章

李昌庚 吴剑声

秘书室

李昌庚（主任） 田念萱 巴耶 王小涵 姚平

总务组

董辛（主任） 邱星海 邱争 王春環

刘闳端

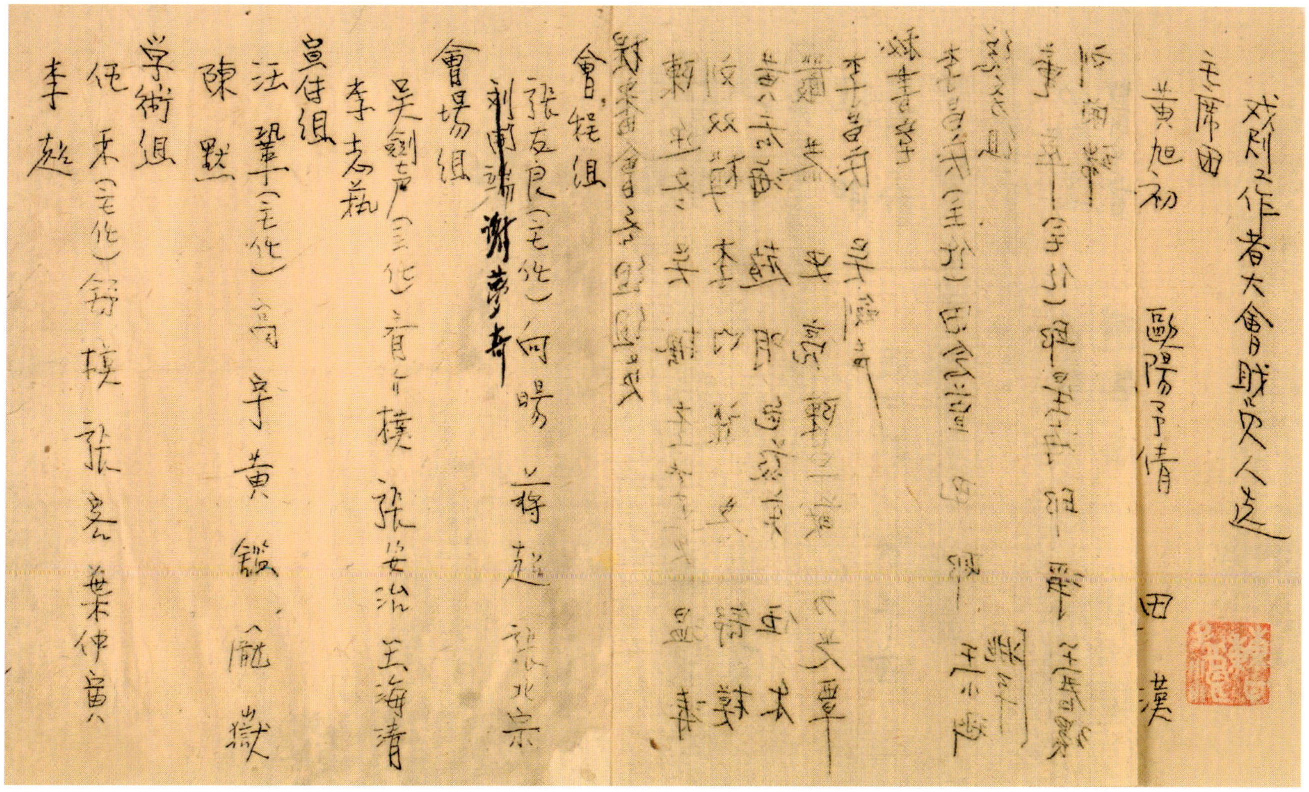

戏剧工作者大會職员人选

主席团

黄旭初 欧阳予倩 田汉

會程组

张友良（主任） 向阳 [illegible] 张北宗

刘闳端 谢蓉奇

會场组

吴剑声（主任） 育模 张安治 王海清

李志[illegible]

宣传组

法辛（主任） 高辛 黄钺 [illegible]獄

陈默

学术组

任禾（主任） 舒模 张客 叶仲寅

李超

戏剧工作者大会职员人选　纵 20.5cm、横 30.5cm

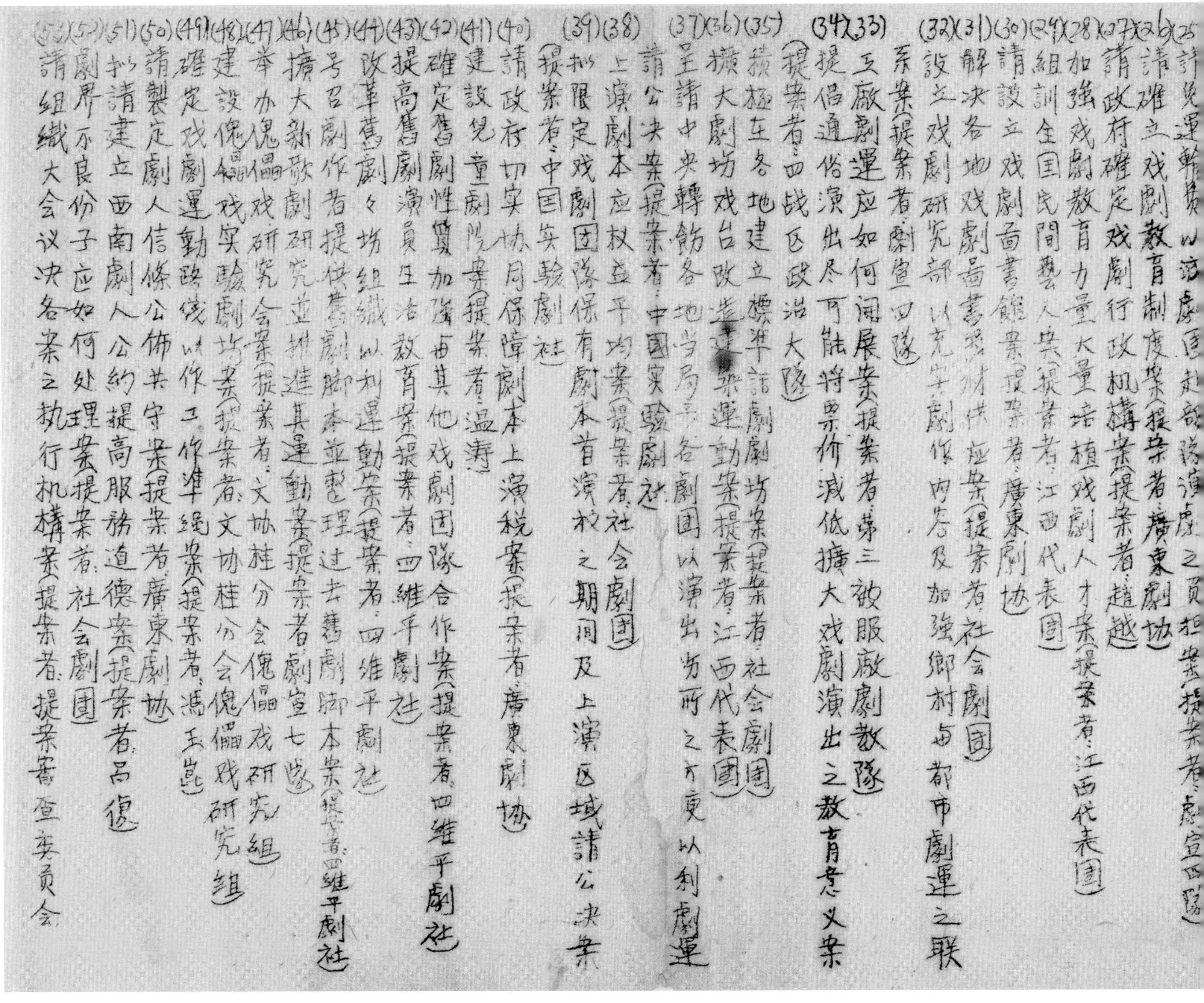
(25)請免運輸費以資劇团赴部隊演出之負担案（提案者：劇宣四隊）
(26)請確立戏劇教育制度案（提案者：廣東劇協）
(27)請政府確定戏劇行政机構案（提案者：趙越）
(28)加強戏劇教育力量大量培植戏劇人才案（提案者：江西代表团）
(29)組訓全国民間藝人案（提案者：江西代表团）
(30)請設立戏劇图書館案（提案者：廣東劇協）
(31)解决各地戏劇图書照材供应案（提案者：社会劇团）
(32)設立戏劇研究部以充实劇作内容及加強鄉村与都市劇運之联系案（提案者：劇宣四隊）
(33)工廠劇運应如何開展案（提案者：第三被服廠劇教隊）
(34)提倡通俗演出尽可能將票价减低擴大戏劇演出之教育意义案（提案者：四战区政治大隊）
(35)積極在各地建立標準話劇劇坊案（提案者：社会劇团）
(36)擴大劇坊戏台改造建築運動案（提案者：江西代表团）
(37)呈請中央轉飭各地当局予各劇团以演出场所之方便以利劇運請公决案（提案者：中国实驗劇社）
(38)上演劇本应权益平均案（提案者：社会劇团）
(39)拟限定戏劇团隊保有劇本首演权之期間及上演区域請公决案（提案者：中国实驗劇社）
(40)請政府切实协同保障劇本上演税案（提案者：廣東劇協）
(41)建設兒童劇院案（提案者：温涛）
(42)確定舊劇性質加強与其他戏劇团隊合作案（提案者：四維平劇社）
(43)提高舊劇演員生活教育案（提案者：四維平劇社）
(44)改革舊劇々坊組織以利運動案（提案者：四維平劇社）
(45)号召劇作者提供舊劇脚本並整理过去舊劇脚本案（提案者：四維平劇社）
(46)擴大新歌劇研究並推進其運動案（提案者：劇宣七隊）
(47)举办傀儡戏研究会案（提案者：文协桂分会傀儡戏研究組）
(48)建設傀儡戏实驗劇坊案（提案者：文协桂分会傀儡戏研究組）
(49)確定戏劇運動路綫以作工作準繩案（提案者：馮玉崑）
(50)請製定劇人信條公佈共守案（提案者：廣東劇協）
(51)拟請建立西南劇人公約提高服務道德案（提案者：呂復）
(52)劇界不良份子应如何处理案（提案者：社会劇团）
(53)請組織大会议决各案之執行机構案（提案者：提案審查委员会）

剧工大会上各团队及个人提案的汇总记录　纵 21.6cm、横 51cm　1944 年

西南戏劇工作者大會各团隊及個人提案

(1) 組織中華戏劇协会案（提案者：江西代表团）
(2) 請建立西南劇運中心案（提案者：廣東劇協）
(3) 拟請在桂林組設中华戏劇协会西南分会案（提案者：田漢）
(4) 為加強西南各地戏劇团体及全体工作同志间之联系拟請組織中華戏劇抗敌协会西南分会並從速派員負責工作[illegible]
(5) 应否組織戏劇协会西南分会案（提案者：第三被服厰劇教隊）
(6) 各团隊应联合在桂林设立通訊机構案（提案者：廣西藝術館戏劇部）
(7) 如何建立各地劇運之联系案（提案者：社会劇团）
(8) 請由本会各戏劇团隊於卅三年度内出發到前方各部隊及鄉村進行普遍而又深入之劇宣工作案（提案者：四战区政治大隊）
(9) 以大会名义函請全國各戏劇团体積極籌備卅四年度戏劇工作者年会案（提案者：四战区政治大隊）
(10) 請求政府免除話劇捐税以利劇運案（提案者：中國实驗劇社）
(11) 請求政府豁免話劇娛樂捐案（提案者：廣東劇協）
(12) 請政府准予話劇豁免一切娛樂捐案（提案者：四战区政治大隊）
(13) 請改善劇本出版及演出檢查制度案（提案者：廣東劇協）
(14) 加強戏劇工作獎勵案（提案者：江西代表团）
(15) 請褒揚抗战殉國殉職劇人並予以撫卹案（提案者：田漢）
(16) 拟請籌募劇人貧病補助金死亡撫卹金案（提案者：田漢）
(17) 請設立劇人病院案（提案者：廣東協劇）
(18) 拟兴办劇人医院並附設托兒所請公决案（提案者：中國实驗劇社）
(19) 請提高劇人待遇案（提案者：廣東劇協）
(20) 請確定戏劇工作者[illegible]役及征用办法案（提案者：廣東劇协）
(21) 呈請政府以优待新聞界先例予民众自組之職業劇团備价領購公米以减輕職業劇团之生活負担而利工作請公决案（提案者：中國实驗劇社）
(22) 為普及劇教提高劇運之社会地位請教育部划定戏劇教育[illegible]案（提案者：劇宣四隊）
(23) 請撥文勞經費与各政工单位以廣劇運案（提案者：劇宣一四隊）
(24) 增設演劇宣傳隊以充实部隊之宣傳与教育案（提案者：劇宣四隊）

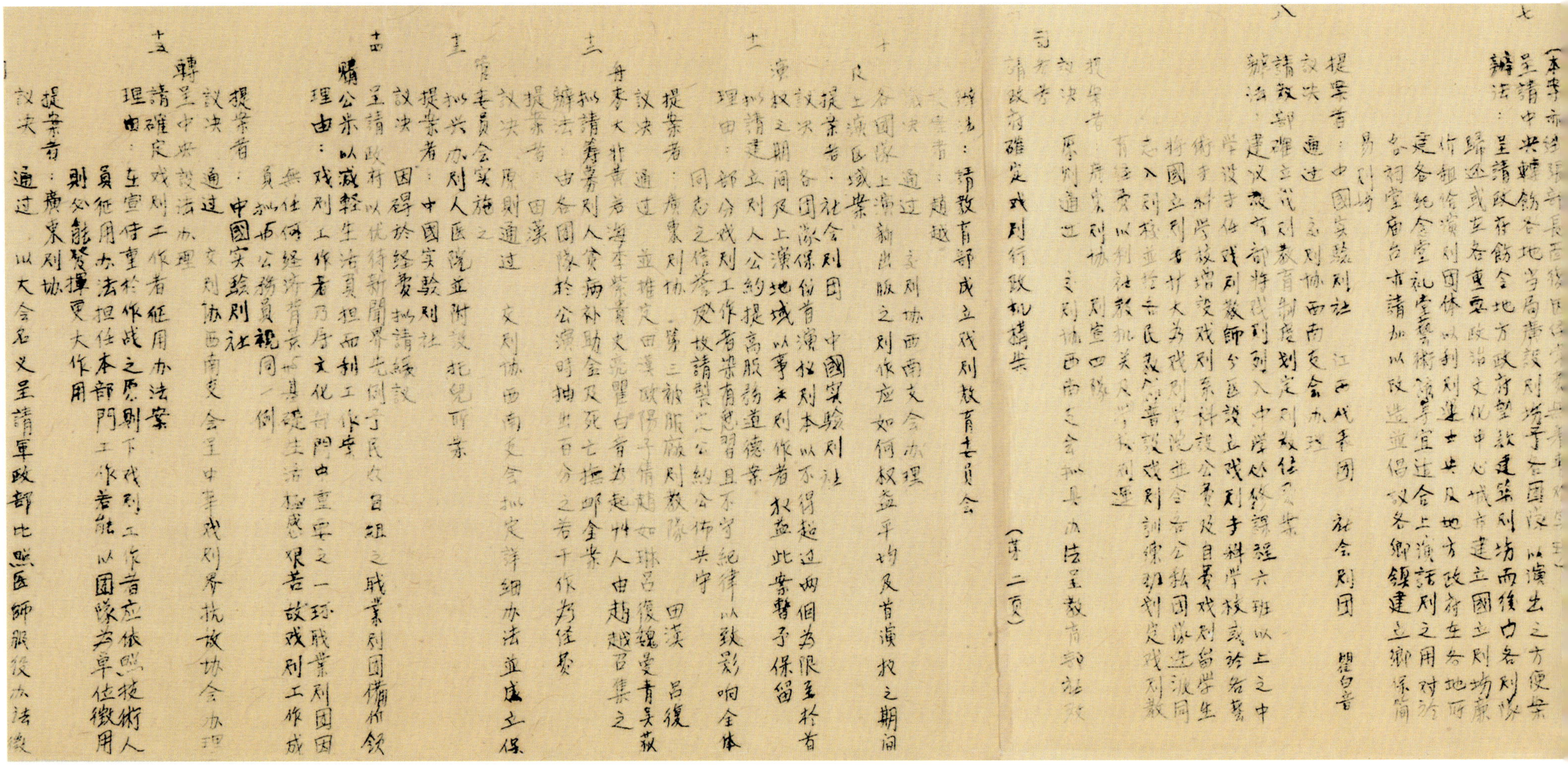

西南第一届戏剧展览会戏剧工作者大会议案讨论记录（之一） 纵 22.1cm、横 182.1cm 1944 年 3 月 11 日

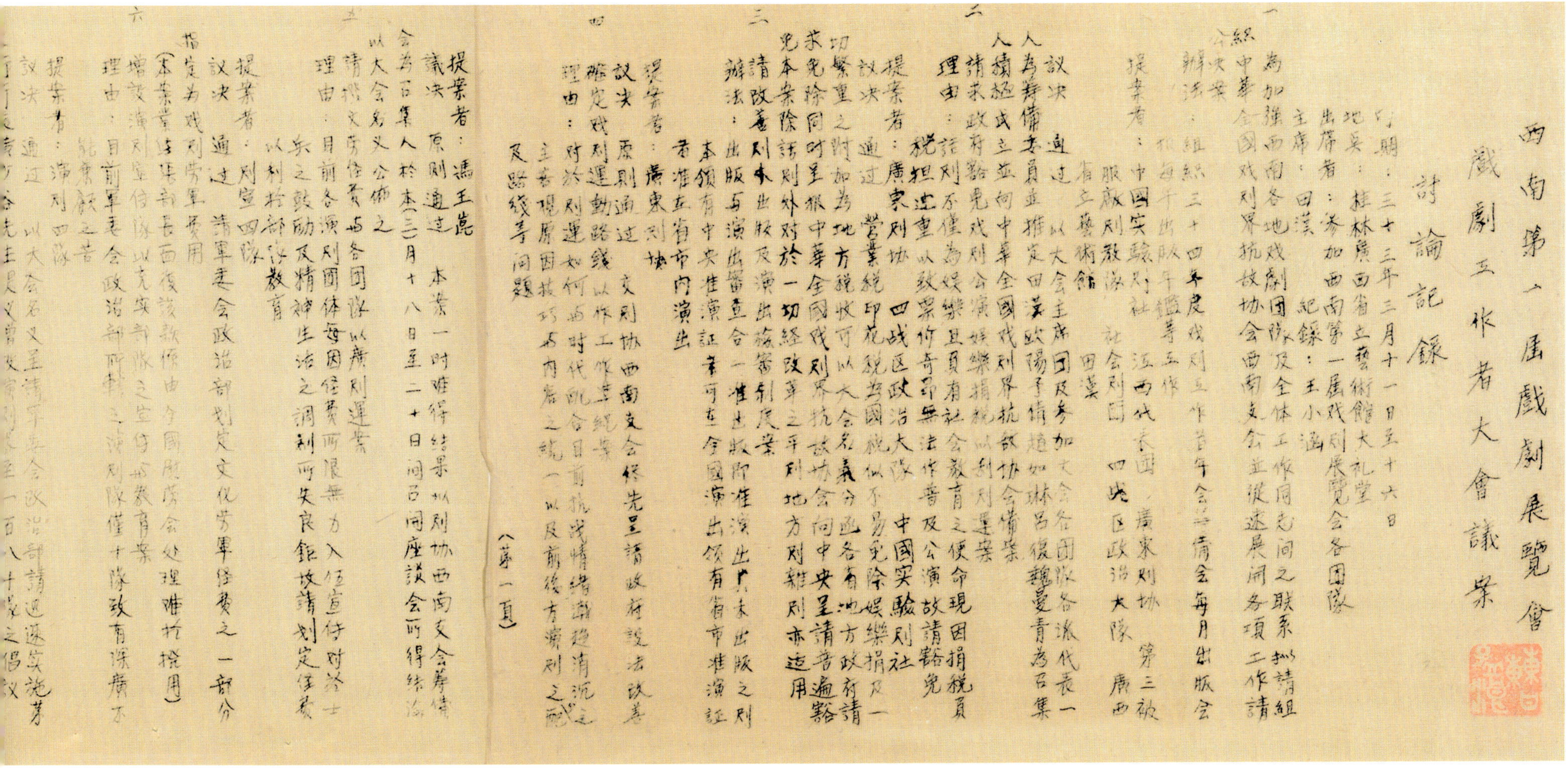

西南第一届戲劇展覽會
戲劇工作者大會議案
討論記錄

日期：三十三年三月十一日至十六日
地点：桂林廣西省立藝術館大礼堂
出席者：参加西南第一届戏剧展覽会各团隊
主席：田漢　紀録：王小涵

一 為加強西南各地戏劇团隊及全体工作同志间之联系擬請組織中華全国戏剧界抗敌协会西南支会並從速展開各項工作請公决案
辦法：組織三十四年度戏剧工作者年会並筹備会每月出版会抄每年出版年鑑等工作
提案者：中國实驗剧社　江西代表团、廣東剧协　第三服廠剧教隊　社会剧团　四战区政治大隊　廣西省立藝術館　田漢
議決　通过　以大会主席团及参加大会各团隊各派代表一人為筹備委員並推定田漢欧陽予倩趙如琳吕復魏曼青為召集人積極成立並向中華全國戏剧界抗敌协会備案

二 請求政府豁免戏剧公演娛樂捐税以利剧運案
理由：話剧不僅為娛樂且負有社会教育之使命現因捐税負担过重以致票价奇昂無法作普及公演故請豁免
提案者：廣東剧协　四战区政治大隊　中國实驗剧社
議決　通过　營業税印花税為國税似不易免除娛樂捐及一切繁重之附加為地方税收可以大会名義分函各有地方政府請求免除同时呈报中華全國戏剧界抗敌协会向中央呈請普遍豁免本案除話剧外对於一切経改革之平剧地方剧雜剧亦適用

三 請改善剧本出版及演出審查制度案
辦法：出版与演出審查合一准出版即准演出其未出版之剧本須有中央准演証者可在全國演出領有省市准演証者准在省市内演出
提案者：廣東剧协
議決　原則通过　文剧协西南支会俟先呈請政府設法改善

四 確定戏剧運動路綫以作工作準綫案
理由：对於剧運如何与时代配合目前抗戰情緒澄清沉迷之主要視原因技巧与内容之統一以及前後方演剧之配及路綫等問題

（第一頁）

提案者：馮王崑
議決　原則通过　本案一时难得結果似剧协西南支会筹備会為召集人於本（三）月十八日至二十日间召开座談会所得結論以大会名义公佈之

五 請撥文劳經費与各团隊以廣剧運案
理由：目前各演剧团体每因经费所限無力入伍宣传对於士兵之鼓励及精神生活之调剂所失良能故請划定经费以利於部隊教育
提案者：剧宣四隊
議決　通过　請軍委会政治部划定文化劳軍经费之一部分指定为戏剧劳軍费用
（本案業经集部長面復該款係由今國慰劳会处理唯於撥用）

六 增設演剧宣传隊以充实部隊之宣传与教育案
理由：目前軍委会政治部所轄之演剧隊僅十隊致有深廣不能普及之苦
提案者：演剧四隊
議決　通过　以大会名义呈請軍委会政治部請迅速实施芳
……向各先生提议曾改演剧隊至一百八十隊之倡议

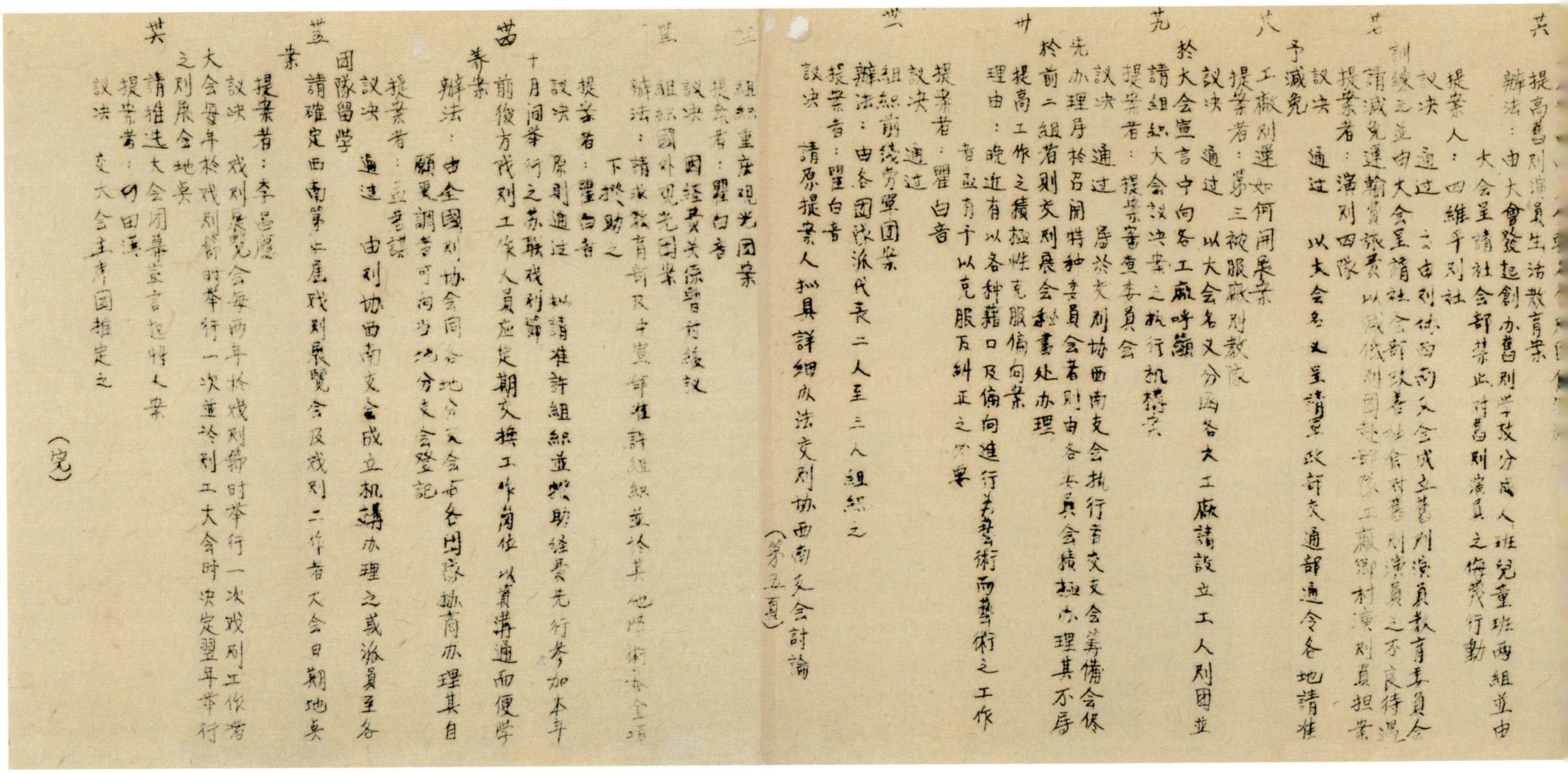

廿六　提高旧剧演員生活教育案
辦法：由大會發起創办旧剧学校分成人班兒童班兩組並由大会呈請社会部禁止对旧剧演員之侮蔑行動
提案人：四維平剧社
議決：通过　交由剧协西南支会成立旧剧演員教育委員会訓練之並由大会呈請社会部改善社会对旧剧演員之不良待遇

廿七　請減免運輸費旅費以減低剧团赴部隊工厰鄉村演剧負担案
提案者：演剧四隊
議決：通过　以大会名义呈請軍政部交通部通令各地請准予減免

廿八　工厰剧運如何開展案
提案者：第三被服厰剧教隊
議決：通过　以大会名义分函各大工厰請設立工人剧团並於大会宣言中向各工厰呼籲

廿九　請組織大会議決案之執行机構案
提案者：提案審查委員会
議決：通过　應於剧协西南支会執行首文支会籌備会係先办理身於召開特种委員会者則由各委員会積極办理其不屬於前二組者則交剧展会秘書处办理

卅　提高工作之積極性克服偏向案
理由：晚近有以各种藉口及偏向進行为艺術而艺術之工作者亟有予以克服及糾正之必要
提案者：瞿白音
議決：通过

卅一　組織前綫劳軍团案
辦法：由各团隊派代表二人至三人組織之
提案者：瞿白音
議決：請原提案人拟具詳細办法交剧协西南支会討論

（第五頁）

卅二　組織重庆观光团案
提案者：瞿白音
議決：因经费关係暫行緩议

卅三　組織國外觀光团案
辦法：請求教育部及中宣部准許組織並於其他學術[illegible]下撥助之
提案者：瞿白音
議決：原則通过　拟請准許組織並補助經費先行参加本年十月間舉行之蘇聯戏剧節

卅四　前後方戏剧工作人員應定期交換工作崗位以資溝通而便学养案
辦法：由全國剧协会同各地分支会与各团隊協商办理其自願更調者可向当地分支会登記
提案者：孟君謀
議決：通过　由剧协西南支会成立机構办理之或派員至各团隊留学

卅五　請確定西南第二届戏剧展覽会及戏剧工作者大会日期地点案
提案者：李昌慶
議決：戏剧展覽会每两年於戏剧節时举行一次戏剧工作者大会每年於戏剧節时举行一次並於剧工大会时決定翌年举行之剧展会地点

卅六　請推选大会閉幕宣言起草人案
提案者：田漢
議決：交大会主席团指定之

（完）

西南第一届戏剧展览会戏剧工作者大会议案讨论记录（之二）　纵 22.1cm、横 182.1cm　1944 年 3 月 11 日

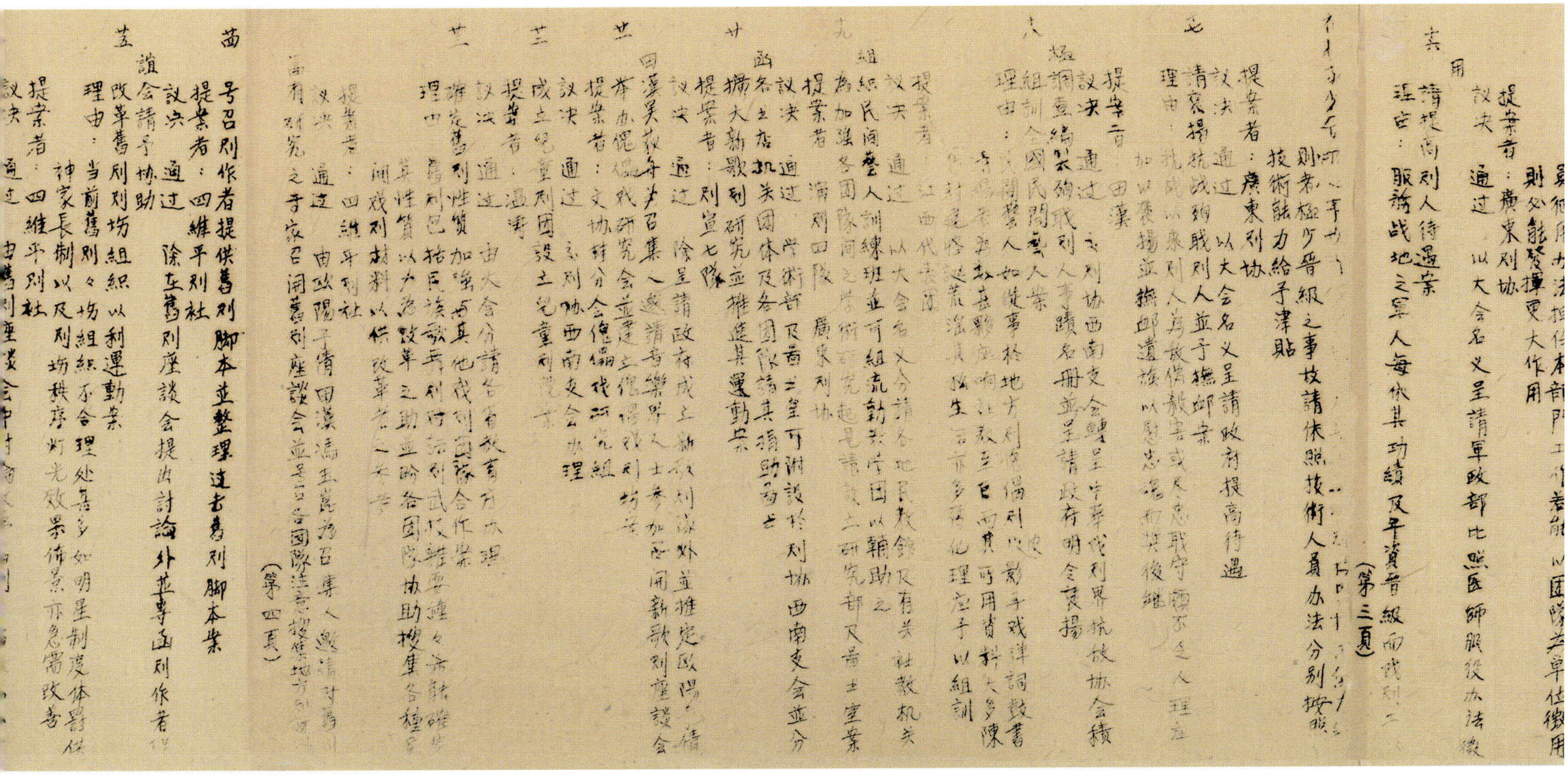

最佳用方法担任本部門工作者能以團隊為單位徵用
則必能發揮更大作用

十六
提案者：廣東剧协
議决　通过　以大会名义呈請軍政部比照医師服役办法徵
用

請提高剧人待遇案
理由：服務战地之剧人每依其功績及年資晉級而戏剧工
（第三頁）

[illegible]
則希極少晉級之事故請依照技術人員办法分别按成
技術能力給予津貼

十七
提案者：廣東剧协
議决　通过　以大会名义呈請政府提高待遇
請褒揚抗战殉職剧人並予撫卹案
理由：抗战以来剧人為敌偽殺害或因忠于職守而致不幸之人理應
加以褒揚並撫卹遺族以慰忠魂而獎後継

十八
提案者：田漢
議决　通过　交剧协西南支会轉呈中華戏剧界抗敌协会積極
編查編製殉職剧人事蹟名冊並呈請政府明令褒揚
組訓全國民間艺人案
理由：民間艺人如從事於地方剧偶剧以影子戏弹詞鼓書
[illegible]

十九
提案者：江西代表团
議决　通过　以大会名义分請各地民教館及有关社教机关
組織民間艺人訓練班並可組流動教学团以輔助之
為加強各团隊間之学術研究起見請設立研究部及善士室案
提案者　演剧四队　廣東剧协
議决　通过　学術部及善士室可附設於剧协西南支会並分
函各地方机关团体及各团隊請其捐助為荷

廿
擴大新歌剧研究並推進其運動案
提案者：剧宣七隊
議决　通过　除呈請政府成立新歌剧院外並推定歐陽予倩
田漢吳[illegible]每年召集一次邀請音樂界人士参加舉行新歌剧座談会

廿一
举办傀儡戏研究会並建立傀儡戏剧场案
提案者：文协桂分会傀儡戏研究組
議决　通过　交剧协西南支会办理

廿二
成立兒童剧团設立兒童剧院案
提案者：温涛
議决　通过　由大会分請各省教育厅办理

廿三
請改造舊剧性質加強其民族意識[illegible]
提案者：[illegible]
議决　通过　[illegible]
理由：[illegible]

[illegible]有对研究之专家召開舊剧座談会並呈[illegible]各团隊注意搜集地方剧[illegible]
提案者：四維平剧社
議决　通过　由欧陽予倩田漢焦菊隱為召集人邀請对舊剧[illegible]
（第四頁）

廿四
号召剧作者提供舊剧脚本並整理過去舊剧脚本案
提案者：四維平剧社
議决　通过　除在舊剧座談会提出討論外並專函剧作者[illegible]
請会請予协助

廿五
改革舊剧剧场組織以利運動案
理由：当前舊剧剧场組織不合理处甚多如明星制度体罰[illegible]
神家長制以及剧场秩序灯光效果佈景亦急需改善
提案者：四維平剧社
議决
通过　由舊剧座談会中[illegible]

西南戏剧工作者大会与会人员合影　纵 19cm、横 30cm　1944 年

西南戏剧工作者大会与会人员合影　纵 18.2cm、横 30.7cm　1944 年

桂林四维平剧社暨儿童训练班参加西南剧展座谈会留影 纵 6cm、横 8.2cm 1944 年

西南剧展时戏剧工作者座谈会上的发言场景 纵 7.6cm、横 13cm 1944 年

西南剧展讨论会现场 纵 8.1cm、横 11.9cm 1944 年

西南剧展全体舞台工作同志联谊会合影 纵 5.9cm、横 8.2cm 1944 年

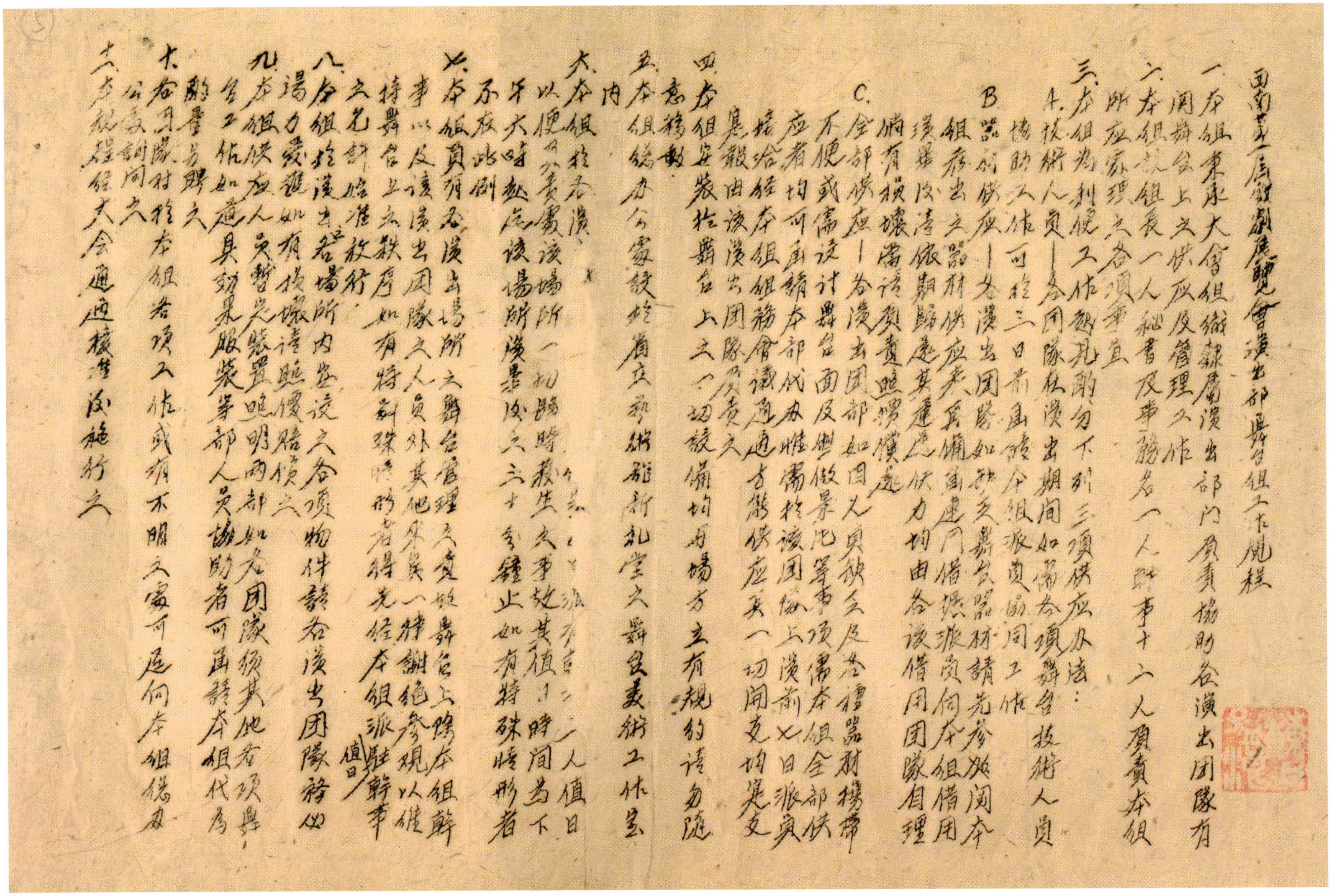

西南第一届戏剧展览会演出部舞台组工作规程

一、本组秉承大会组织隶属演出部内，负责协助各演出团队有关舞台上之供应及管理工作

二、本组设组长一人，秘书及事务各一人，干事十二人，负责本组所应处理之各项事宜

三、本组为利便工作起见，分下列三项供应办法：

A. 技术人员——各团队在演出期间如需各项舞台技术人员协助工作，可于三日前函请本组派员协同工作

B. 器材供应——各演出团队如缺乏舞台器材，请先参阅本组存出之器材供应表，其需用者连同借据派员向本组借用，演毕后请依期归还，其运送之人力均由各该借用团队自理，倘有损坏当请负责照价赔偿

C. 全部供应——各演出团部如因人员缺乏及各种器材携带不便，或需设计舞台面及制作景片等事项需本组全部供应者，均可函请本部代办，惟需于该团队上演前七日派员接洽，经本组组务会议通过方能供应，其一切开支均实报由该演出团队负责之

四、本组安装于舞台上之一切设备，均有专场方立有规约，请勿随意移动

五、本组总办公处设于广西艺术馆新礼堂之舞台美术工作室内

六、本组于各演出场所每日派本组二人值日，以便负责处理该场所一切临时发生之事，其值日时间为下午六时起至演毕后之三十分钟止，如有特殊情形者不在此例

七、本组负责各演出场所之舞台管理之责，故舞台上除本组干事以及该演出团队之人员外，其他外宾一律谢绝参观，以维持舞台上之秩序，如有特殊情形者得先经本组派驻（值日）干事之允许，始准放行

八、本组于演出各场所内安设之各项物件，请各演出团队务必协力爱护，如有损坏请照价赔偿之

九、本组供应人员暂定装置照明两部，如各团队须其他各项舞台工作如道具、效果、服装等部人员协助者，可函请本组代为酌量办理之

十、本组与各团队对于本组各项工作或有不明之处，可随时向本组总办公处询问之

十一、本规程经大会通过核准后施行之

剧展演出部舞台组工作规程　纵 23cm、横 32.6cm

演剧七队的齐牧冬在装台景 纵 3.8cm、横 3.5cm

齐牧冬，原名顾望，别名雪棠。浙江省宁波市人。舞台美术家，1937 年参加地方抗日宣传队，1942 年参加抗敌演剧第七队，从事舞台美术工作。

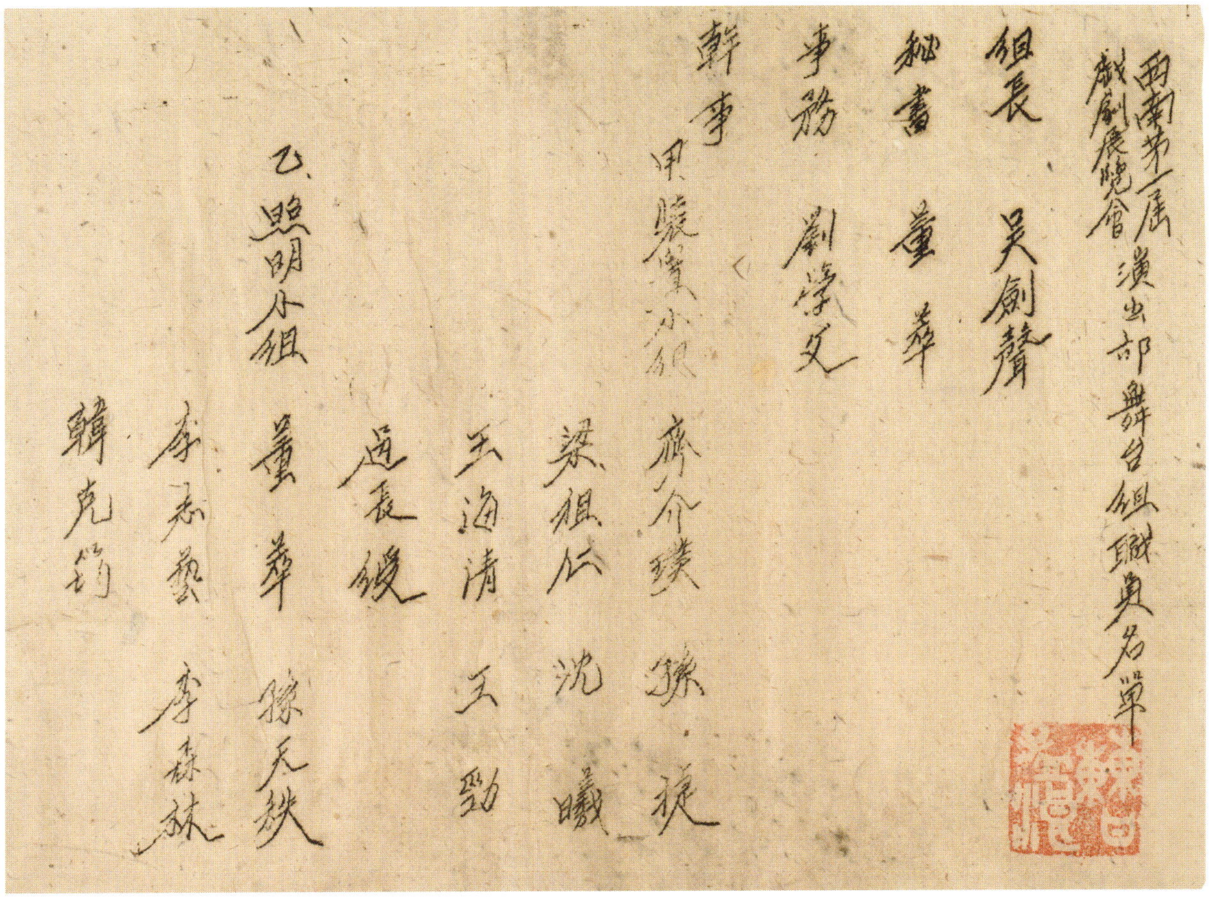

西南第一屆戲劇展覽會演出部舞台組職員名單

組長 吳劍聲

秘書 董華

事務 劉學文

幹事

甲、裝置小組

齊介璞 孫旋

梁祖仁 沈曦

王海清 王勁

匡表緩

乙、照明小組

董華 孫天鐵

李志藝 李森林

韓克鈞

剧展演出部舞台组职员名单 纵 14.2cm、横 19.1cm

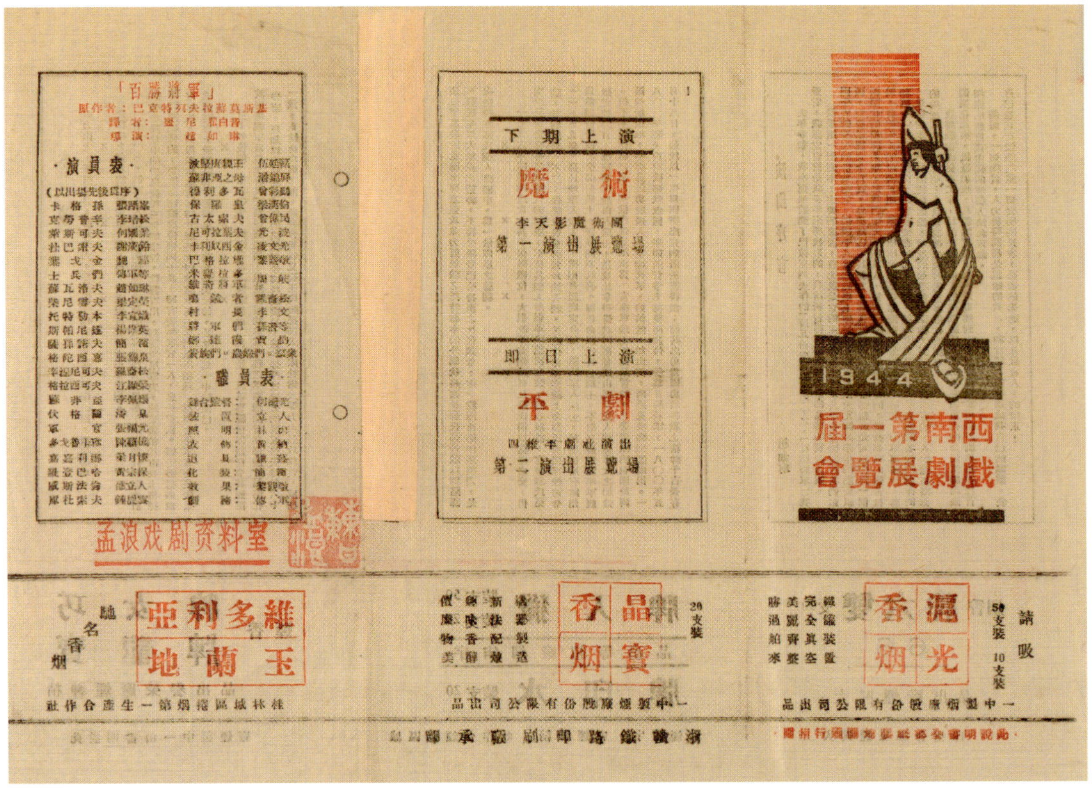

西南剧展公演剧目《百胜将军》说明书（广东省立艺专实验剧团） 纵 24.1cm、横 31.3cm 1944 年

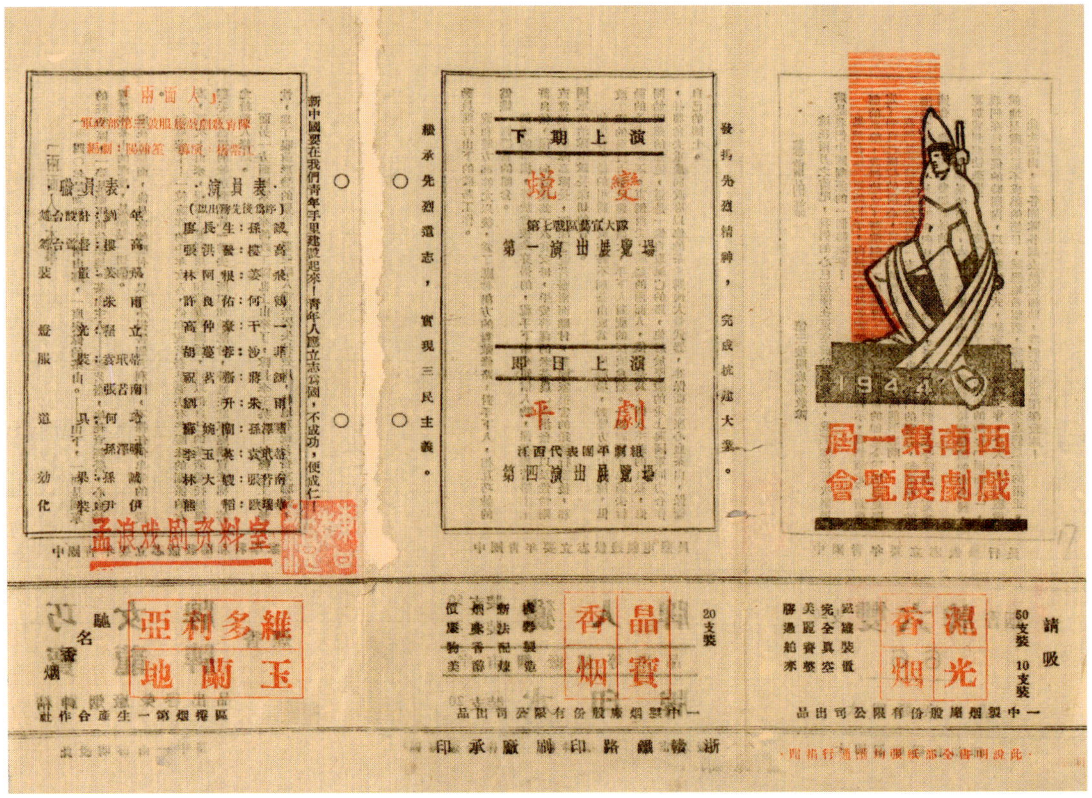

西南剧展公演剧目《两面人》说明书（军政部第三被服厂戏剧教育队） 纵 24cm、横 30.7cm 1944 年

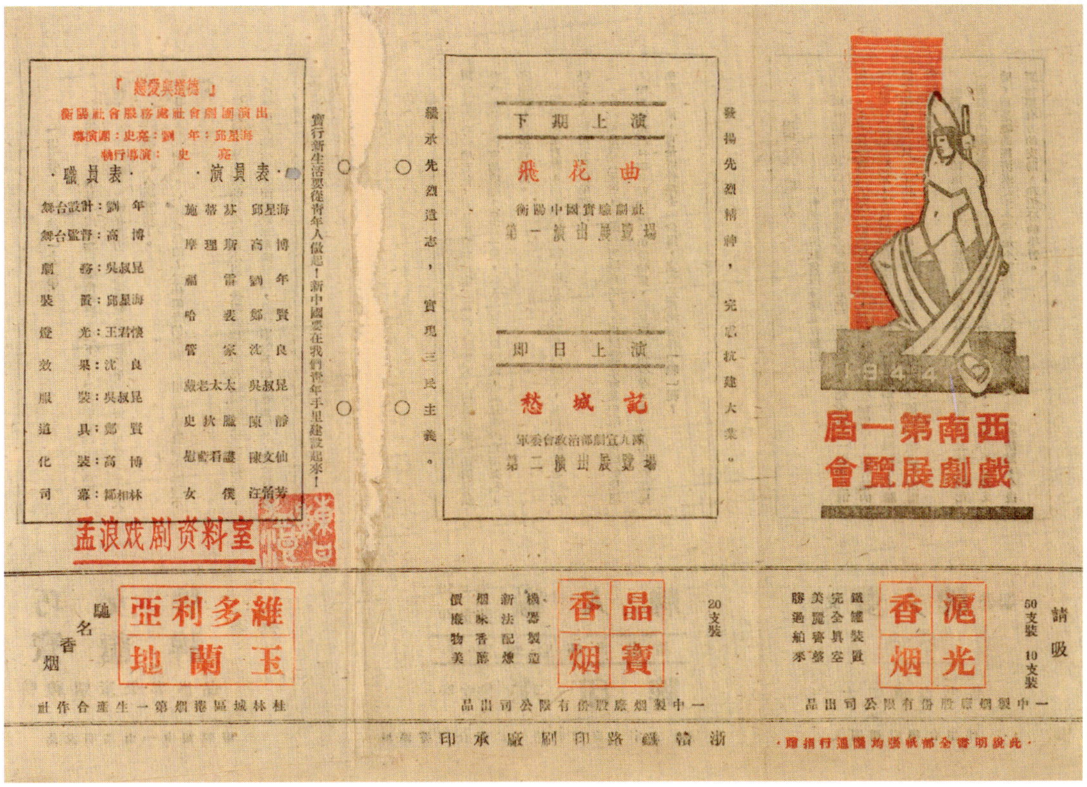

西南剧展公演剧目《恋爱与道德》说明书（衡阳社会服务处社会剧团） 纵 23.1cm、横 31cm 1944 年

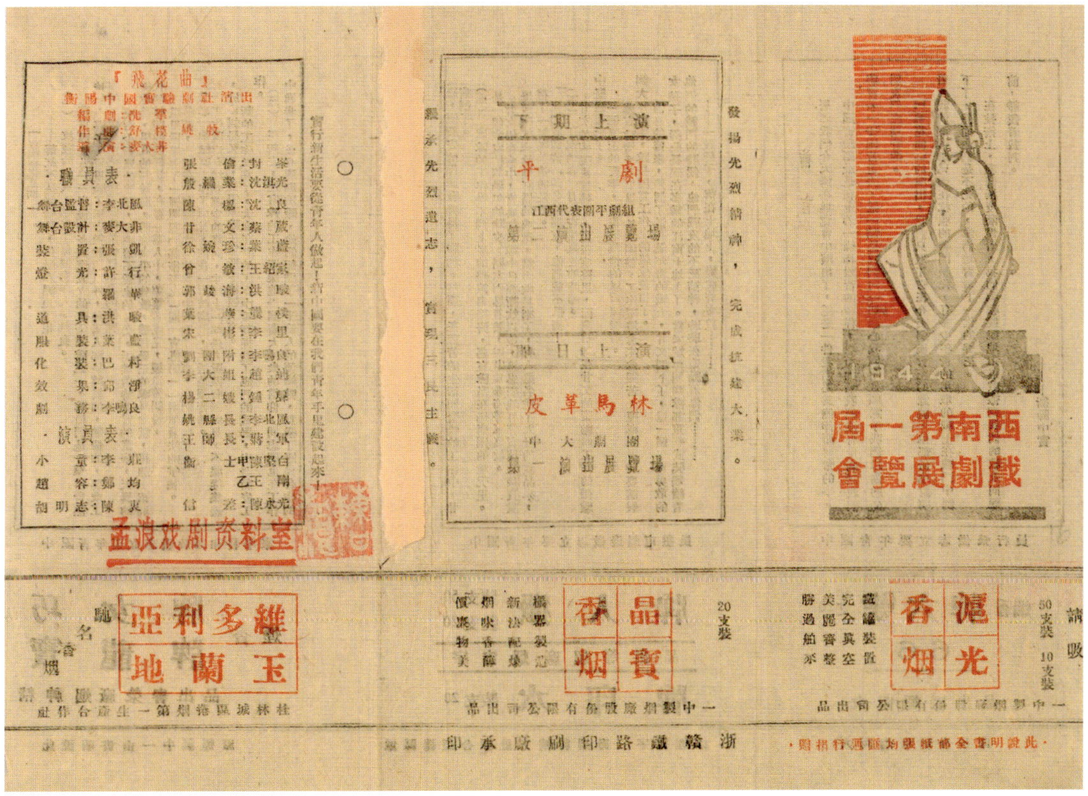

西南剧展公演剧目《飞花曲》说明书（衡阳中国实验剧社） 纵 23.5cm、横 30cm 1944 年

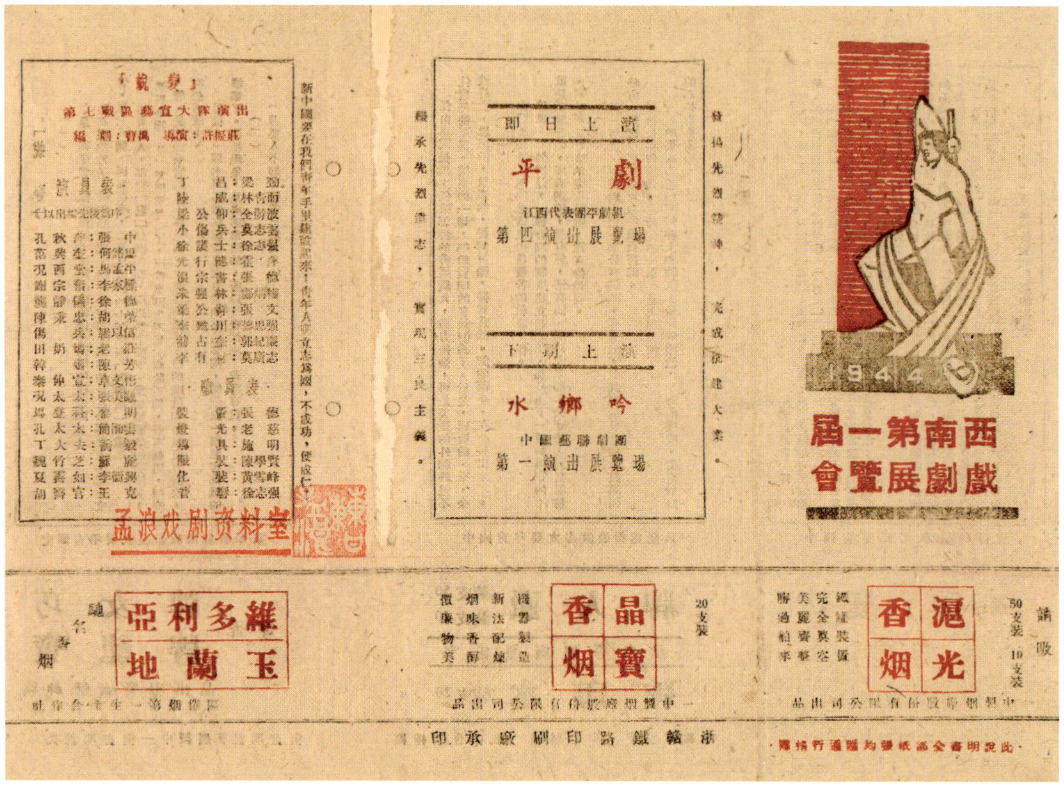

西南剧展公演剧目《蜕变》说明书（第七战区艺宣大队） 纵 23.6cm、横 31cm 1944 年

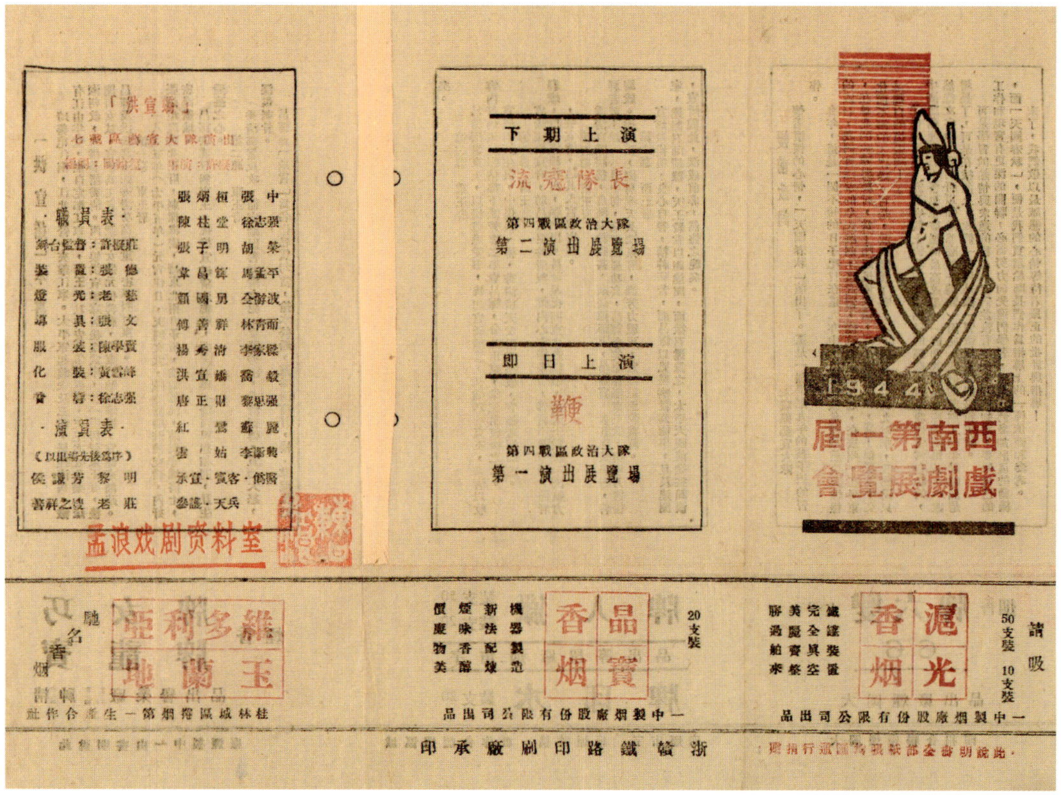

西南剧展公演剧目《洪宣娇》说明书（第七战区艺宣大队） 纵 24cm、横 30.7cm 1944 年

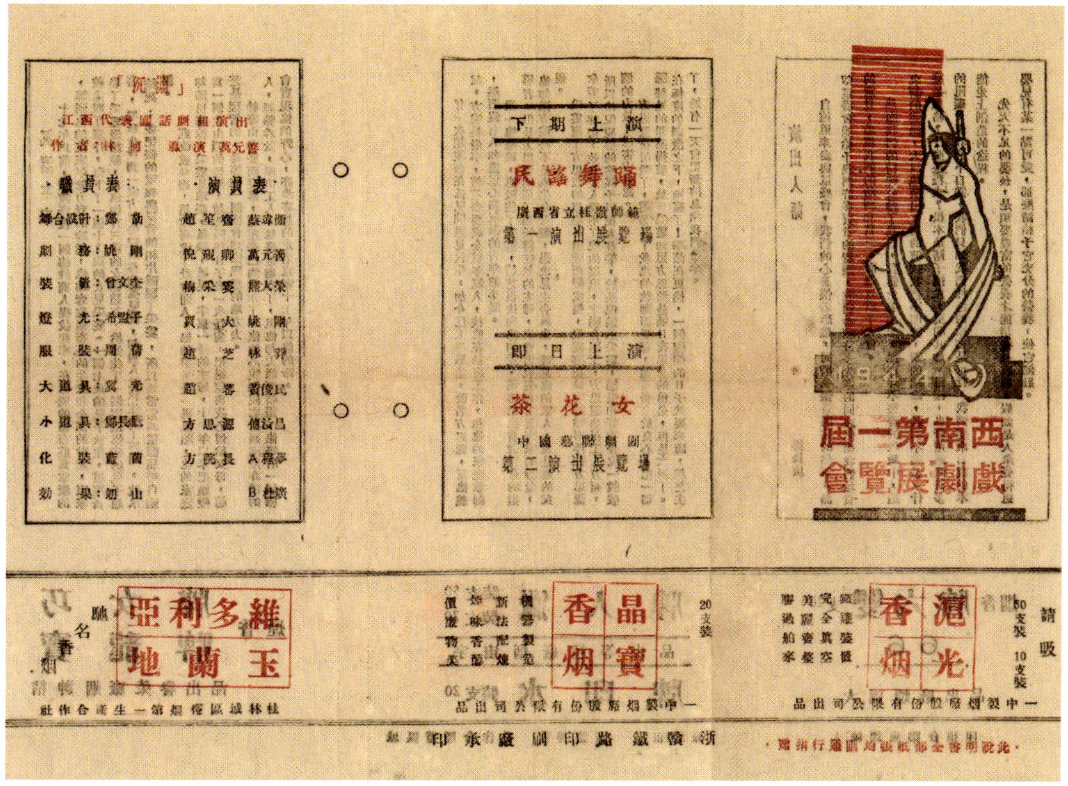

西南剧展公演剧目《沉渊》说明书（江西代表团话剧组） 纵 24.2cm、横 30.2cm 1944 年

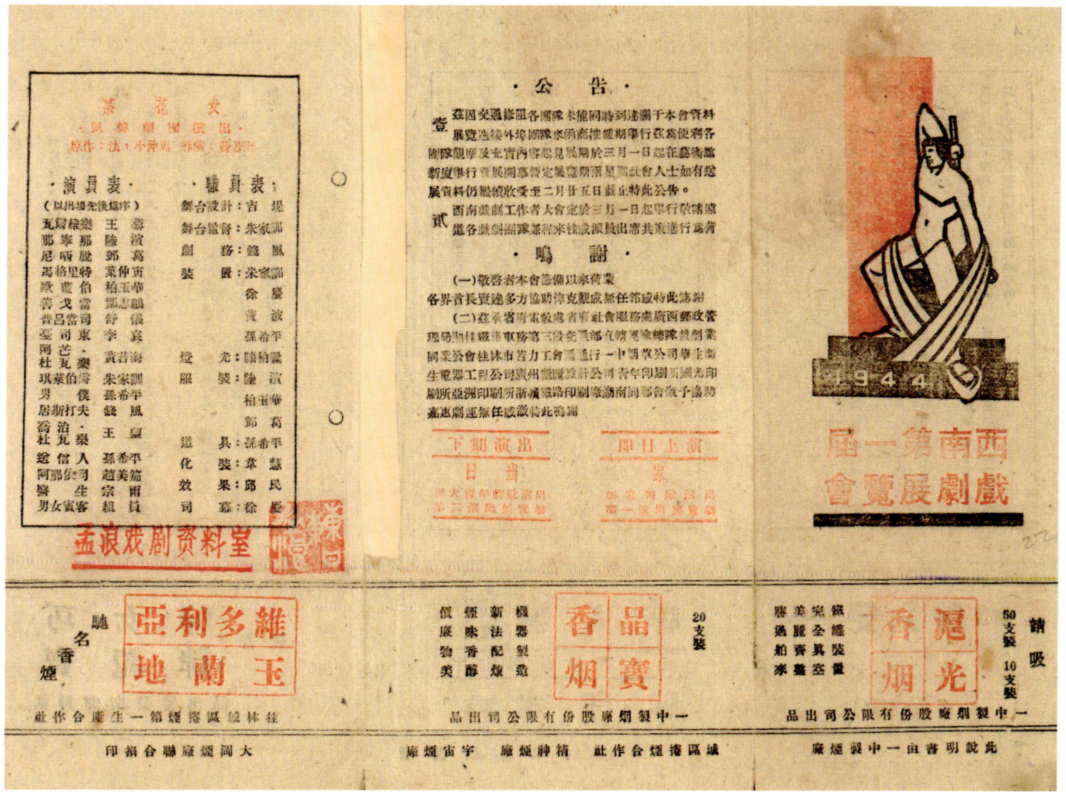

西南剧展公演剧目《茶花女》说明书（凯声剧团） 纵 24cm、横 31.5cm 1944 年

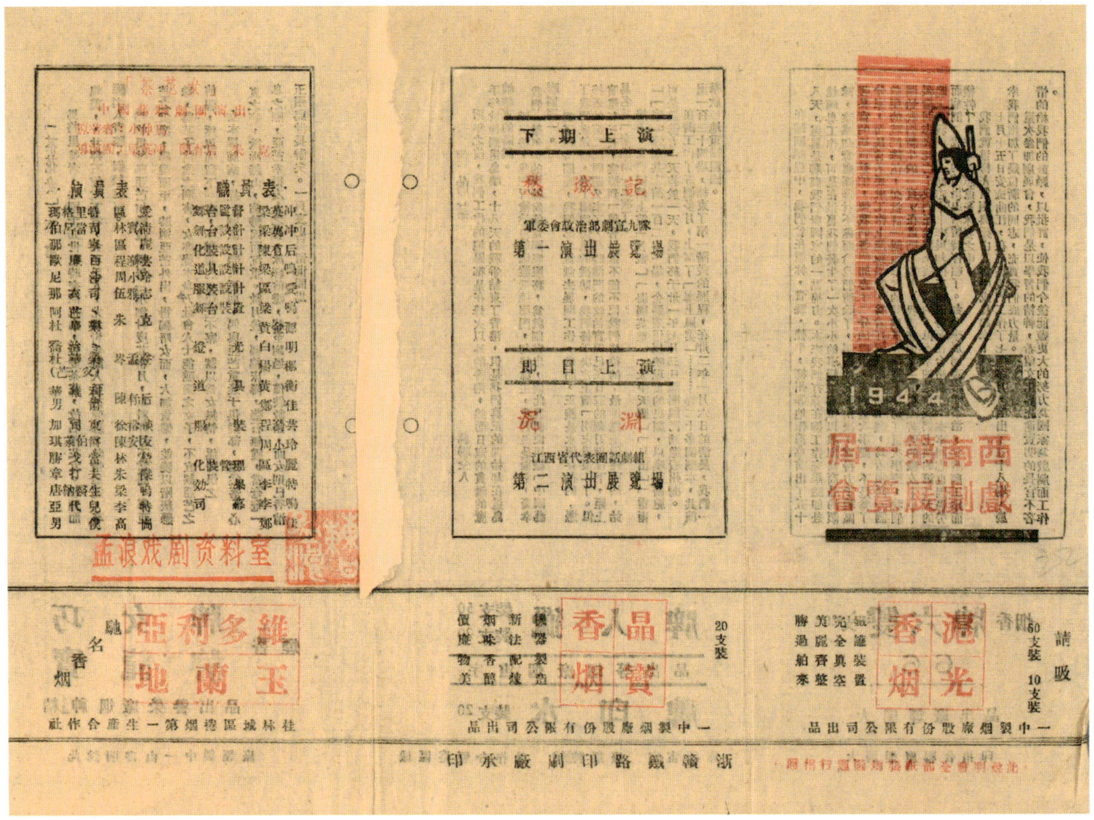

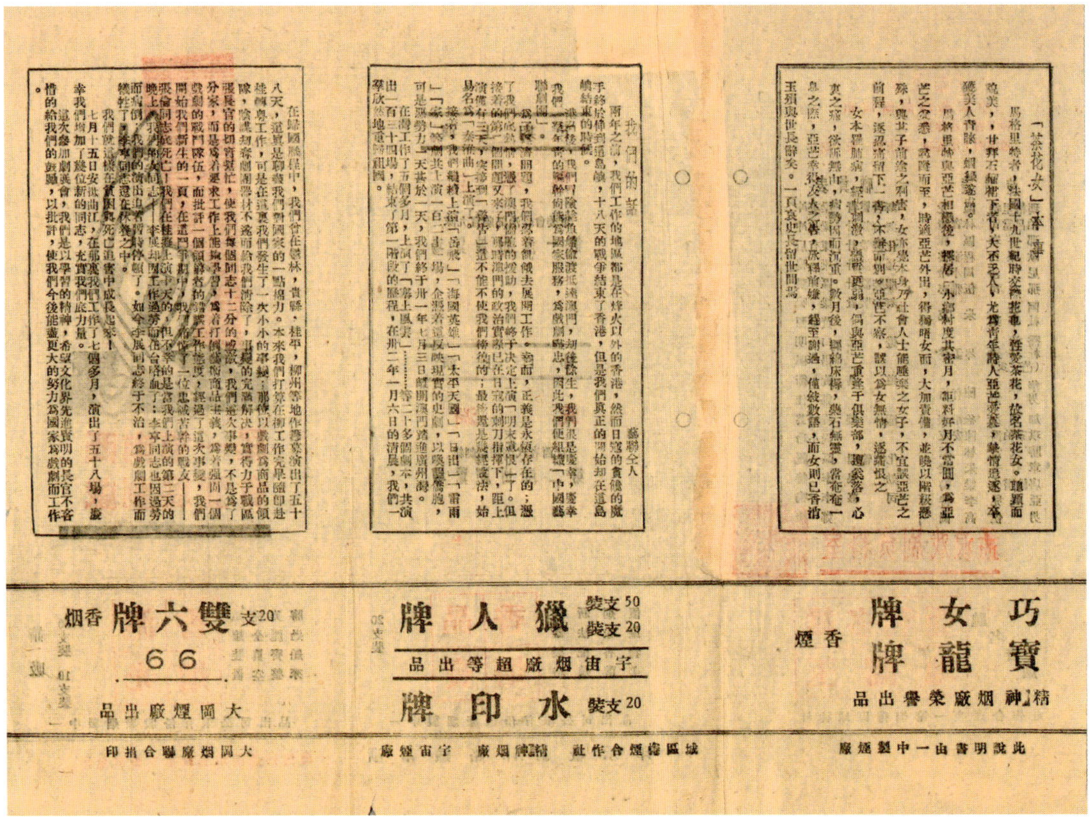

西南剧展公演剧目《茶花女》说明书（中国艺联剧团） 纵 24.8cm、横 31cm 1944 年

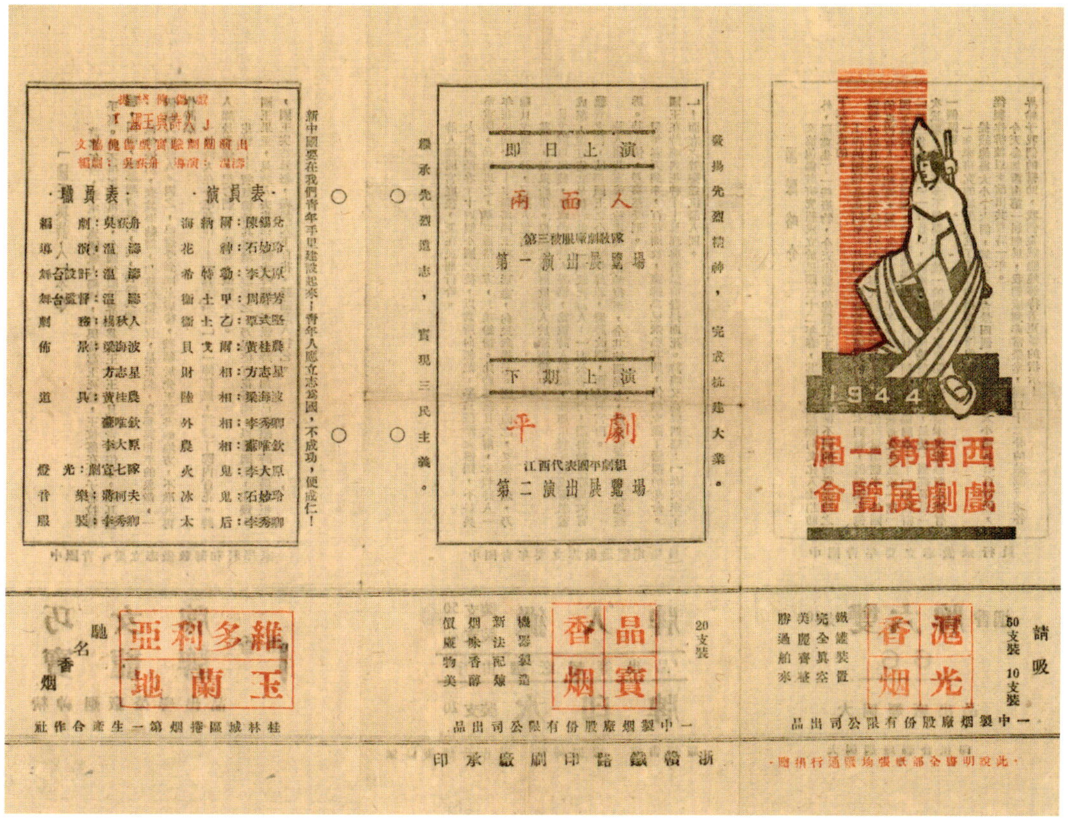

西南第一屆戲劇展覽會

1944

演上日即

人面兩

演上期下

平劇

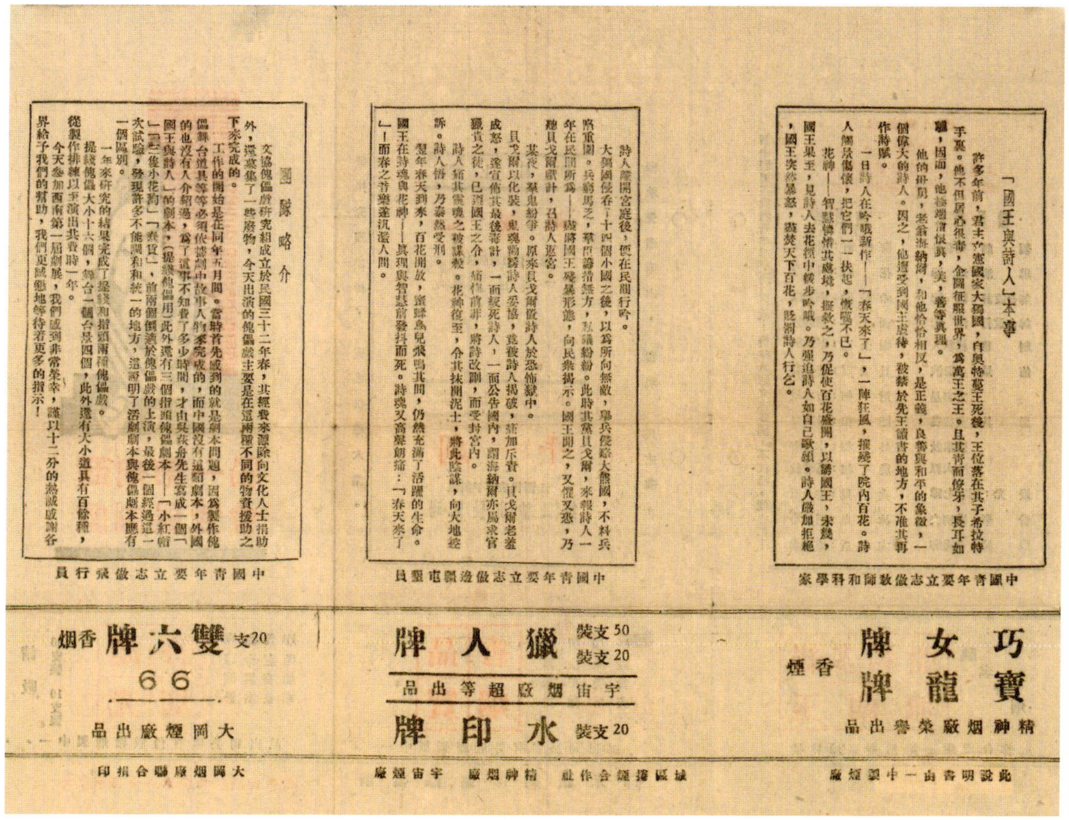

「國王與詩人」本事

團隊略介

西南剧展公演剧目《国王与诗人》说明书（文协傀儡戏实验剧团） 纵 24.2cm、横 30.5cm 1944 年

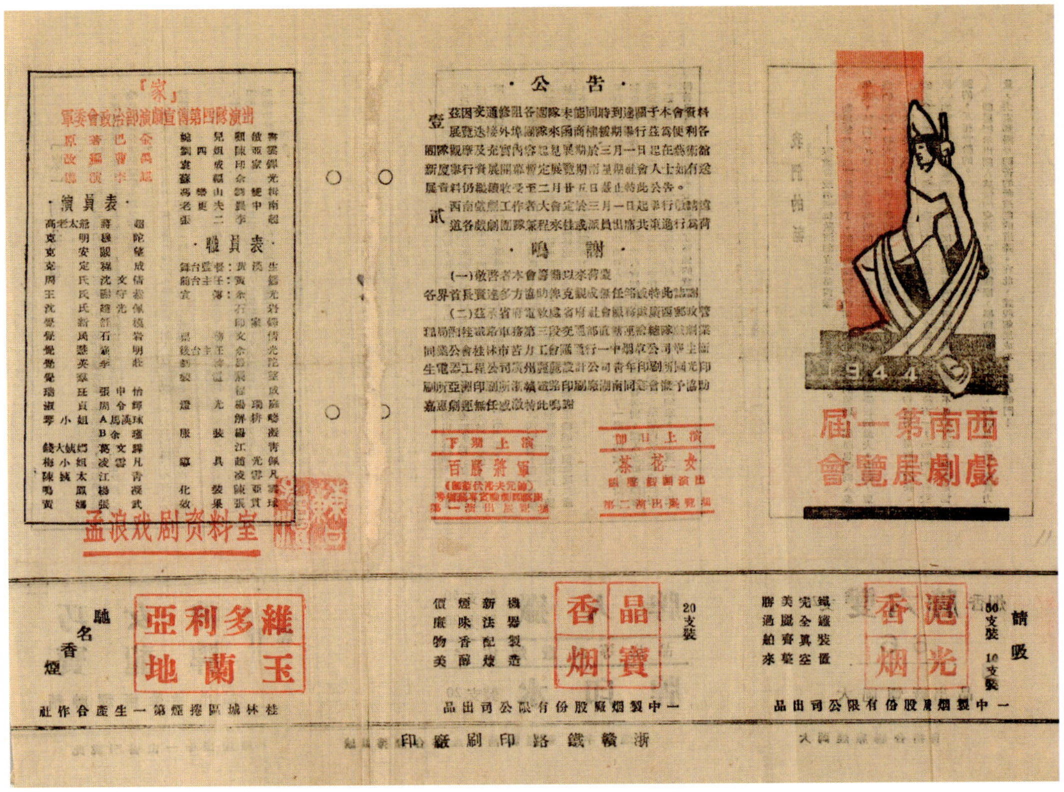

西南剧展公演剧目《家》说明书（军委会政治部演剧宣传第四队） 纵 24.5cm、横 30cm 1944 年

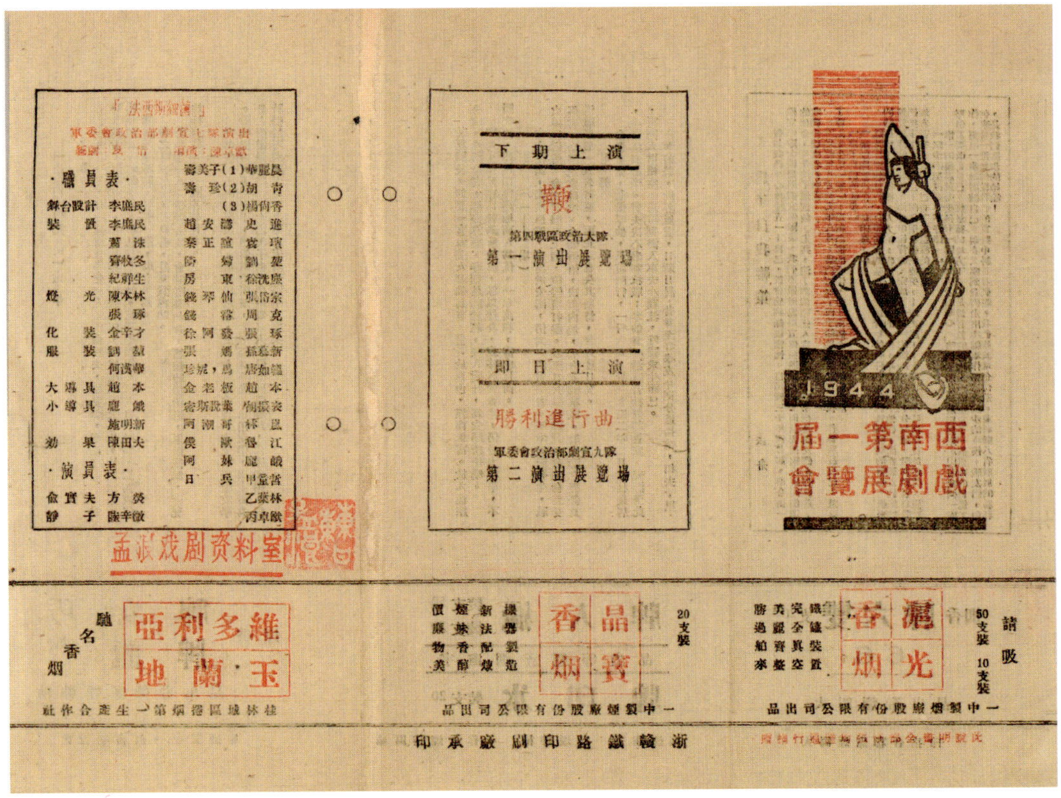

西南剧展公演剧目《法西斯细菌》说明书（军委会政治部剧宣第七队） 纵 24cm、横 31cm 1944 年

京剧《家》剧照 纵 6cm、横 3.9cm

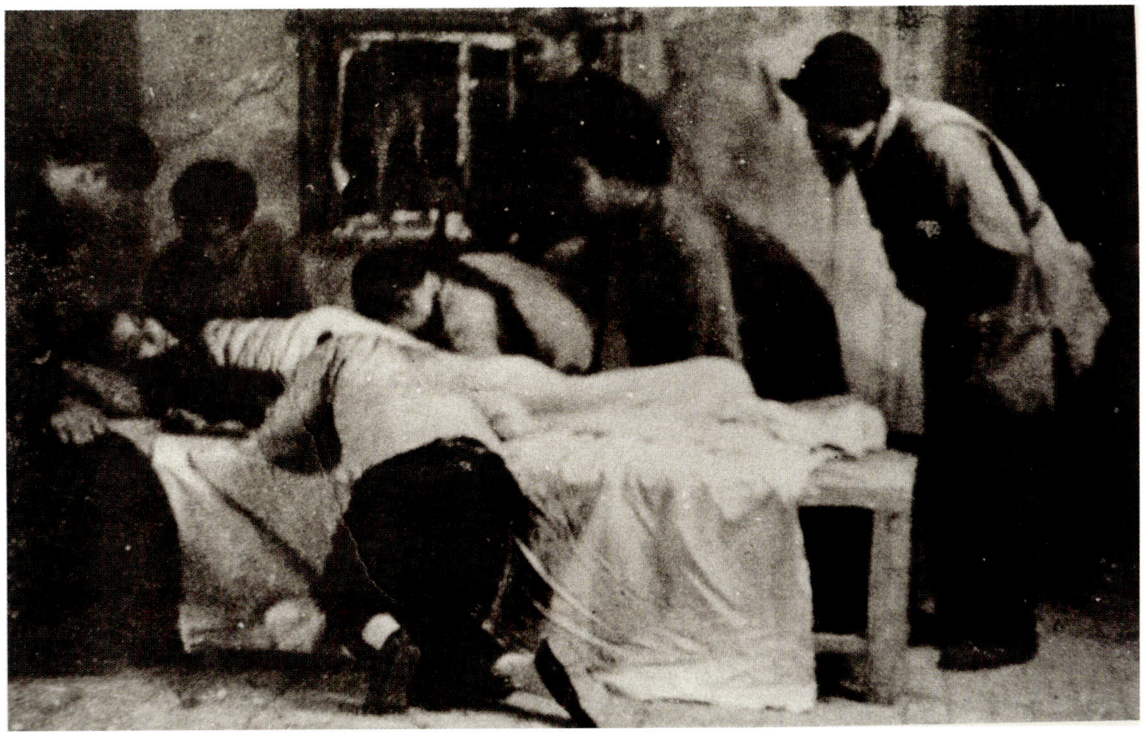

演剧七队演出话剧《家》第四幕剧照 纵 19.1cm、横 28.7cm

演剧七队排练话剧《法西斯细菌》时的剪影 纵 20.5cm、横 28.1cm

《法西斯细菌》是夏衍 1942 年创作的五幕话剧，又名《第七号暴风球》。剧作以细菌学家俞科夫的科学研究为主线，展示了动荡年代知识分子的理想与选择，批评了超阶级、超政治的科学至上主义，揭露了法西斯主义的黑暗本质。

戏剧《旧家》剧照　纵 2.6cm、横 3.8cm

《旧家》演员在后台化装 纵 2.6cm、横 3.7cm

《旧家》剧组演员在化装室 纵 7.2cm、横 12.4cm

《旧家》全体演员合影 纵 5.6cm、横 5.6cm

《旧家》全体工作人员合影 纵 2.7cm、横 3.8cm

戏剧《河内一郎》剧照　纵 2.6cm、横 3.9cm

戏剧《河内一郎》全队合影　纵 2.6cm、横 3.9cm

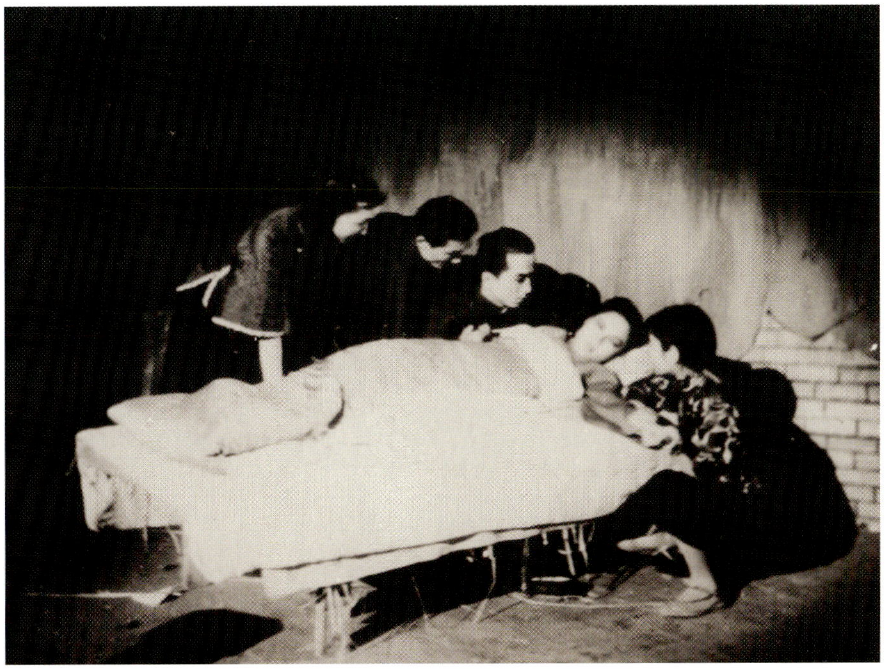

留桂工作队在桂林演出《黑地狱》剧照

（从左向右，从上向下）纵 9.2cm、横 12.4cm，纵 10.2cm、横 12.9cm，纵 7.9cm、横 11.6cm

《黑地狱》，四幕话剧，石凌鹤著，创作于 1936 年。因大受欢迎，上海戏剧时代出版社于 1937 年出版了剧本。该剧是 30 年代“国防戏剧运动”的代表作品，揭露了 1936 年夏日本军队在天津杀害华工的事件。

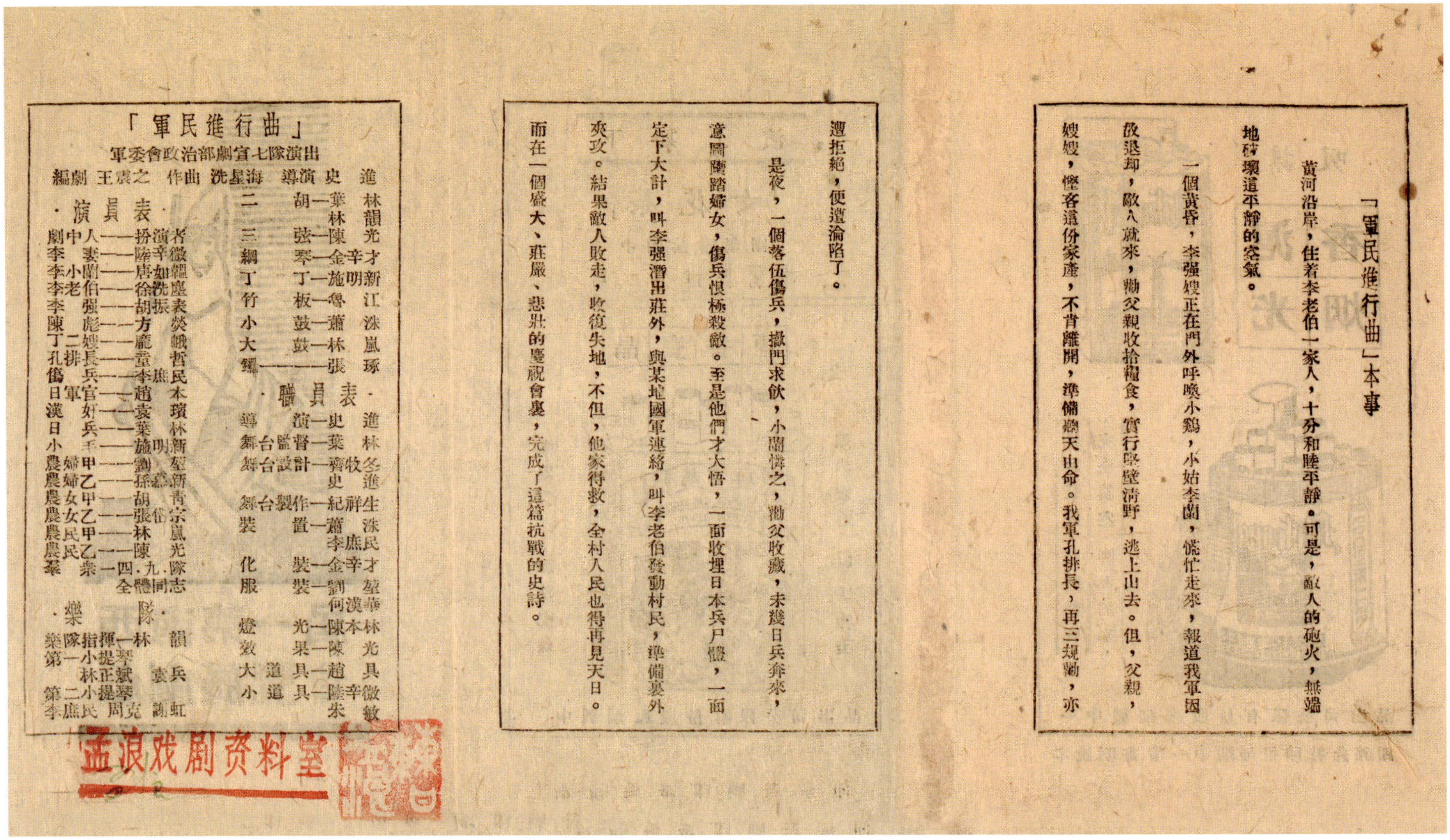

「軍民進行曲」本事

黃河沿岸，住着李老伯一家人，十分和睦平靜。可是，敵人的砲火，無端地破壞這平靜的空氣。

一個黃昏，李強嫂正在門外呼喚小鷄，小姑李蘭，慌忙走來，報道我軍因敵退却，敵人就來，勸父親收拾糧食，實行堅壁淸野，逃上山去。但，父親，嫂嫂，慳吝這份家產，不肯離開，準備聽天由命。我軍孔排長，再三規勸，亦

遭拒絕，便遭淪陷了。

是夜，一個落伍傷兵，撬門求飲，小蘭憐之，勸父收藏，未幾日兵奔來，意圖蹂踏婦女，傷兵恨極殺敵。至是他們才大悟，一面收埋日本兵尸體，一面定下大計，叫李强潛出莊外，與某地國軍連絡，叫李老伯發動村民，準備裏外夾攻。結果敵人敗走，收復失地，不但，他家得救，全村人民也得再見天日。

而在一個盛大、莊嚴、悲壯的慶祝會裏，完成了這篇抗戰的史詩。

「軍民進行曲」

軍委會政治部劇宣七隊出演

編劇 王震之　作曲 洗星海　導演 史 進

·演員表·

劇中人——扮演者
李妻——陸辛微
李小蘭——唐如韞
李老伯——徐洗塵
李強——胡振表
陳彪——方 焚
丁二嫂——龐 娥
孔排長——童 哲
傷兵——李庶民
日軍官——趙 本
漢奸——袁 璜
日兵——葉 林
小手——施明新
農婦甲——劉 堃
農婦乙——孫慕新
農女甲——胡 青
農女乙——張岱宗
農民甲——林 嵐
農民乙——陳 光
羣衆—四.九.隊 全體同志

·樂隊·

樂隊指揮—林 韻
第一小提琴 林正斌 袁 兵
第二小提琴 李庶民 周克 謝虹
二胡—葉林 林韻
三弦—陳 光
鋼琴—金辛才
丁丁—施明新
竹板—魯 江
小鼓—蕭 涤
大鼓—林 嵐
鑼——張 琢

·職員表·

導演—史 進
舞台監督—葉 林
舞台設計—齊牧冬 史 進
舞台製作—紀祥生
裝置—蕭 涤 李庶民
化裝—金辛才
服裝—劉 堃 何漢華
燈光—陳本林
效果—陳 光
大道具—趙 具
小道具—陸辛微 朱 敏

西南剧展公演剧目《军民进行曲》说明书（军委政治部剧宣七队） 纵 17.5cm、横 30.2cm 1944 年

《军民进行曲》，现代歌剧作品。王震之词，天蓝、安波、韩塞集体编剧，冼星海作曲。这是冼星海初到延安后的第一部大型音乐作品。1939 年 1 月首演于延安，因军民团结抗日的主题受到观众的热烈欢迎与好评。

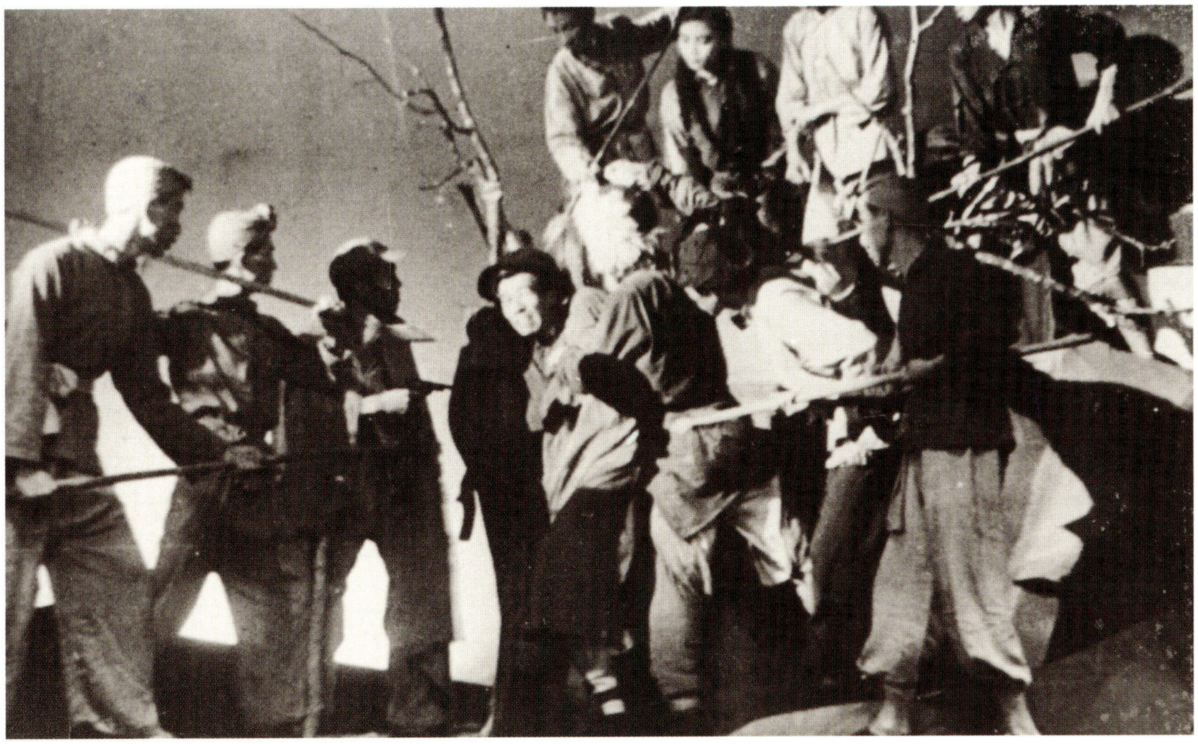

演剧七队在西南剧展时期演出歌剧《军民进行曲》第二幕第三场剧照 纵 19.2cm、横 30.5cm

抗宣一队演出《军民进行曲》剧照 纵 8.7cm、横 12.8cm

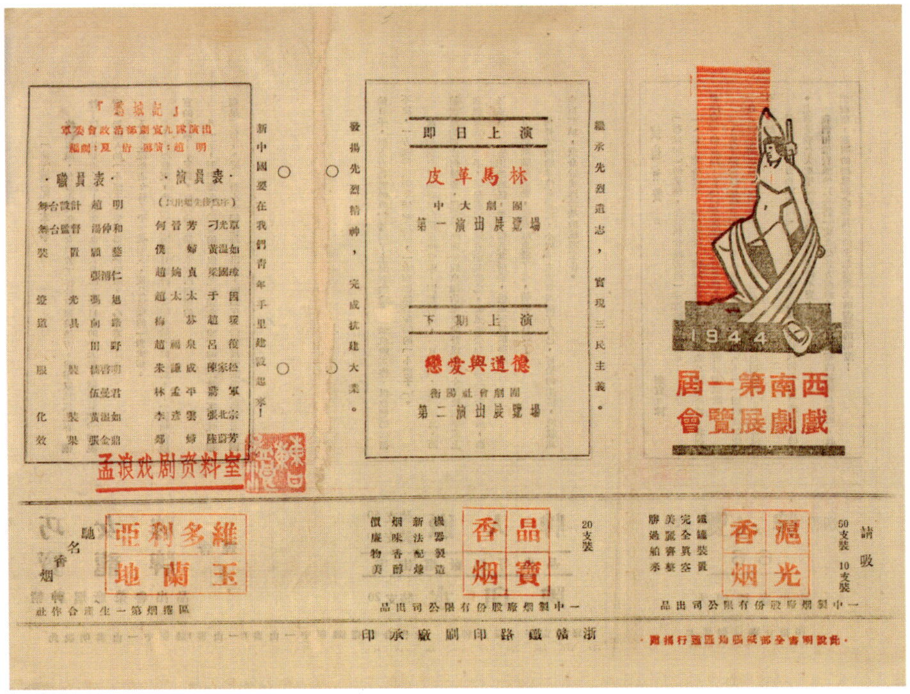

西南剧展公演剧目《愁城记》说明书（军委会政治部抗敌演剧宣传第九队）

纵 23.8cm、横 30.6cm　1944 年

《愁城记》，又名《走出愁城》，四幕话剧，夏衍编剧，欧阳予倩导演。该剧描写了“八一三”战事期间，赵婉夫妇被投机商人的叔父赶出家门，受尽煎熬。后在好友、革命者李彦云的帮助下，他们抛弃小家庭的幻想，奔往“另一个世界”，投入大众运动。

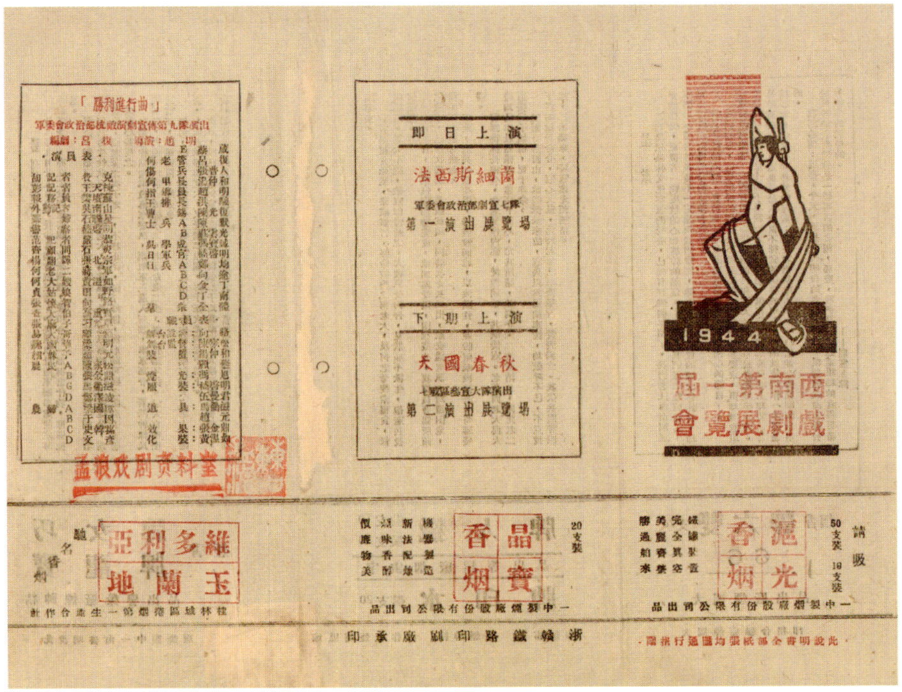

西南剧展公演剧目《胜利进行曲》说明书（军委会政治部抗敌演剧宣传第九队）

纵 24.5cm、横 31.2cm　1944 年

演剧九队演出《愁城记》。从左向右：江俊、梁国璋、吕复、刁光覃、张北宗、于因、陈家松

纵 7.5cm、横 11.6cm

演剧九队创作演出的《胜利进行曲》剧照

纵 6.1cm、横 8.2cm

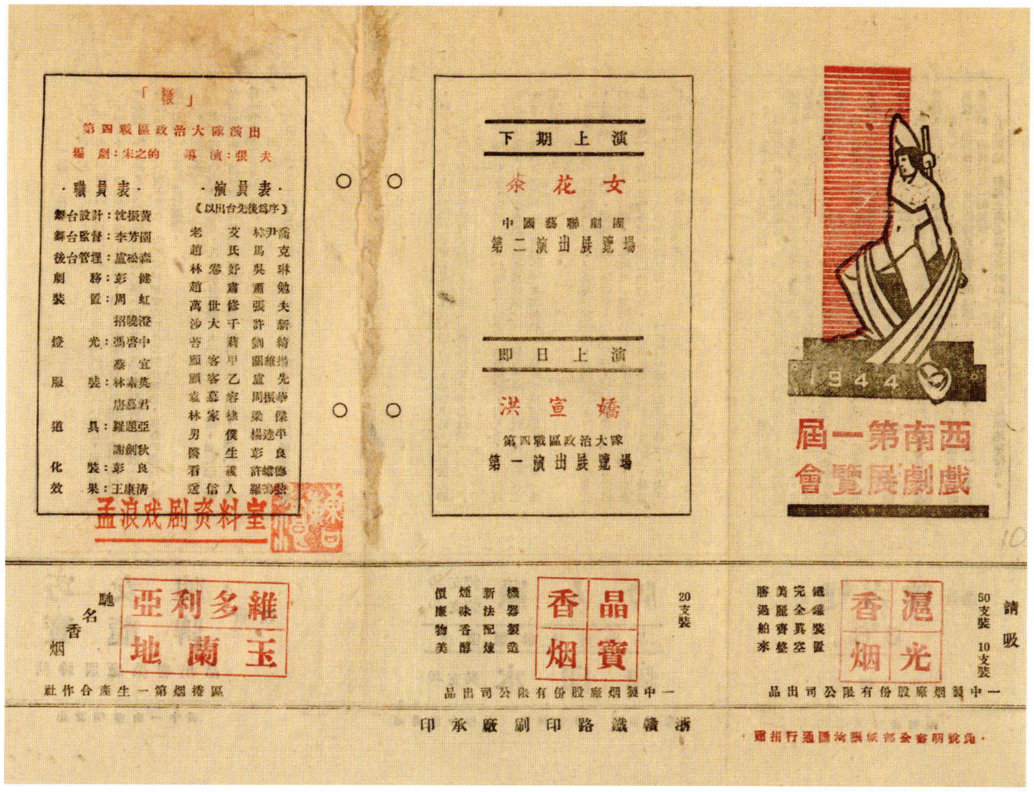

西南剧展公演剧目《鞭》说明书（第四战区政治大队） 纵 24.4cm、横 31cm 1944 年

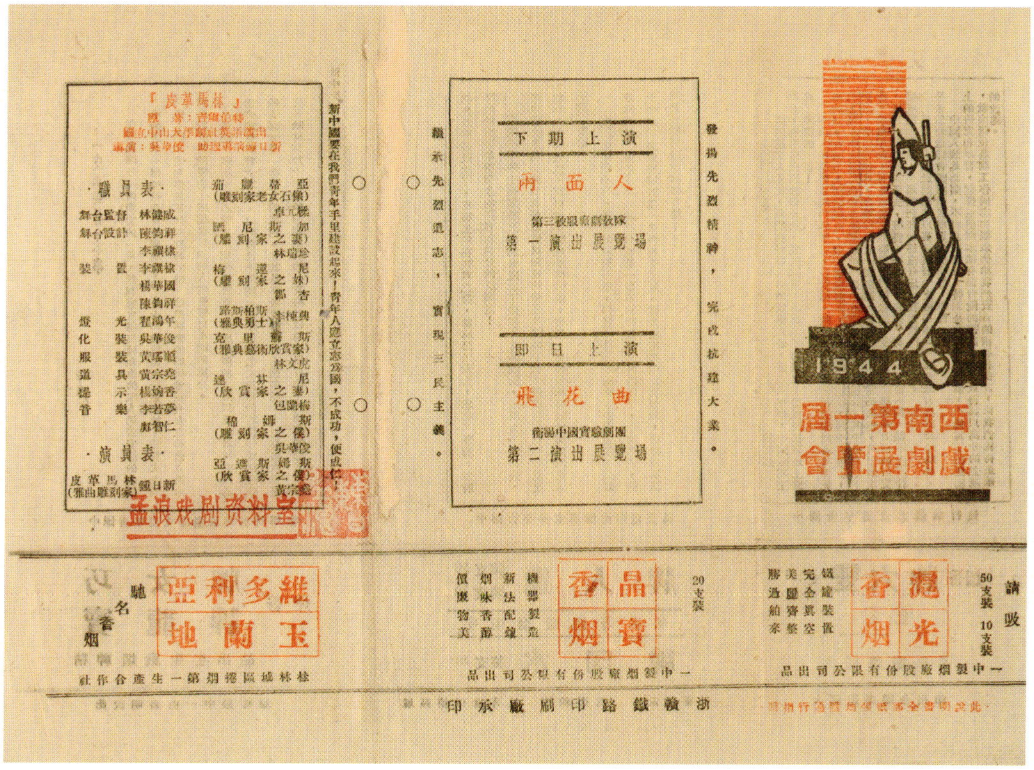

西南剧展公演剧目《皮革马林》说明书（国立中山大学剧社） 纵 24.2cm、横 33.5cm 1944 年

江漢漁歌

本事

方金將窩里溫（亦作蒲龍）受兀朮命急襲江夏至於漢川，漢陽太守曹彥約方受命兼理軍事，廣求民間豪傑，得趙觀，許窩，黨仲策等，並因趙觀得阮復成。阮復成者，携其女春花隱於龜山鶴渚間，以漁爲活，聞寇警急，奮袂而起，手擒奸人朱富王有財等。太守嘉其功，憫其志，命其聯絡江漢漁民，共起禦侮。

許窩偕其妻子，以五百人渡漢川殺賊，諜知窩里溫左右先鋒銀朱與劉誠，一金人，一中國降將，素不相能，使士卒服所得金兵衣甲分攻之。銀朱與劉誠互相踐踏，許乘之，頗獲勝利，許亦於敵人叢射下忠勇殉國，臨死託其部將劉芳懷血書告警，時阮復成一篙一槳乘夜過江探敵情，遂與俱歸，中途遇敵船追急，幸爲春花所救。

趙觀受命守河南，其老母賢甚，自刎以堅其子殺敵之志。其夜太守至其軍中。會復成以劉芳來呈許血書，共決破敵之策。是夜江雲如墨，南風大作，會復成動員沿江漢數萬漁戶，令各部署效其忠勇，敵不得逞。其由河南登陸者，遇趙觀伏兵及民間武力，悉就殲滅。敵帥率殘部北遁，經府河口又爲汈汊湖豪傑何魯所敗，僅以身免。江山無恙，人心益奮，爆竹鑼鼓聲中，漢陽府人民慶祝此民兵合作光榮之勝利。太守請出力民衆赴衙飲酒，但春花父女則張帆打槳，於紅日初上金波盪漾中歸其柳林之家，既悼昨夜之國殤，並作明日更堅苦卓絕之準備。

演員表

（以出場先後爲序）

蒲龍——饒維德
銀朱——鄭孝
劉誠——張達
李成——胡誠
阮復成——胡維芬
阮春花——張萍
趙觀——易芝
朱富——朱維勇
曹彥約——楊信
許窩——鄭光
黨仲策——沈維志
劉芳——陳維仁
王有財——鄭維孝
漁娘——全
漁翁——體
漁婆——學
漁郎——生

西南剧展公演剧目《江汉渔歌》说明书　纵 25cm、横 18.4cm　1944 年

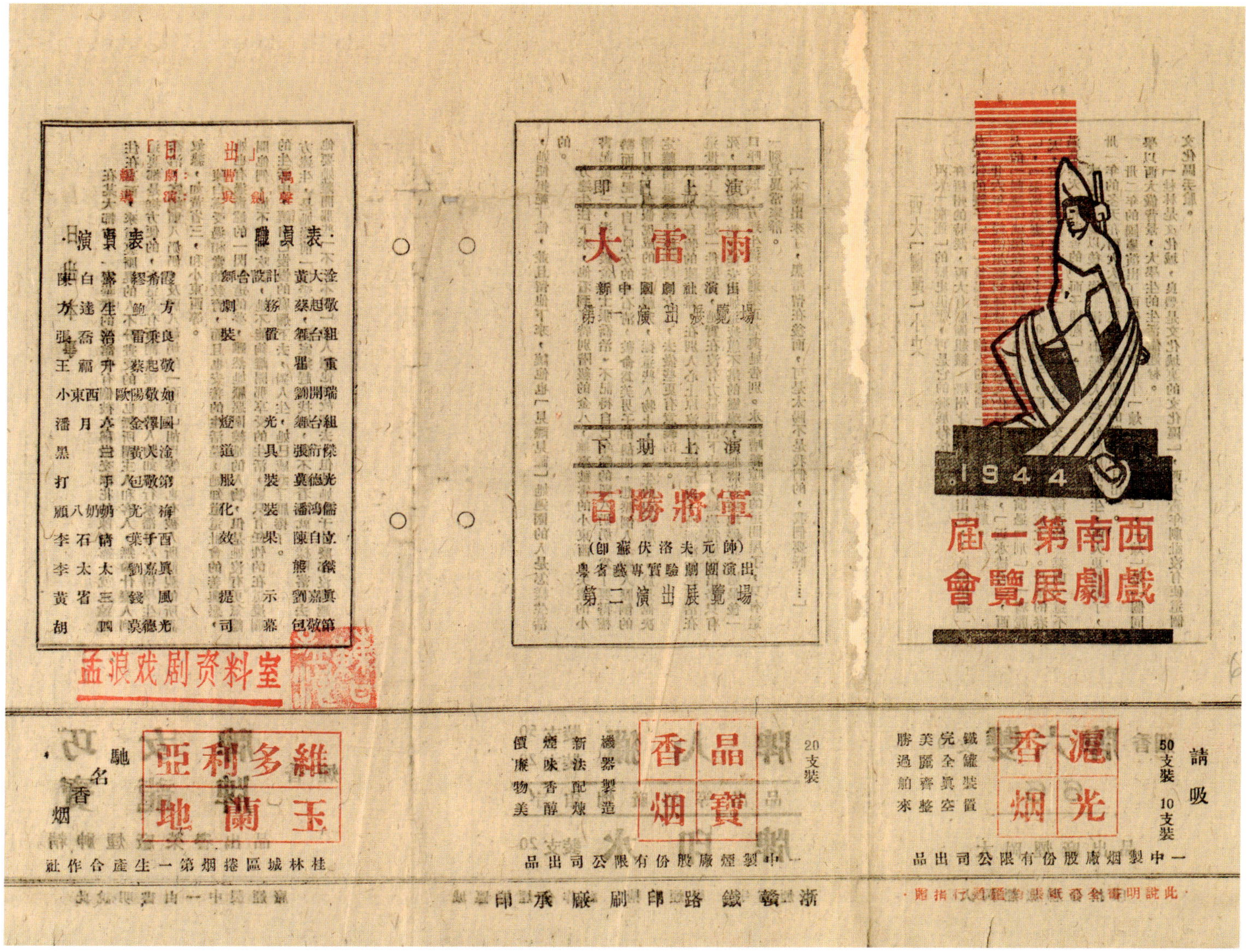

西南剧展公演剧目《日出》说明书（西大青年剧社） 纵 24.2cm、横 32.5cm 1944 年

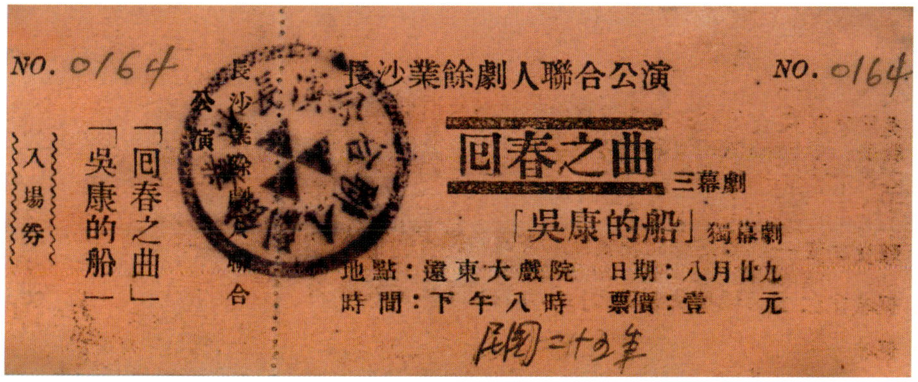

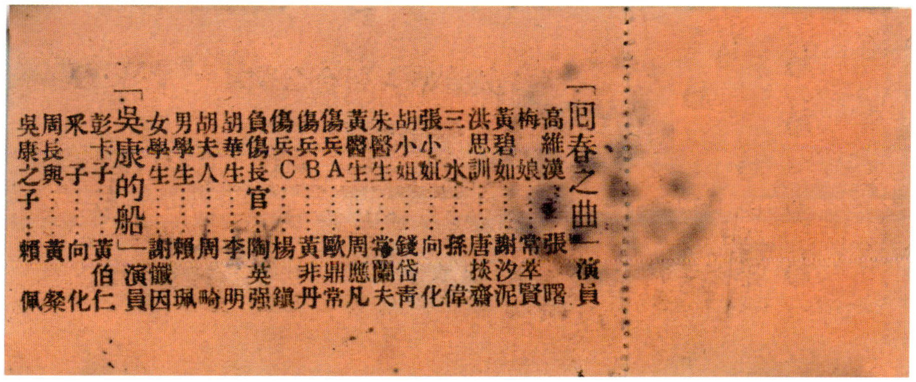

张曙主演的田汉剧作《回春之曲》入场券 纵 5.6cm、横 13.6cm 1936 年

1936 年 8 月，张曙在长沙远东电影院导演并主演田汉剧作《回春之曲》。该入场券附有黄伯仁手书《入场券的追思》一篇二页。

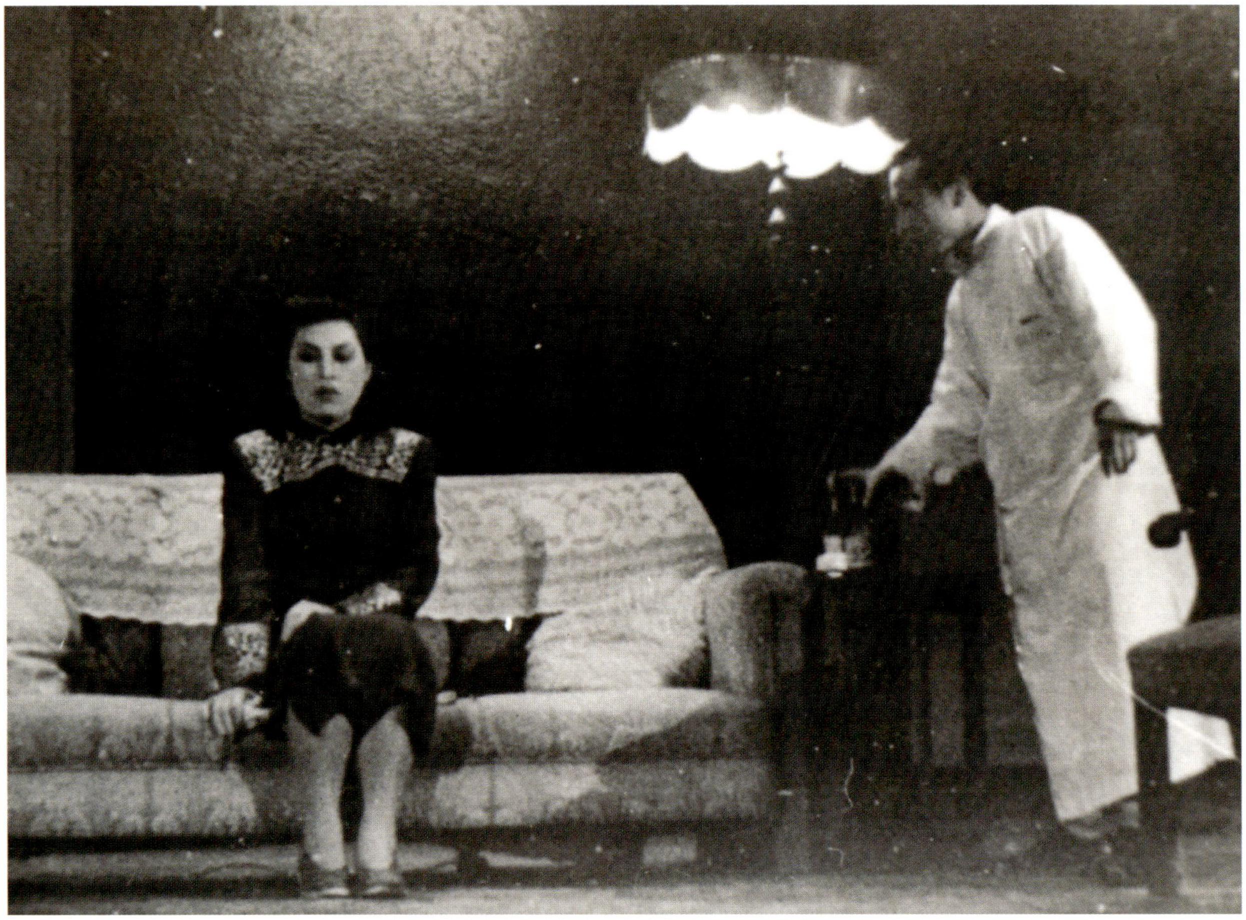

新中国剧社演出《日出》剧照　纵 3.5cm、横 3.8cm

剧宣四队的铜队章　直径 2.5cm

演剧九队的化装镜　纵 21.1cm、横 17.3cm

抗敌演剧队第二队队旗　纵 19.8cm、横 10.3cm

演剧七队演出歌剧《农村曲》第三幕剧照 纵 22cm、横 29.6cm

《农村曲》，三幕三场歌剧。李伯钊等编剧，向隅、吕骥作曲。剧本描写抗日战争初期，两个普通农民家庭在日本侵略军的淫威下，紧急动员起来，拿起刀枪，当兵上前线，立志杀退敌人。由鲁迅艺术学院于 1938 年 7 月 1 日在延安中央大礼堂首演，毛泽东等观看后报以热烈掌声，成为各戏剧宣传队的主要演出剧目之一。

演剧七队的女同志合影 纵 20.8cm、横 29.7cm

演剧七队演出歌舞剧《新年大合唱》剧照 纵 24cn、横 28.2cm

演剧七队演出音乐剧《黄河大合唱》剧照 纵 22.9cm、横 30.2cm

1938年12月，演剧队的同志在桂林十字街头进行反汪宣传、号召抗日

纵 8.5cm、横 12.35cm

抗战时期演剧队在街头演出

纵 10.2cm、横 12.9cm

抗战时期孩子剧团部分成员合影

纵 8.4cm、10.3cm

抗战时期孩子剧团部分成员合影

纵 7.4cm、横 10.3cm

1941 年 9 月 1 日军委会政治部抗敌演剧第九队成立三周年纪念留影 纵 7.15cm、横 14.4cm

田汉与演剧九队全体同志在桂林参加西南戏剧展览会 纵 9.3cm、横 12cm

抗敌演剧第九队 ："用血腥的战斗作我们的回答" 纵 9.3cm、横 12cm

演剧九队演出的古装戏照片　纵 8.8cm、横 11.5cm

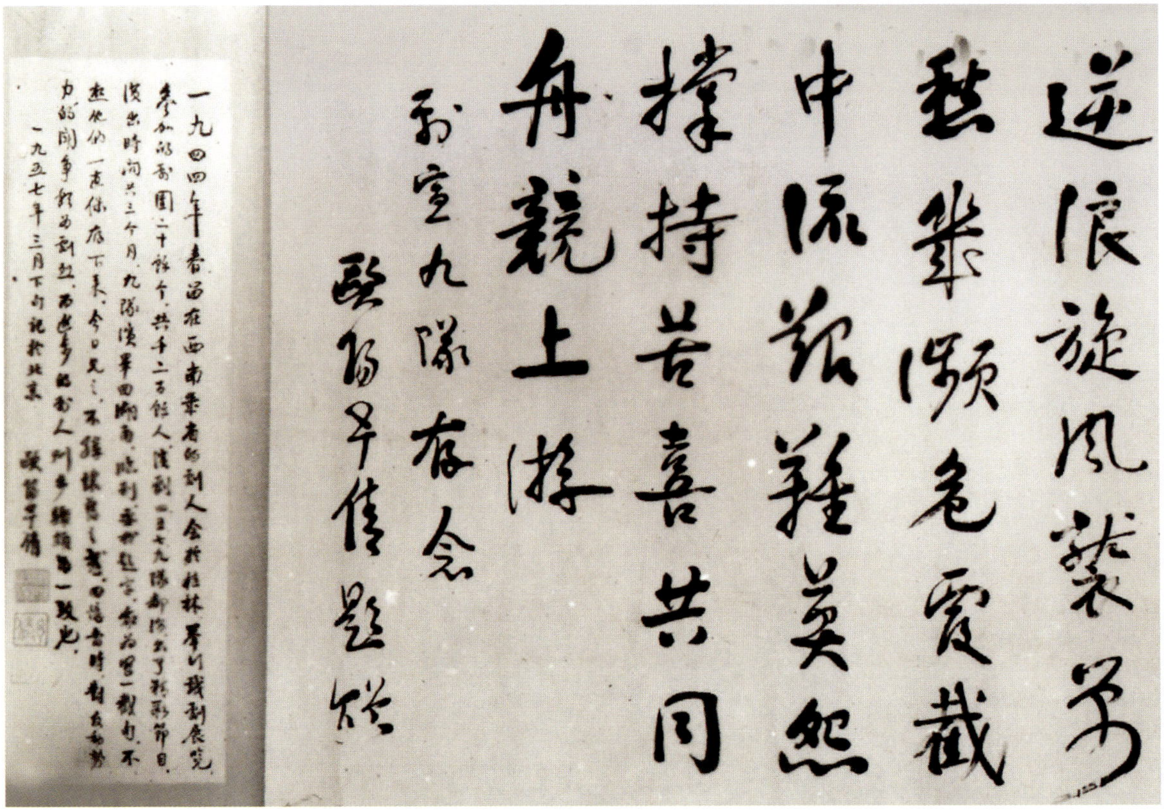

1944 年欧阳予倩在桂林为剧宣九队题词　纵 8.3cm、横 11.5cm

演剧一、二、八、九队在桂林合影 纵 7.7cm、横 15.1cm

夏衍剧作《愁城记》全体演职员在桂林合影 纵 4.8cm、横 12.9cm 1944 年

演剧七队演出《小人物狂想曲》剧照　纵 24cm、横 30cm

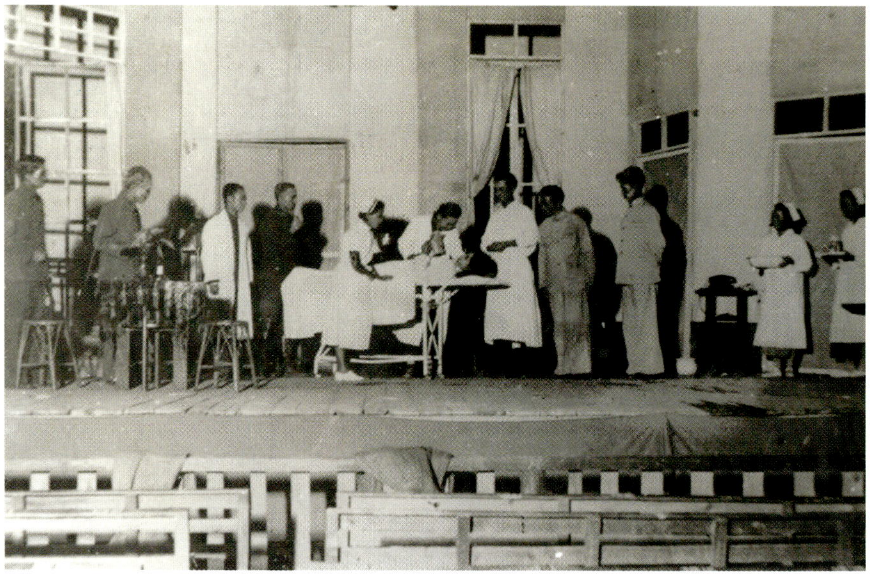

演剧队在演话剧《蜕变》　纵 7.4cm、横 10cm

演剧七队演出的话剧《小人物狂想曲》三名女性剧照　纵 29.2cm、横 23.2cm

《太平天国》剧照　纵 6cm、横 4.2cm

《新潘金莲》剧照 纵5.7cm、横4.3cm

《葛嫩娘》剧照 纵6cm、横4cm

京剧《彭公案》剧照 纵4.1cm、横6cm

《金钵记》剧照 纵4.4cm、横5.8cm

桂剧名旦方昭媛（小飞燕）

纵 12.8cm、横 8.9cm　1940 年

方昭媛（1918 ~ 1949），艺名小飞燕。桂剧“四大名旦”之一。长于做工戏，身段优美，武功深厚，表演细腻。尤擅演悲剧。拿手戏有《晴雯补裘》、《大杀四门》、《贵妃醉酒》等。她演的《贵妃醉酒》，时人称之为“活贵妃”。抗日战争时期，拜欧阳予倩为师，在欧阳先生的指导下，成为具有独特艺术风格的优秀演员，她主演的《梁红玉》给时人以极大的鼓舞。1944 年桂林沦陷，她宁愿卖菜度日，决不肯为日军和汉奸演戏，她随身带着砒霜，如落敌手，则以死相拼。1949 年，为反抗封建家庭的凌辱，服毒自尽，以证高洁。

王盈秋与方昭媛合演《梁红玉》剧照

纵 10.2cm、横 12.3cm　1938 年

王盈秋（1907 ~ 1954），艺名庆丰年，著名桂剧演员，工生行。广西永福人。10 岁进“锦乐科班”学戏，1931 年在柳州组织成班，1937 年被来观戏的马君武赏识并调入桂林南华戏院。抗日战争时期，欧阳予倩来桂主持桂剧改革工作，许多新戏都是王盈秋饰演主角，著名的有《桃花扇》中的侯朝宗、《渔夫恨》中的萧恩等。

桂剧名演员谢玉君、王盈秋演出欧阳予倩编导的名剧《梁红玉》，这是其中的一场　纵 6.1cm、横 8.4cm　1941 年左右

1938年尹曦在《人面桃花》中饰杜宣春剧照

纵 12.8cm、横 8.5cm

尹曦（1920 ~ 2004），原名素贞，艺名小金凤，桂剧“四大名旦”之一。生于广西桂林一码头工人家庭。4 岁入桂林小金科班，16 岁在南华戏院登台。抗战初期曾在欧阳予倩编导的《梁红玉》中扮演梁红玉。1939 年在桂林戏曲改进会桂剧实验剧团任演员，主演过《桃花扇》、《木兰从军》、《人面桃花》、《渔夫恨》、《胜利年》等剧。

桂剧《桃花扇》剧照（尹曦饰李香君）

纵 5.9cm、横 3.9cm

桂剧《胜利年》剧照（正中为尹曦）

纵 7.2cm、横 10.3cm

桂林四维平剧社参加西南剧展全体留影　纵 8.3cm、横 11.8cm　1944 年

西南剧展期间话剧《草木皆兵》散场时景象　纵 7.3cm、横 10.2cm　1944 年

欧阳予倩与广西桂剧学校学生合影　纵 8.7cm、横 12.6cm

广西桂剧学校，即广西省戏剧改进会附设戏剧学校，自 1941 年春开始筹备，欧阳予倩几经努力才建立起来。1942 年春开始上课。只培养桂剧演员，第一次招生（也是唯一一次招生）录取三十多名学员，按新方法教学，以排戏为主，欧阳予倩亲自审定剧目。1944 年因日寇进逼桂林而被迫解散。

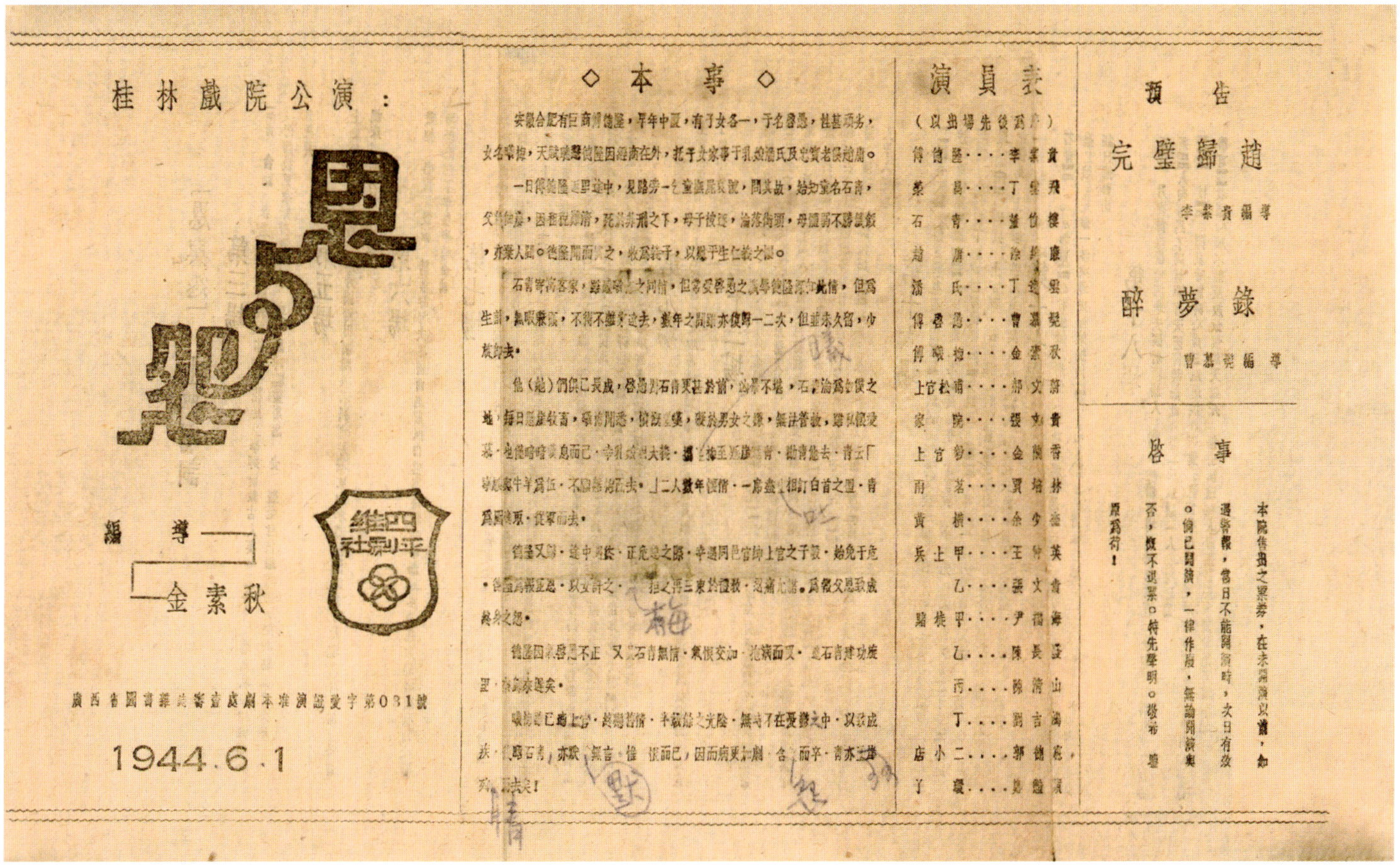
桂林戲院公演：

恩與怨

編導——金素秋

四維平劇社

1944.6.1

◇本事◇

演員表

（以出場先後為序）

預告

完璧歸趙

李紫貴編導

醉夢錄

曹慕髡編導

啓事

本院售出之票劵，在未開演以前，如遇警報，當日不能開演時，次日有效。倘已開演，一律作廢，無論開演與否，概不退票。特先聲明。敬希原諒為荷！

桂林戏院公演剧目《恩与怨》说明书（四维平剧社） 纵 19.4cm、横 31.9cm 1944 年

《恩与怨》剧照 纵 3.8cm、横 6cm

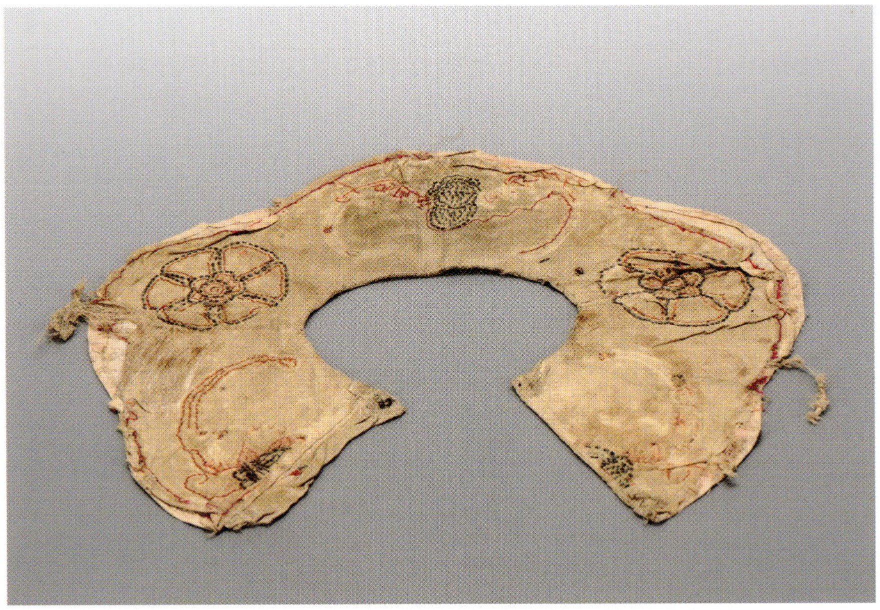
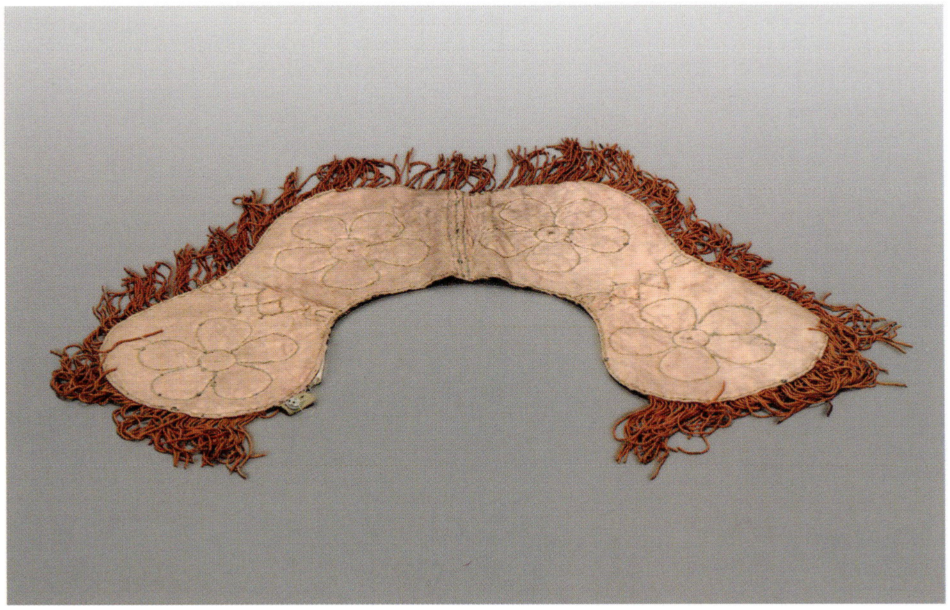

颜玉英的云肩（桂戏装） 纵 40cm、横 44cm（左），纵 33cm、横 50cm（右） 1944 年

颜玉英系民国三十一年（1942）欧阳予倩在桂林丽君路开办的广西省戏剧改进会附设戏剧学校（简称广西桂剧学校）的旦行学生。

颜玉英的小凤冠（桂戏装） 纵 33cm、横 39cm 1944 年

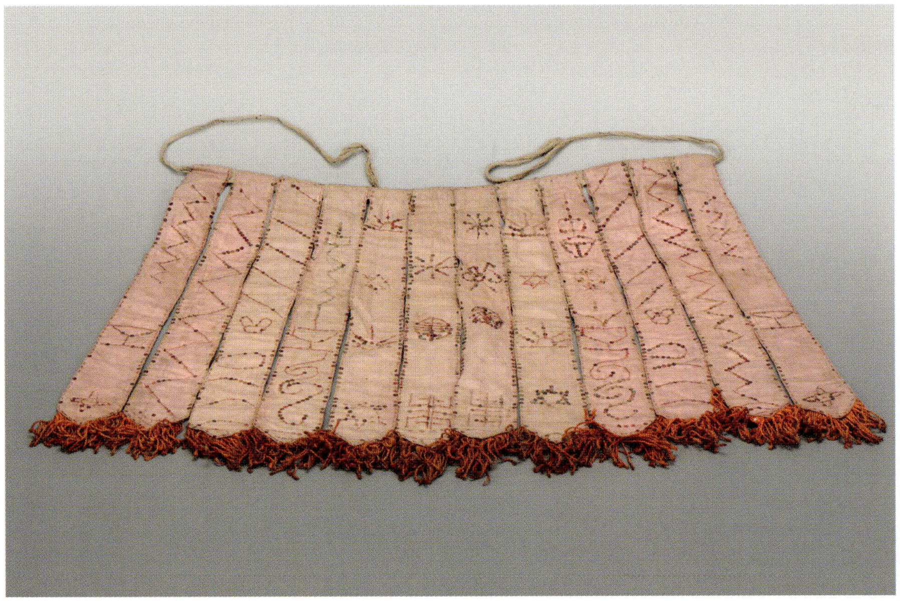

颜玉英的宫装条带（桂戏装） 纵 56cm、横 62cm 1944 年

桂剧老人帽（白缎，《木兰从军》剧用） 高 27cm、宽 29.5cm

桂剧《桃花扇》中王盈秋戴的侯朝宗帽 高 27.5cm、宽 20cm

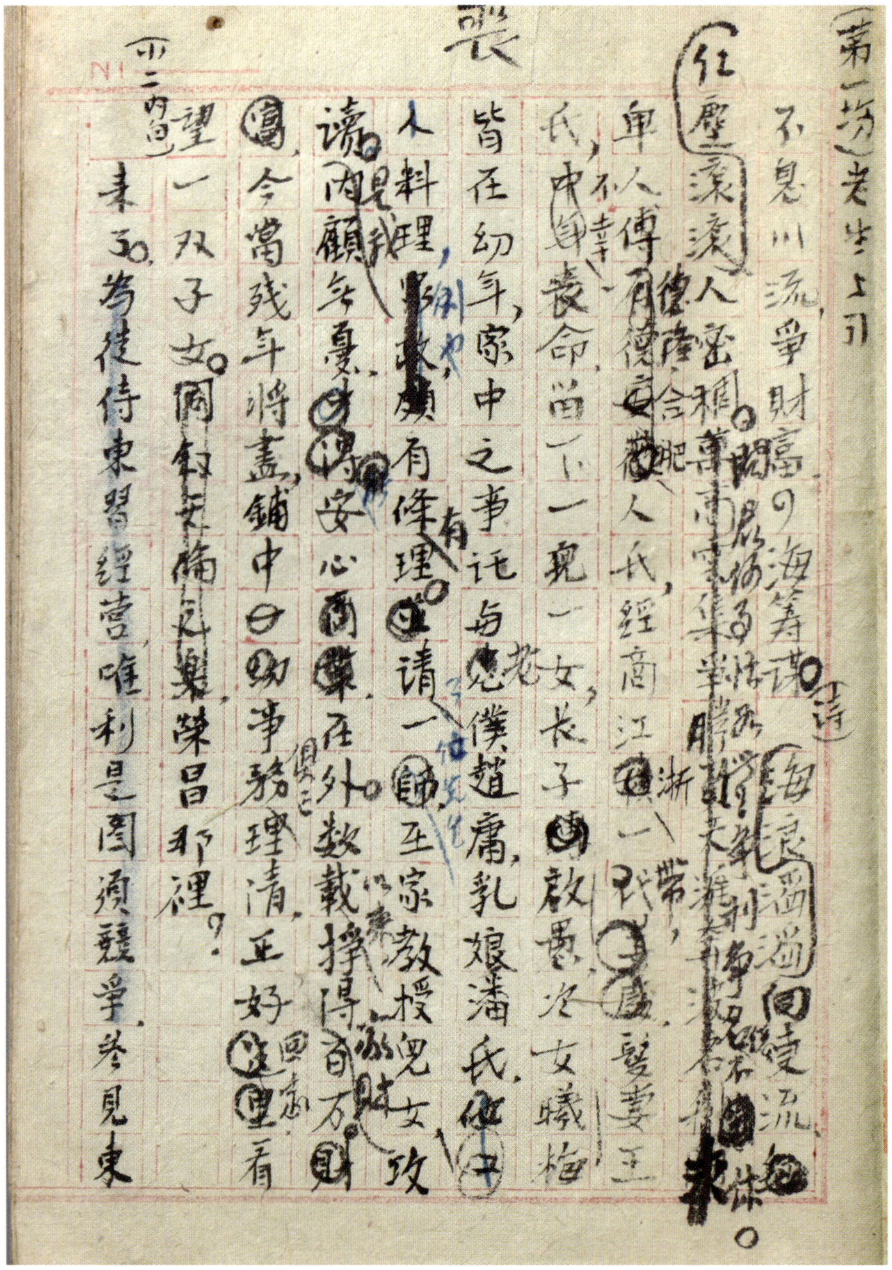

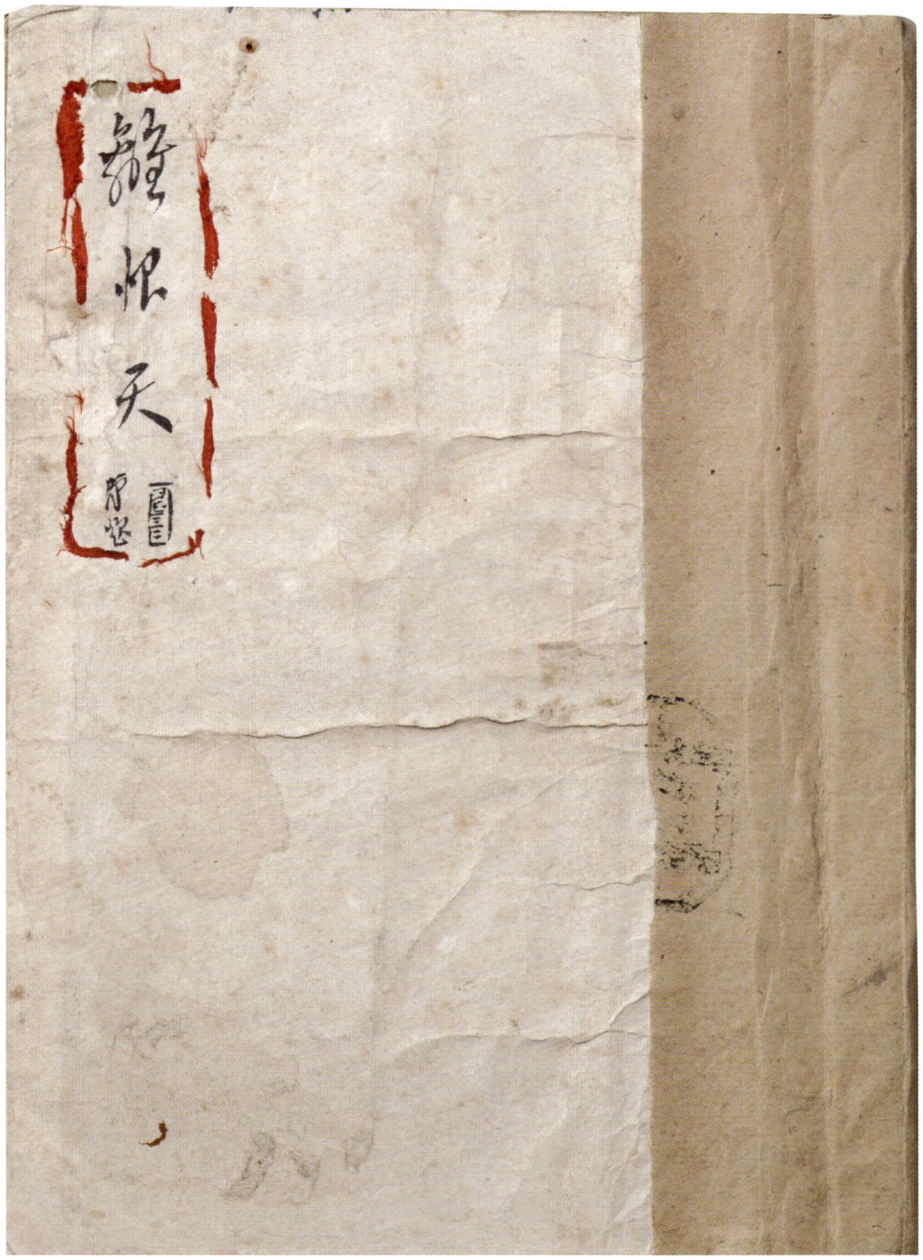

金素秋平剧《离恨天》创作手稿　纵 18.2 cm、横 13.5cm

第五单元

桂林沦陷 牢记国耻

1944年7月前后，战事渐紧。8月，衡阳失守。日军逼近，防守司令部命令守城部队按照防区挨家挨户检查，发布强迫疏散命令。桂林全市骚动，老百姓再也不能安居，纷纷向乡村或山区疏散。整个城市人心惶惶，满街车辆都向城外奔去。一路上难民如蚁，一个个惊慌失措、面容憔悴，肩挑手提、拖男带女。到处是哭泣声、诅咒声，生离死别的惨状令人心酸泪下，目不忍睹。

桂林火车站更是一幅世纪末日般的悲惨恐怖景象：车站里里外外，人山人海，呼天抢地之声，令人撕心裂肺！月台上、铁路上都是黑压压的人群，车上、车下的人哭着、喊着、骂着。有些人刚爬上去就掉下来，有些人爬上去又给人推了下来，人们都疯狂了！火车刚开出车站，又成为日寇轰炸、机枪扫射的目标，死伤之状，惨绝人寰。9月初，强迫疏散完毕，已经没有一个居民留在桂林市了。然而，桂林文化城所蕴含的巨大精神力量仍然鼓舞着英勇的桂林守军进行殊死的桂林保卫战，令人可歌可泣。而且，桂林文化城的后期文化活动也一直断断续续延至抗战胜利。

1944年10月28日，日军大举进攻桂林，桂林保卫战开始。1944年11月10日桂林城陷落，守军1.9万余人中，1.2万人战死（其中一半被毒气毒死），7000多人因为中毒昏迷不醒而被日军俘虏，但桂军始终没有一名士兵在清醒的状态下投降。而日军的伤亡人数，据日军后来递交大本营的战报中说："皇军在桂林之役中战死13900余人，伤19100余人，失踪300余人，其中阵亡9名大佐级别的联队长、31名中佐级别的大队长、近100名中队长和小队长，漓江之水为敌我两军之血染之为赤，此役是我一生中所经历到的最惨烈的战役，并非在于规模，而在于敌军之勇猛。"

在桂林保卫战中，除了广大桂林守军的英勇殊死战斗，还有三位将军英勇殉国、英名永存。11月9日，因日军大量增援，我军牺牲惨重，城中据点大多丢失，战局已无可挽回。各阵地除留少数困守外，在黄昏后撤离阵地，分向城西突围。陆军第一三一师师长阚维雍在战前已给家人写了"不成功便成仁"的遗书，不愿撤退，在东镇路西端靠铁封山的师指挥部，将任务交代副师长郭少文，并将身上的怀表与行军图囊交与副官，随即写下了绝笔诗："千万头颅共一心，岂可苟全惜此身；人死留名豹留皮，断头不做降将军。"然后，举枪自尽，以身殉国，时年仅44岁。陈济桓，号昆山，广西岑溪人，富有实战经验，在桂林保卫战中指挥若定。11月10日夜间，他随城防司令韦云淞率部队向城西突围，在猴山隘口遭日军阻击，受伤倒地。为了不增加部队行动负担和免于被俘受辱，他掏出名片，摸黑写上"职口臂受伤，不能脱离阵地，决定自杀成仁，以免受辱"等语，并郑重地蘸上伤口的鲜血按上指印，将名片和怀表一并交给卫士，然后举枪殉国，终年51岁。吕旃蒙，号伯民，零陵（永州）人，少即从军。桂林保卫战中，他协助军长指挥作战，沉着镇定，打退了日军的多次进攻。11月10日晚间，与军长率队同向城西突围，在猴山隘口一带同阻击之日军展开激战，拂晓时中弹阵亡，终年40岁。

桂林战役后，在美丽的漓江上整整有5公里的江面上都是中日两军的尸体，战役之残酷可见一斑。然而由于没有达到"坚守三个月"的目标，这场令日本人震撼的战役却不为众多国人所知。

日寇所至，暴行不止，惨绝人寰。桂林山城沦入敌手后，一片火海，不见了房屋，不见了天空，山川街巷血流成河，惨不忍睹。城市的焚毁让一些记忆几乎断裂。"壮绝神州戏剧兵，浩歌声里请长缨"，这是当年田汉描述西南剧展的诗句。然而时光荏苒，经过70年岁月的涤荡，这段历史在世人心中还有多少留存？那种精神和文化的力量还有多少被传承？将这些记忆恢复和重构，把历史激活，让历史传承，是当代人义不容辞的责任。历史不会忘记，桂林文化城为抗战提供了特殊的条件和环境，为全民族的文化抗战做出了杰出的贡献。桂林文化城见证了桂林抗战文化的蓬勃发展，也激励了桂林守军顽强英勇的殊死战斗！前事不忘，后事之师！滔滔仇恨，牢记国耻！

蔡迪支木刻《桂林紧急疏散》 纵26.8cm、横36.8cm 1945年

1944年8月8日，日本侵略军占领衡阳；9月8日，日军沿湘桂线向桂林逼进，桂林城防司令部于是日发布第二次紧急疏散令；12日，又发出限期三日疏散的强迫疏散令，所有市民必须在14日正午以前全部撤离。当时的桂林，满城风雨，人心惶惶，城中各机关、团体、学校争先恐后地争夺各种交通工具，仓皇情景不忍卒目。数十万逃难群众潮涌桂林火车站，其状更是极为悲惨，停在北站的火车，从车顶到车厢中的行李架以及列车的底下，都挤满了逃难的人，列车之外更是不断挤来的涌涌人潮。画面上，扶老携幼的黑压压的人群都向火车挤去，而那几节闷罐车就像突兀于茫茫大海之中，也是风雨飘摇中逃难者唯一寄望的孤岛。纵深的场景处理强化了逃难人群的混乱和仓皇，而近景对妇孺老弱者背朝火车那凄苦和绝望表情的刻画，更强化了这次紧急疏散的悲剧意味。这幅《桂林紧急疏散》影响相当大，蔡迪支在桂林举办个展时，复印3000份即被争购一空，一时洛阳纸贵。

日机轰炸之后的桂林全景（载《大美画报》1939 年 1 月 1 日） 纵 5.5cm、横 8.5cm

桂林最繁盛之中南路被炸后（载《大美画报》1939 年 1 月 1 日第二卷第七期） 纵 6.15cm、横 8.2cm

广西省政府被炸后（载《大美画报》1939 年 1 月 1 日第二卷第七期） 纵 11.2cm、横 7.65cm

桂林西门外的避难群（载《大美画报》1939 年 1 月 1 日） 纵 6.8cm、横 8.5cm

1944 年戏剧工作者从桂林撤退至昭平时的合影 纵 24.5cm、横 29.8cm

1944年桂林疏散，广西艺术馆大部分人员随欧阳予倩疏散至昭平县，后因钱粮断绝，生活无着，部分人员辗转八步，演出苏联名剧《大雷雨》，主演是鲍方、刘甦（二人是夫妇，现香港凤凰公司）。中立者为鲍方，刘甦扮演死者，右三为朱乃文

纵 8.35cm、横 12.35cm

1944年，艺术馆疏散到昭平县时，欧阳予倩组织宣传队，深入昭平农村，这是宣传队在樟木乡留影（有冯庆华、朱乃文）

纵 8.7cm、横 11.85cm

1940 年阚维雍在遵义的照片 纵 6cm、横 4cm

阚维雍（1900 — 1944），国民革命军第三十一军第一三一师少将师长，追晋陆军中将。原名庆福，号伯涵，祖籍安徽合肥，生于广西柳州一个官宦家庭。1919 年考入广西陆军讲武堂工兵科，以第二名毕业；1924 年入李宗仁部队；1942 年任第三十一军第一三一师少将师长；1944 年豫湘桂战役中临危受命，奉令守备桂林，打响中国抗日史上最惨烈的桂林保卫战。城破后，阚维雍不肯被俘，亦不肯突围自保，在指挥部开枪自戕，以身殉国，时年 44 岁。

1938 年，阚维雍及妻儿并叔伯阚宗华在七星岩后留影 纵 8.2cm、横 6cm

抗战时期阚维雍使用的军用图囊　长 25cm、宽 21cm、厚 6cm

图囊，携装地图的皮具或布袋。这是阚维雍将军在桂林保卫战指挥作战期间使用的军用图囊。阚维雍殉国前，将这个装有军事作战地图的图囊交给副官，命其突围。

抗战时期阚维雍使用的军用怀表

长 5.9cm、直径 4.6cm、厚 0.7cm

抗战时期阚维雍使用过的军用指南针

直径 4.1cm、厚 1.2cm

抗战时期阚维雍使用过的银边眼镜

长 20cm、宽 12cm、高（镜框直径）4.5cm

抗战时期阚维雍使用过的手表

长 4cm、宽 2.7cm、厚 1cm

抗战时期阚维雍使用过的活动铅笔

长 11.5cm、直径 0.9cm

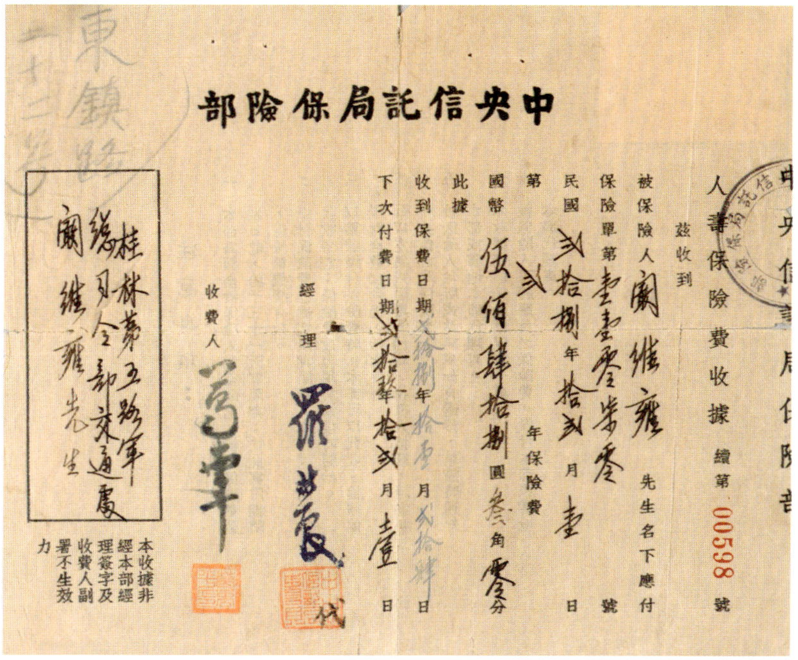

中央信託局保險部

人壽保險費收據 續第 00598 號

茲收到

被保險人 闞維雍 先生名下應付

保險單第 號

民國 貳拾捌年拾貳月壹日

第 貳 年保險費

國幣 伍佰肆拾捌圓叁角零分

此據

收到保費日期 年 月 日

下次付費日期 貳拾玖年拾貳月壹日

經理

收費人

本收據非經本部經理簽字及收費人副署不生效力

桂林第五路軍總司令部交通處 闞維雍先生

阚维雍的人寿保险费收据

纵 15cm、横 18cm 1939 年

中央儲蓄會

上海漢口路一百廿六號

儲款收據

今收到

會單第 39221 號

儲戶 闞維雍 君

通訊處 五路軍總司令部

應付 廿八年十一月份至廿九年四月份

儲款國幣柒拾貳圓正

除預繳儲款減付數國幣壹圓

淨收國幣柒拾壹圓

注意：本會收款員向儲戶收款時倘值儲戶外出未付或收款員偶有不及來收者務請將儲款趕於當月抽籤前自行送交本會以保彩權

阚维雍的中央储蓄会储款收据

纵 13.8cm、横 13.8cm 1939 年

1946 年为阚维雍举行国葬时的全家合照　纵 22cm、横 27.8cm

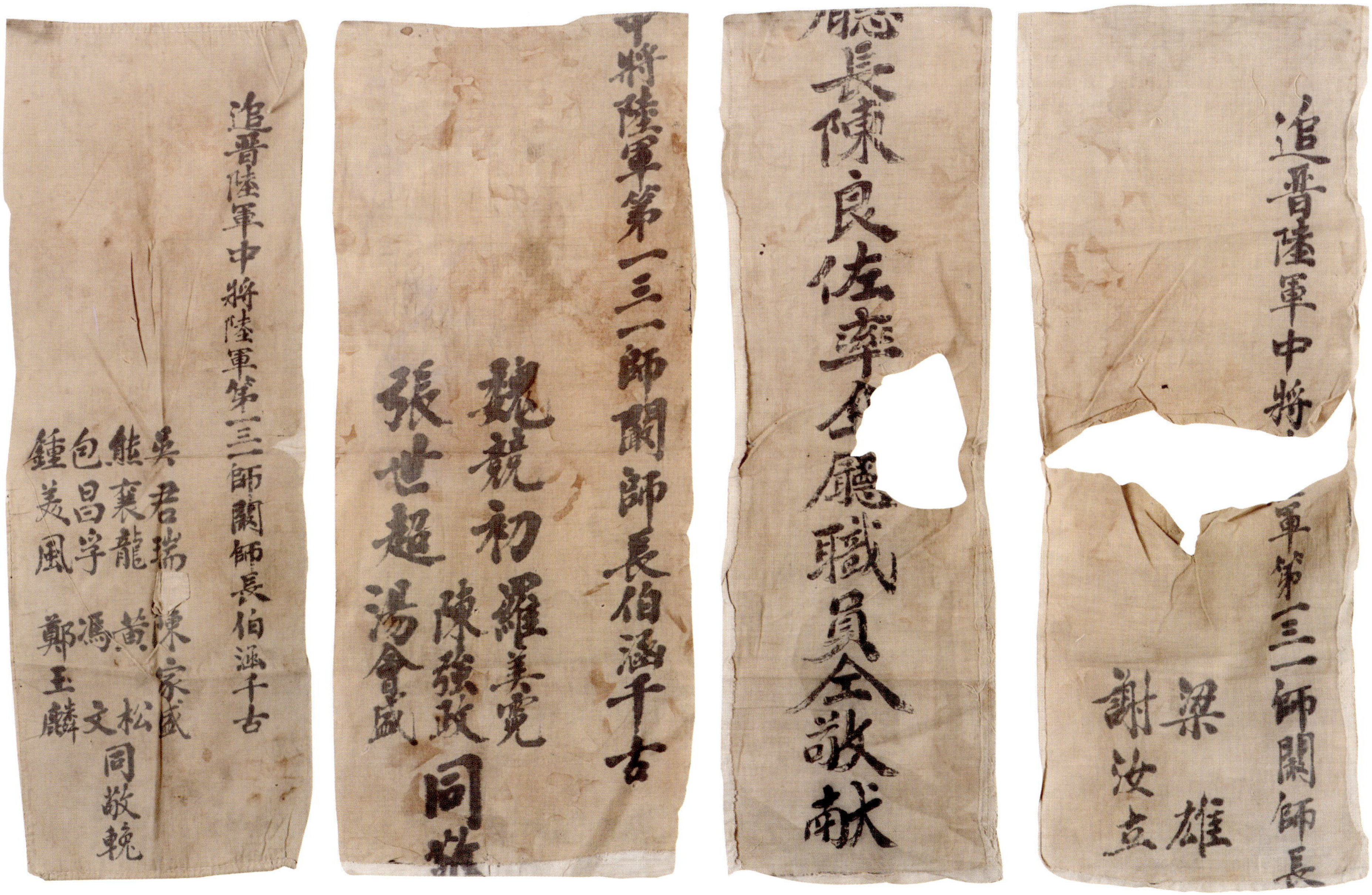

1946年为阚维雍举行国葬时桂林各界人士赠送的挽联

（从左向右）纵 52.5cm、横 21cm，纵 53cm、横 22cm，纵 78.4cm、横 27.7cm，纵 52cm、横 16.2cm

抗战时期陈济桓在桂林使用过的塑料电筒　长 20.8cm、直径 5.6cm

陈济桓（1893 ~ 1944），号昆山。筋竹镇筋竹街人。青年时曾在桂林学兵营当学兵，辛亥革命时参加新军，加入同盟会，历任排、连、营、团长。后进中央陆军军官学校高级班受训，1936 年李宗仁、白崇禧升其为中将。1944 年日军向广西进逼，十六军团副司令兼桂林防城司令韦云淞要求他出任参谋长。其家属劝他多加考虑，他慨然说："全国抗战七年，地不分东西南北，人不分男女老少，大家都做到有钱出钱、有力出力，以尽国民天职。我份属军人，当义无反顾，况日本侵略军侵华迫近家乡，我决心已定。" 11 月 1 日，日本侵略军以数倍兵力向守城部队猛扑，经过多日的浴血奋战，8 日晚日军施放毒气，攻占七星岩的国民党守军大本营，800 余名官兵中毒牺牲。10 日，防守司令韦云淞决定放弃桂林，陈率所部官兵突围，到达猴山隘口附近，受伤倒地。他从上衣口袋取出名片写下遗书："职□臂受伤，不能脱离阵地，决定自杀成仁，以免受辱。"在名片上盖上鲜血指模，取出怀表和名片交给卫士，举枪自击，殉国成仁。1945 年 6 月 28 日国民政府追赠他为陆军中将。抗战胜利后，桂林人民将其遗骸安葬在普陀山腰博望坪。蒋介石、李宗仁、白崇禧在墓碑上题写了"英风壮烈"、"浩气长存"、"英灵永峙"的挽词。1984 年，广西壮族自治区人民政府追认陈济桓为抗日战争革命烈士。

抗战时期日军在桂林使用的炮弹（残件） 直径 5.5cm、高 13.1cm

抗战时期缴获的日军佩剑（带鞘） 刀长44cm、宽4.5cm、厚1.9cm，刀鞘长41cm

该佩剑为桂林市民阳凤鸣、钟仪珍夫妇在临桂击杀一名日本侵略士兵后缴获，后捐赠给桂林博物馆。

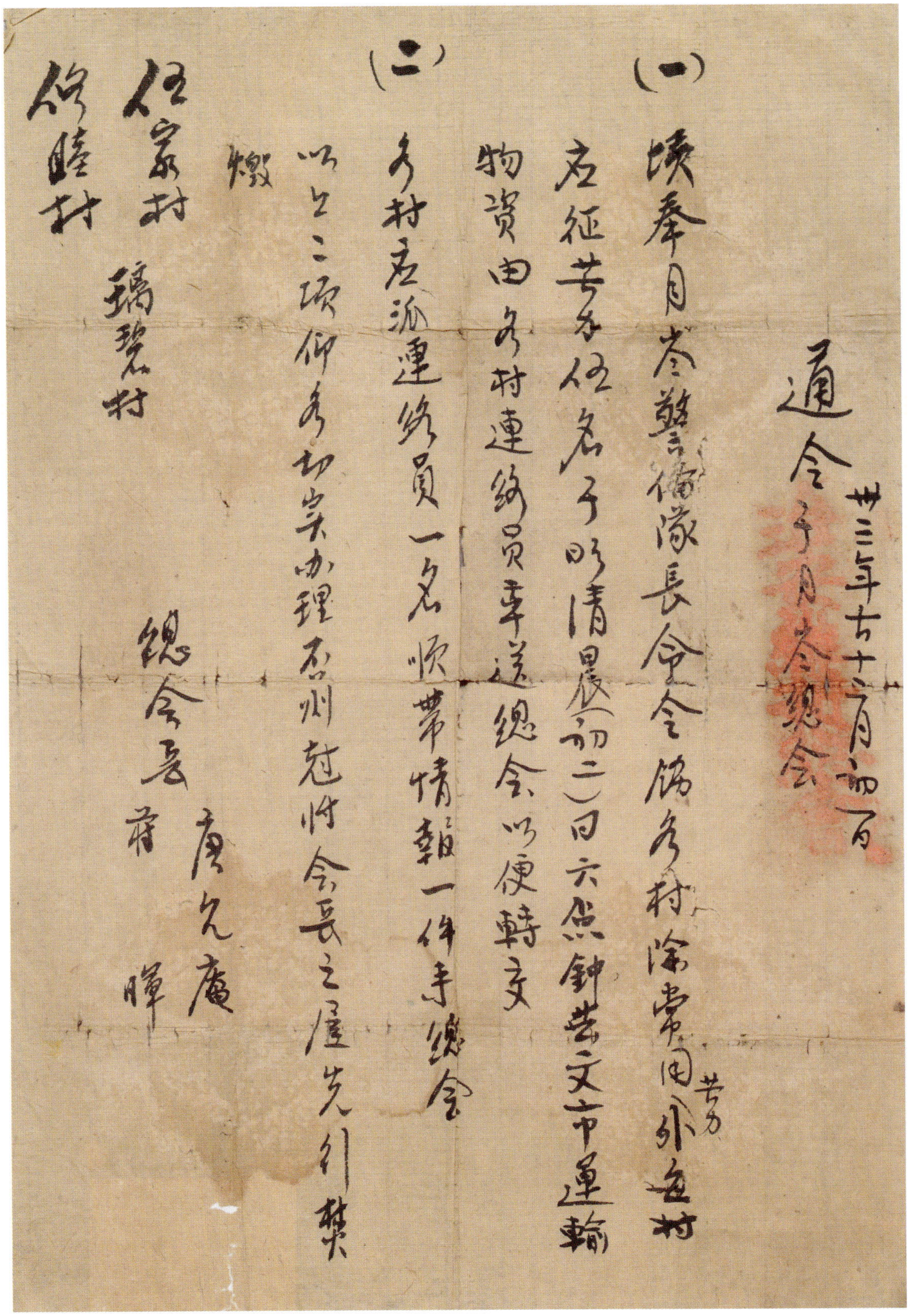

通令

卅三年十二月初一日于月岭總會

(一) 頃奉月岭警備隊長命令飭各村除常田外每村應征苦力伍名于明清晨(初二)日六点鐘出發文市運輸物資由各村連絡員率送總會以便轉交

(二) 各村應派連絡員一名順帶情報一件来總會繳

以上二項仰各切實办理否則惟以會長之屋先行焚燬

總會長 蒋暉 唐允庵

任家村 瑪瑙村 倫睦村

1944 年日本侵华军灌阳月岭警备队长征壮丁通令　纵 29.5cm、横 20.4cm